나는 재개발 재건축으로 오를 아파트만 산다

고수익 신축 아파트를 최저가로 선점하는 법

나는 재개발 재건축으로 오를 아파트만 산다

· 정종은(무진) 지음 ·

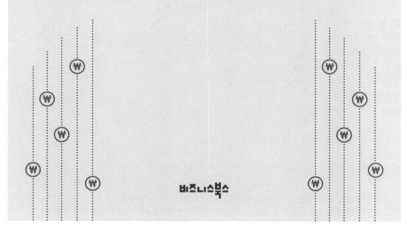

비즈니스북스

일러두기

- 이 책에서는 부동산 현장에서 쓰이는 표현을 반영하고자, 기축 아파트는 공급면적 기준의 '평'을, 분양 매물이거나 입주권의 경우는 전용면적 기준의 '타입' 또는 '전용 ○○제곱미터'로 구분하여 표기했습니다.
- 재개발·재건축 또는 리모델링 사업지의 진행 상황, 아파트 및 부동산 매물의 시세는 출간 시점에 기준하여 작성되었으므로 읽는 시점에 따라 변동될 수 있습니다.

나는 재개발 재건축으로 오를 아파트만 산다

1판 1쇄 인쇄 2024년 2월 13일
1판 1쇄 발행 2024년 2월 20일

지은이 | 정종은(무진)
발행인 | 홍영태
편집인 | 김미란
발행처 | (주)비즈니스북스
등 록 | 제2000-000225호(2000년 2월 28일)
주 소 | 03991 서울시 마포구 월드컵북로6길 3 이노베이스빌딩 7층
전 화 | (02)338-9449
팩 스 | (02)338-6543
대표메일 | bb@businessbooks.co.kr
홈페이지 | http://www.businessbooks.co.kr
블로그 | http://blog.naver.com/biz_books
페이스북 | thebizbooks
ISBN 979-11-6254-362-7 03320

비즈니스북스는 독자 여러분의 소중한 아이디어와 원고 투고를 기다리고 있습니다.
원고가 있으신 분은 ms1@businessbooks.co.kr로 간단한 개요와 취지, 연락처 등을 보내 주세요.

나의 첫 재개발 투자 분투기

나 역시 처음부터 재개발 물건을 사겠다고 마음먹은 것은 아니다. 서울이나 수도권 어딘가에 쓸 만한 집을 갖고 싶었지만, 돈은 없었다. 그게 이유의 전부였다. 청약도 열심히 도전해 봤지만 남들은 잘만 되는 당첨이 단 한 번도 된 적이 없다. 아마 누구나 좋아하는 단지, 누구나 원하는 타입만 골라서 넣었던 청약 문맹의 한계였을까. 어쨌든 그렇게 쉬지 않고 도전했던 청약은 내게 한 번의 기회조차 주지 않았다.

김밥 한 줄로 버티며 다녔던 한겨울 임장

2016년의 가을부터 겨울, 그해는 유난히 추웠다. 나는 주말마다 집 잃은 개처럼 길을 쏘다녔다. 고양, 수색, 지축, 은평, 다산, 하남, 미사, 감일, 강남, 잠실, 개포, 구로, 영등포, 용인, 분당…. 나들이 삼아 서울과 경기도의 소위 핵심지라는 핵심지는 다녀보지 않은 곳이 없었다. 내 집을 사고 싶은 마음, 그 하나로 차 안에서 알루미늄포일에 포장된 마른 김밥을 하나씩 집어 먹으며 스마트폰의 지도를 켜고, 부동산을 찾아봤다. 웬만한 기축 아파트들과 택지지구의 분양권 시장까지 모두 훑고 다녔다. 당시 택지지구 예정지들은 대체로 폐허에 가깝거나 황무지였다. 누런 흙길과 먼지들, 버려진 개들, 부서진 철문들과 무너진 벽돌담들이 전부였다. 사실 그렇게 숱하게 다녀봐도 뾰족한 답은 나오지 않았다. 부동산 초보의 간절하지만 답답한 임장 시간들은 그렇게 쌓이고 있었다.

하루는 황량한 공사판 가림막이 들어선 비포장길 한가운데 있는 낡은 간판의 부동산에 들어갔다. 어쩐지 정식 공인중개사는 아닐 것 같은 이미지의 능글맞던 아저씨는 나에게 향동지구 분양권을 추천했다. 그러나 향동지구 분양권은 전매 전 암흑시장에서 이미 초피가 5,000만 원이나 붙어 있었고, 5억 원을 훌쩍 넘는 가격으로 거래되고 있었다. 그 가격조차 나에게는 도전하기 어려운 허들로 느껴졌다. 그렇게 경기도와 수도권, 서울의 주요 지역들을 열심히 돌고 난 후 남은 것은 '왜 나는 돈이 이렇게도 없을까?'라는 깊은 탄식과 자괴감이었다.

실투금액 1억 원으로 첫 재개발 입주권을 사다

그러다 우연히 성남의 신흥주공 아파트 재건축(현 산성역포레스티아)을 보러 가게 되었는데, 이주가 막바지인 상태라 가격은 이미 많이 올라 있었다(지금 기준으로는 매우 저렴한 가격이지만). 낙담하는 나에게 부동산 실장님이 추천해주신 모 구역의 재개발 물건을 브리핑 받고 스스로 총매수가를 계산해본 뒤, 나는 바로 그 자리에서 매수를 결정했다. 내가 그때 돈이 많아서였을까? 아니다. 빚을 내야 했다. 그렇지만 무슨 용기와 확신이 있었을까? 당시에 수도권 핵심지에 84타입 신축 아파트의 가격이 5억 원선일 때, 그 재개발 입주권은 고작 실투금액 1억 원 초·중반에 불과했다. 총매수가 역시 4억 원선. 다행히 신용대출을 얹으면 살고 있는 집 전세보증금을 건드리지 않아도 될 정도여서 아주 큰 부담이 되진 않았다.

또한 강남에 인접한 경부라인의 맥을 따라 자리한 구_舊성남은 개발 가치가 점점 높아질 것을 예상할 수 있었고, 여전히 낙후된 곳이 많았지만 이후 환골탈태하면 도시 전체의 발전이 기대되었다. 놀랍게도 어둠이 짙은 곳이 더욱 밝게 빛날 수 있을 거란 생각을 하게 된 것이다. 덕분에 아주 간결한 고민 끝에 매수를 할 수 있었다.

그렇게 나의 첫 투자는 재개발 입주권으로 시작되었다. 그리고 그 입주권 아파트는 2023년 10월 준공을 맞이했다. 현재 호가 기준으로만 실투금액 기준 수익률이 무려 800퍼센트가 넘는다. 이후 8년간 재개발·재건축 외에도 갭투자, 분양권을 비롯해 다양한 부동산 투자를 경험하고 학습하며 셀 수조차 없이 많은 매수와 매도를 통해 지금은 서울과 수도권 몇 곳에 꽤 수익률이 괜찮은 부동산들을 가지게 되었다.

하지만 재개발사업의 처음부터 끝까지 모든 프로세스를 내게 경험

시켜준 훌륭한 교과서이자 살아 있는 정비사업 교본이었던 첫 입주권 매수는 여전히 가장 빛나는 훈장처럼 남아 있다.

재개발·재건축 투자의 문은 결코 좁지 않다

우리가 살아가는 인생은 늘 처음이라는 관문을 지난다. 첫 학교, 첫 사랑, 첫 직장 등. 부동산 투자, 그중에서도 사람들이 가장 어려워하는 재개발·재건축 투자도 마찬가지다. 처음 출근하는 날의 가슴 설레면서도 두려운 마음은 쉽게 떨쳐내기 어렵다.

그러나 그 첫 문턱을 넘어보면 생각보다 높거나 험하지 않았음을 깨닫고 쉽게 적응하거나 그 처음의 마음을 잊게 된다. 나 역시 첫 투자와 첫 집의 매수가 하필 재개발 물건이었던 것뿐이지, 기축 아파트를 먼저 매수했다면 여전히 두려움에 떨고 도전하지 않았을 수도 있다.

물론 바탕에 깔린 그동안의 임장이나 공부도 영향을 끼쳤지만 그저 그 순간에 그러했을 뿐이다. 여러분도 막연한 두려움보다는 마치 하나의 낮은 문턱을 넘고, 좁지 않은 관문을 통과하는 일 정도로 여겨도 괜찮다. 무엇이든 처음이 어렵지, 나중엔 아무것도 아닌 것처럼 말이다.

2024년 2월,
정종은(무진)

제2장 단번에 이해되는 재개발·재건축 투자의 기초

제3장 서울부터 제주까지 대한민국 정비사업 유니버스

제4장 아파트가 아니어도 돈이 되는 기타 정비사업과 부동산 투자

인트로

2024 재개발·재건축 이슈와 트렌드

★ ★ ★

'2024 도정법 개정안'의
주요 포인트와 예상 수혜 지역

지난 9월 7일, 국토교통부는 재개발·재건축 등 정비사업의 절차 간소화, 혜택 부여 등을 주요 내용으로 하는 '도시 및 주거환경정비법'(이하 '도정법') 시행령, 시행규칙 등 하위법령 개정안을 입법예고(23.09.11~10.23)한다고 밝혔다. 이번 개정은 정비사업을 통하여 주택 공급을 확대하고자 개정된 법률안으로 2024년 1월 19일부터 시행됐다. 이번 개정안은 재개발·재건축 등 도시정비사업의 속도를 높이려는 정부의 의지가 담긴 것으로 결국 서울을 비롯한 주요 대도시의 주택 공급에서 정비사업이 거의 전부라 해도 과언이 아니라는 점을 반증한다.

더욱이 꽤 큰 폭으로 개정되면서 정비사업 투자에 있어 도정법이 새로운 방향과 힌트를 제시해줄 수 있음에 주목해야 할 것이다. 이번 개정안의 주요 포인트는 크게 네 가지다. 내용을 살펴보자.

역세권 정비구역의 용적률 완화와 '뉴:홈'의 공급 확대

역세권 등에 위치한 정비구역에 법적상한의 1.2배까지 용적률 추가 완화, 건설된 주택 일부를 뉴:홈(공공분양)으로 활용(법 제66조)

- 대상지 범위: 역세권 등은 해당 정비구역이 다음 어느 하나에 해당하는 지역에 1/2 이상 위치하는 경우를 말한다.
  ① 역세권(철도역 승강장으로부터 시·도조례로 정한 거리 이내 지역)
  ② 대중교통 결절지, 고속버스 및 시외버스터미널, 간선도로의 교차지 등 대중교통 이용이 용이한 지역(구체적 기준은 시·도조례로 정함)
- 공급 물량: 뉴:홈(공공분양)은 법적상한보다 추가로 완화된 용적률의 50퍼센트 이상에서 시·도 조례로 정하는 비율만큼 공급

지자체마다 다르지만 서울 기준으로 역세권이라고 한다면 승강장으로부터 250미터 이내를 의미(2024년까지 한시적으로는 350미터)한다. 그러나 이것은 서울시 역세권 장기전세주택에 해당하는 기준이며 해당 역 승강장까지의 거리 등은 시·도 조례로 다시 명시할 것이라고 하였다. 또 해당 지역의 면적 50퍼센트 이상이 대상지에 위치하면 가능하다. 이 경우 단순히 철도역만이 아니라, 대중교통 결절지(3개 이상의 대중교통 정류장이 모인 곳), 고속버스 및 시외버스 터미널, 간선도로의 교차지까지 포함되면 그 대상의 범주가 매우 넓어질 것이다.

아울러 뉴:홈은 법적상한보다 추가로 완화된 용적률의 50퍼센트 이상에서 시·도 조례로 정하는 비율만큼 공급 물량을 늘릴 수 있다. 재개발·재건축 모두 가능하며, 현재 법적 상한용적률의 1.2배를 더 주거나, 종상향도 가능하다.

예상 수혜 지역: 역세권 제2·3종 노후 아파트

이처럼 역세권 정비구역의 용적률이 완화되면 가장 먼저 수혜를 입을 곳은 역세권 인근 제2종과 제3종 주거지역의 노후 아파트들이다. 여유 용적률이 충분하다면 상관없겠지만, 애매한 현재의 용적률이더라도 '도정법' 개정을 통해 재건축에 대한 가능성이 열리는 것이다. 예컨대 현재 제3종 주거지역 내 용적률 230퍼센트 정도의 아파트라면 기존의 '도정법' 하에서는 300퍼센트까지밖에 지을 수 없으므로 사업성이 매우 좋지 않아 진행이 어렵다고 보는 편이다. 그러나 개정된 법 하에서는 360퍼센트까지 받을 수 있고, 늘어난 용적률의 절반은 뉴:홈에 내어주더라도 330퍼센트까지 가능하다는 결론이 나온다. 때문에 새롭게 재건축을 추진할 수 있는 지역들이 늘어날 수 있음을 명심하자.

예를 들어 다음과 같은 단지를 살펴보자. 경기도 일산의 대화역 초역세권인 장성마을 1·2단지는 현재 제2종 일반주거지역이다. 향후 '1기 신도시 특별법' 시행과 역세권 고밀도 개발이 맞물리면 제3종이나 준주거지역(주거 기능을 주로 갖되 상업적 기능의 보완이 필요한 주거지역) 종상향을 기대해볼 수도 있는 곳이다. 그러나 이것이 만약 불발되더라도 개정된 '도정법'에서는 종상향이라는 시나리오가 가능해진다.

장성마을 1단지(동부, 1995년 준공, 410세대)는 공급면적 기준으로 22평, 26평, 31평으로 구성되어 있고, 현재 용적률은 164퍼센트며 평균 대지지분은 15.8평으로 제2종이다. 2단지(킨텍스파크, 1995년 준공, 591세대)는 24평, 25평으로 구성되어 있고 용적률은 161퍼센트, 평균 대지지분은 15평이다. 이후 종상향되어 용적률 300퍼센트 이상을 적

출처: 네이버 지도

용받는다면 사업성은 놀랍게 좋아질 것이다.

준공업지역에 대한 용적률 인센티브 적용

기존에는 법적상한 용적률까지 건축할 수 있었던 곳은 '국토의 계획 및 이용에 관한 법률' 제78조에 따라 주거지역으로 한정되어 있었다.

제54조에 따라 공공임대주택을 제공할 경우 법적상한까지 용적률을 상향할 수 있는 인센티브 적용을 현행 주거지역에서 준공업지역까지 확대

이를 주거지역 및 대통령령으로 정하는 공업지역까지 확대하는 것이다. 준공업지역의 법적 상한 용적률은 400퍼센트다. 그러나 주거 용도로 집을 짓게 되면 서울시의 경우 250퍼센트까지만 가능하였다. 주거지역 한정이라는 조항 때문이었는데, '도정법'이 개정되면 준공업지까지 법적 상한 용적률을 모두 받을 수 있게 된 것이다.

쉽게 말해 이전의 준공업지는 아파트(주거용)를 짓게 되면 250퍼센트만 허용하였지만 앞으로는 400퍼센트까지 지을 수 있게 된 셈이다. 그중 늘어난 150퍼센트의 절반(75퍼센트)은 공공임대로 공급해야 한다. 하지만 그럼에도 325퍼센트까지 지을 수 있으므로 매우 높은 사업성을 담보하게 될 것이다.

예상 수혜 지역: 도봉구, 강서구, 영등포구, 구로구 등 준공업지역 내 아파트와 상가

- 도봉구 삼환도봉
- 강서구 삼천리, 한강우성 1차
- 영등포구 신동아, 양평한신, 국화맨션, 진주맨션 등
- 구로구 현대연예인, 구로주공 1·2차, 라이프미성, 신도림 293번지 재개발, 구로구 공구상가, 고척 산업용품 종합상가 등
- 성수동 준공업지역 내 아파트들

삼환도봉 아파트

삼천리 아파트

국화맨션

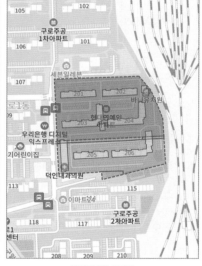

현대연예인 아파트

출처: 디스코(www.disco.re)

신탁사·공공기관 등 전문개발기관 사업시행특례 부여

신탁자, LH 등 전문개발기관에 정비구역지정 제안권, 정비계획과 사업시행계획을 정비사업계획으로 통합처리 등 특례부여(법 제101조의8~제101조의10)

국토부장관은 신탁업자와 토지등소유자 간 공정한 계약체결을 위해 대통령령으로 정하는 바에 따라 표준계약서 및 표준시행규정을 마련할 수 있음(법 제27조)

사업시행 시 주민 동의는 신탁사·공공기관이 구역지정을 제안할 때 토지등소유자(재개발구역 안에 토지 또는 건축물을 가진 사람) 2/3 이상의 동의를 얻도록 규정하였는데, 신탁사가 토지등소유자 75퍼센트 이상의 동의를 얻으면 지자체장에게 정비구역지정을 제안할 수 있게 되는 것이다. 이는 정비구역으로 지정된 후 신탁사가 사업시행자가 되어 조합처럼 정비계획안과 사업시행계획안의 통합처리 특례까지 받아 사업 속도를 빠르게 진행할 수 있게 되었음을 의미한다.

또한 표준계약서 항목은 신탁 표준계약서 및 표준시행규정에 포함될 사항으로 신탁계약의 기간·종료·해지, 신탁재산의 관리·운영·처분 및 자금 차입방법에 관한 사항 등을 규정했다. 이로써 신탁사가 현재 관심을 갖는 지역들, 예를 들면 역세권 인근 정비사업이나 준공업지 개발 등에서 앞서 개정된 '도정법' 내용과 함께 시너지를 낼 가능성이 높다고 할 수 있다.

특례 효과를 기대해볼 수 있는 신탁사 참여 초기 정비사업지

- 종로구 창신9·10구역

- 강서구 방화2구역

- 강북구 미아동 745번지 재개발 (역세권)

- 성동구 용답1·2구역 재개발 (역세권), 마장동 382번지 재개발

- 구로역세권 재개발, 구로구 고척산업용품상가 시장정비사업 (준공업지)

- 중구 장충단로 재개발사업 (역세권)

- 마포구 가좌역세권 재개발 (역세권)

- 군포시 금정역 역세권1지구 재개발 (역세권)

- 남양주시 퇴계원1구역

통합심의위원회 구성

> 공공정비 사업에만 선택적으로 가능했던 통합심의 제도를 민간정비를 포함한 모든 정비
> 사업에 의무적으로 적용 (법 제50조의2)
> *사업계획인가 시 필요한 건축·경관·교통·교육환경 등 심의를 통합하여 검토심의

　이번 개정안은 현행 공공정비에 적용 중인 통합심의 관련 사항과 동
일하게 적용한다. 다만, 위원회 구성 규모는 각 분야의 다양한 전문가
들이 폭넓게 참여할 수 있도록 30명 내외에서 20~100명으로 대폭 확

대하고, 필요한 경우 분과위원회를 통해 세부사항을 논의하도록 개선한다. 정비사업의 진행에 있어 모든 구역은 사업시행인가 이전에 건축, 교통, 교육환경영향평가 심의 등과 같은 여러 심의를 거쳐야 한다. 해당 심의의 기관도 다르고 절차마다 시간도 소요되므로 사업의 지체를 가져왔었던 것이 사실이다.

이를 개선하고자 공공정비 사업에만 선택적으로 가능했던 건축심의, 경관심의, 교육환경영향평가, 교통영향평가, 환경영향평가 등의 사업시행인가를 위한 준비 과정을 통합하여 심의하는 것이 가능해졌다는 것이다. 이를 통해 보다 빠른 사업의 진행을 도모할 수 있으며 이는 모든 정비구역에 동일하게 적용할 수 있게 되었다.

신탁사 참여 정비사업지 예시

종로구 창신9·10구역

구로구 고척산업용품상가

출처: 아실(asil.kr), 디스코

★ ★ ★

수도권 분양가의 지속적인 상승,
고금리 상황은
시장에 어떤 영향을 미칠까?

지난 2022년 12월, 부동산 시장이 급속도로 차가워졌을 때 재건축 단지인 '둔촌주공 아파트'가 '올림픽파크포레온'이라는 새 이름으로 일반분양을 단행했다. 당시 84타입(전용 84제곱미터)의 분양가는 12억 3,600만~13억 2,040만 원선이었고 높은 분양가로 미분양을 우려하는 목소리가 들끓었다. 하지만 결론은 보란 듯이 완판이었다.

천정부지 분양가, 이젠 입주권으로 눈 돌릴 차례

서울 강북, 경기도 상급지에서 '국평'(국민평형 또는 국민평수)이라 불리는 전용면적 84타입의 일반분양가는 10억 원선에 이른 'e편한세상용

인역플랫폼시티'로부터 그 상한선이 뚫려버리더니, 경기도 광명시의 광명 뉴타운 재개발 가운데 4구역인 '광명센트럴아이파크'의 일반분양가가 평당 평균 3,272만 원에 확정되기에 이른다. 이때도 역시나 사람들은 충격과 미분양을 우려하는 목소리를 냈지만 결국은 완판되면서 올림픽파크포레온의 분양가를 바짝 뒤쫓게 되었다. 이후 예정된 서울 및 수도권 분양단지들도 84타입 기준 12억 원을 웃도는 가격을 이제는 심심찮게 찾아볼 수 있다.

이유는 크게 두 가지를 꼽을 수 있다. 먼저 물가 및 원자재 가격 상승과 임금 상승 등의 이유로 공사비 자체가 너무 많이 올랐다는 것과 분양가상한제 미적용 단지들이 늘어났다는 점을 들 수 있다. 어쨌든 분양가의 상승은 당연히 신축 가격의 상승을 의미하고, 이는 주변 아파트들의 가격을 자극한다. 그러한 시장 상황이 지속되면 결국 일반분양에 대한 열기가 사그라들 수 있고, 이런 시기에 사람들은 다시 입주권에 관심을 갖게 되기 마련이다.

균형은 붕괴되고, 그 붕괴로부터 기회는 찾아온다

2022년 말부터 오른 미국 기준 금리가 2023년 연말 기준 5.5퍼센트에 육박하며 고금리 기조로 부동산 시장을 비롯한 여러 자산시장이 위축되어 있다. 지난 팬데믹으로 인한 유동성의 홍수가 진정되고 빠르게 물이 빠져나간 자리에 떠다니던 배들이 멈추거나 좌초된 셈이라 할 수 있다. 여전히 미국의 물가는 쉽게 잡힐 생각이 없어 보이고, 많은 전문가들이 중금리·중물가를 컨센서스로 내세우는 상황이기는 하다.

그럼에도 시장은 과거와 달리 매우 빠르게 변화하고 그에 따른 거시경제 관여자들이나 주요 각국 정부들의 대처도 상당히 긴박하게 움직이는 모습으로 진화하고 있다. 이러한 환경에서 부동산 시장의 사이클 역시 과거 대비 빠른 흐름으로 이어질 것이라는 전망들도 매우 많다. 그래서 부동산 투자자로서의 우리는 좀 더 깊은 관심의 끈을 놓지 않고 거시경제를 비롯한 시장의 흐름을 주시해야 함을 잊지 말아야 한다. 세상은 생각보다 매우 빠르고, 우리의 예상보다 사람들의 적응은 더 빠르다. 밸런스가 맞아 세상이 돌아가는 것 같아도 때때로 세상은 이격(사이가 벌어짐)과 수렴(하나로 모아짐)을 반복한다. 그 밸런스의 붕괴가 일어나는 지점이 누군가에게는 기회다. 기회는 이격과 수렴의 사이, 균형과 불균형의 사이에 존재한다. 2022년 말과 2023년 초 시장이 무참히 흔들릴 당시 올림픽파크포레온이 미분양이 날 것이라는 패배주의로 잠실-송파권역 아파트 가격이 추락하는 날개조차 없어 보일 때 과감히 갈아탄 분들이 그 '사이'의 불균형에서 기회를 잡은 것과 같은 이치라 하겠다.

★ ★ ★

'1기 신도시 특별법'과 해당 도시들의
재건축 투자 전망은?

지난 2023년 봄, '1기 신도시 특별법'(노후계획도시 정비 및 지원에 관한 특별법)안이 국회에 발의된 후, 많은 이들이 이 거대한 노후도시들이 어떻게 새롭게 변모할까에 대한 상상을 증폭시켰다. 그리고 해가 바뀌기도 전인 2023년 12월 초에 노후계획도시 재정비 촉진을 위한 특별법이 국회 본회의를 통과했다. 용적률과 건폐율 혜택을 주고 건축, 교통 등의 심의를 통합해 인허가 기간을 단축하는 게 골자다. 특히 제2종 주거지역을 제3종 주거지역으로, 제3종 주거지역은 준주거지역이나 상업지역으로 변경해 최대 500퍼센트까지 용적률을 높일 수 있다. 현재 15~20층인 아파트를 30층 이상으로 올릴 수 있는 셈이다. 해당 법안은 입법예고 후 2024년 4월부터 시행될 예정이다. 단, 1기 신도시별 기본계획은 2024년 중에 마련될 계획이라고 한다.

노후계획도시의 정의와 정비 기본방침

'노후계획도시'는 대규모 주택공급을 목적으로 '택지개발촉진법'에 따른 택지개발사업 등 대통령령으로 정하는 사업에 따라 조성된 100만 제곱미터 이상인 지역으로서 조성 후 20년 이상 경과하는 등 대통령령으로 정하는 기준을 충족하는 지역을 말한다.

노후계획도시 정비 및 지원에 관한 특별법 기준에 따라, 사업이 가능한 지역은 택지개발사업 등으로 조성된 100만 제곱미터 이상 노후 택지지구가 가장 먼저 해당된다. 우리가 이야기하는 1기 신도시들(분당, 일산, 중동, 평촌, 산본)이 이곳에 해당된다고 할 수 있다. 그런데 도시개발법에 의해 조성된 도시개발사업지인 서울 은평 뉴타운이나 인천의 루원시티 같은 곳들까지 대상지에 해당하는가는 아직 확정적이지 않다. 이는 법안이 통과된 후 대통령령으로 시행령을 지정하고 국토부의 제정에 따른 절차로 정해질 것이다.

노후계획도시의 정비 기본방침은 국토부 장관이 10년 단위로 수립하고 5년마다 변경한다. 이후 정비의 기본계획은 지자체장이 마찬가지로 10년 단위로 수립, 5년마다 변경한다. 그 후 지자체장이 기본계획에 따라 '노후계획도시특별정비예정구역'을 정하고, 이후 일정한 절차를 통해 정비구역으로 최종 지정한다.

이러한 특별정비구역은 ① 일정 폭 이상의 도로 등으로 구획된 토지 내의 주택 단지, 학교 및 공원 등을 통합적으로 정비할 필요가 있거나, ② 주요 역세권 및 상업지 업무지구를 인접한 주거지역과 통합하여 복합·고밀개발이 필요한 구역, ③ 광역교통시설 등 기반시설의 확충 및 개선을 위해 주택단지를 포함하여 개발 및 정비가 필요한 구역, ④ 자족기능 확충 등 도시기능 강화와 이주단지 조성을 위해 필요한 구역 중 하나에 해당하는 곳을 지정하게 된다. 지자체장이 이러한 기준으로 지정하는 방식도 있지만 해당 토지등소유자 가운데 과반수 이상의 동의를 얻어 지자체장에게 특별정비구역지정을 요청할 수도 있다. 대부분의 신도시 아파트 단지들은 특별정비구역으로 지정될 확률이 높다는 가능성을 고려해볼 수는 있으나 그 안에서 어떠한 아파트 단지가 재건축에 있어 우위를 점할지 면밀히 따져보아야 한다.

어떤 단지가 재건축에 유리한가?

가장 먼저 정량적 평가로서 연식(노후도)을 봐야 한다. 1기 신도시 정비사업은 첨예한 이해관계에 따른 크고 작은 갈등이 생겨날 수 있다. 그 이유는 단순하다. 1기 신도시 전체가 한꺼번에 재건축을 진행하기엔 물리적·행정적으로 불가능하기 때문이다. 분당 신도시에 있는 아파트 전체는 8만 가구가 넘는데, 이 모든 아파트에 거주하는 세대원이 재건축을 위해 이주를 하게 되면 그 이주 수요를 받아줄 만큼의 주택은 사실상 없다는 것이 행정적·물리적 한계의 첫 번째 이유다. 또한 한 번에 재건축을 실시하게 되면 도로, 상·하수도, 대중교통과 생활 인프라 시설 확충 및 개선이 동시에 이루어져야 하는데, 이 역시 행정적·물리적으로 한 번에 해결하기 어렵다. 결국 순차적으로 시간의 차를 두고 구역별·단지별로 사업이 진행될 것이 뻔하다.

그런데 이렇게 일정 시간의 편차로 사업의 시기가 나뉘게 되면 가장 먼저 시행하는 재건축 단지와 가장 나중에 진행하는 단지 사이에 많게는 수십 년의 차이가 발생할 수도 있다. 1기 신도시에는 너무도 많은 단지가 존재하기 때문이다. 그러므로 선도단지에 선정되지 못한다면, 결국 가장 노후도가 심각한 단지가 첫 번째 테이프를 끊을 가능성이 높다. 첨예한 이해관계에 따른 갈등을 종식시킬 수 있는 가장 정량적이고 반발이 적은 기준이 바로 '연식'이기 때문이다.

하지만 구역지정이 먼저 되었다고 사업이 항상 먼저 진행되는 것은 아니므로 그 외 여유 용적률이나 대지지분의 사업성, 역세권이나 상업지·업무지구 복합개발의 가능성, 선도단지 선정이나 리모델링 사업 등의 여러 변수와 고려 요소가 있음을 잊지 말아야 한다.

뒤에서도 설명하겠지만 많은 1기 신도시 단지 가운데 여유 용적률이 부족하거나 재건축사업성이 요원한 곳에서는 리모델링을 빠르게 진행하는 것도 나쁘지 않은 선택지다. 용적률이 200퍼센트가 넘는 곳에서 재건축을 진행하려면 결국 용적률 혜택을 받아야 사업이 진행될 것인데 늘어나는 용적률의 40~70퍼센트가 공공주택에 쓰이게 된다는 점도 간과해서는 안 된다.

물론 노후계획도시 특별법에 의해 용적률 혜택을 받을 수도 있겠지만 리모델링으로 빠르게 사업을 진행해 1기 신도시에서 다른 곳보다 빠르게 신축으로 변화할 수 있다면 시간의 비용을 아끼면서 먼저 각광

받을 가능성이 크다. 예컨대, 분당 신도시의 느티마을 3·4단지는 이러한 노후계획도시 특별법이 발의되기도 전에 사업이 시작되어 2023년 기준 이주 철거작업이 진행 중인데, 향후 신분당선 정자역 역세권의 대단지 신축으로서 대장 단지가 될 가능성이 높다.

그렇다면 1기 신도시는 언제 투자를 해야 할까?

사실 모두가 인지하고 있듯이 재개발이나 재건축은 길고도 험난한 길이다. 1기 신도시 재건축에 대한 기대감은 곧 다가올 총선이나 다음 대선에서 더욱 증폭될 것이며 정치권에서도 이를 유권자들을 향한 구애의 손길로 사용할 가능성이 매우 높다.

역설적으로 쉽고 간단하게만 이루어질 수 없는 이유가 바로 여기에 있다. 오랜 시간이 걸릴 수 있는 사업이라는 점을 명심하자. 떡잎도 보이지 않는데 벚꽃잎이 휘날리는 봄날을 상상해서는 곤란하다. 오히려 그러한 점이 정비사업 투자에 뛰어든 사람을 쉽게 지치게 만드는 '무한 긍정'과 기대감이 주는 독배와 같다.

노후계획도시 특별법이 시행령까지 모두 공포된 후 수많은 사람들이 1기 신도시에 관심을 가질 때, 가만히 모든 풍경을 바라보며 몇 호흡 늦게 진입한다고 해서 먼저 1기 신도시 투자를 시작한 사람보다 실패한 투자라고 결론 내릴 수 없다. 줄곧 이야기하겠지만 정비사업은 우리의 인생처럼 '흔들리며 피는 꽃'이다. 곧장 고속도로를 내빼는 자동

차처럼 달려가지 않는다. 부동산 시장의 사이클에 따라 구역이나 단지별로 크고 작은 다툼과 절차적 문제로 사업은 흔들리고 멈추기도 하고, 심지어 회귀하기도 한다. 때문에 중요한 것은 누구보다 빠르게 정비사업에 투자하는 것이 아니라, 어느 시기에 어떤 가격으로 사느냐다.

앞서도 언급하였듯 노후계획도시 특별법은 정치적으로 매우 민감한 사안이다. 언론이나 매체에서 대대적으로 다루어질 때 달려드는 것은 불나방 투자가 될 수 있다. 그럼에도 많은 투자자들은 같은 1기 신도시 내에서 평균 대지지분이 넓고, 여유 용적률이 많으며, 역세권에 가깝거나 연식이 가장 오래된 것들을 주목해서 볼 것이다. 하지만 역설적으로 숨은 진주를 찾으려면 오히려 이러한 고정된 프레임에서 벗어나 자신만의 기준을 세우는 용기도 필요하다.

예를 들자면, 성남시 분당구 분당동의 대형 아파트들 중 대지지분 기준 평당가격이 이매동이나 서현동의 아파트의 절반인 경우가 더러 있다. 현재의 가치에는 대지, 즉 땅의 가치가 다소 적게 반영되어 있고 기타 요소가 좀 더 강하게 작용한 탓이다. 그러나 정비사업이 시작되면 비로소 대지지분과 그 대지의 평당가격이 주목받기 마련이다. 재건축이나 재개발은 모두 땅 위의 오랜 건물들을 허물고 새로운 집을 짓는 것이므로 이때 무엇보다 소중한 가치는 바로 '땅'이기 때문이다.

이러한 기준점을 통해 투자의 방향을 고려하는 것이 너무도 넓은 범위와 많은 이야기들이 난무하는 1기 신도시 특별법에 따른 정비사업 투자를 해나갈 수 있는 길잡이가 될 것이다.

제1장

왜 재개발·재건축에
투자해야 하는가

우리가 재개발·재건축에
투자해야 하는 5가지 이유

우리가 부동산에 관심을 갖고 공부를 하거나, 투자를 하는 이유는 저마다 조금씩 다를 것이다. 자산 증식을 위해, 평안한 노년을 위해, 자식에게 물려줄 자산이라도 남겨줄까 하고. 그마저도 아니라면 그저 내가 살 집을 마련하기 위해서일 수도 있다.

부동산 시장은 거대한 산이 계절에 따라 변하듯, 초대형 함선이 둔중한 동작으로 경로를 바꾸는 것처럼 조용히 그리고 천천히 움직인다. 그런데 이렇게 방향이 정해지면 좀처럼 쉽게 변화하지 않기도 하지만, 때로는 여지도 주지 않고 급변하는 시장이기도 하다. 그만큼 종잡을 수 없는 영역임에는 분명하다. 우리는 그 안에서 때때로 방향의 전환을 뒤늦게 깨닫기도 하고, 어느 변화에 맞추어 가야 하는지를 깨닫지 못해 우왕좌왕하기도 한다. 이런 부동산 시장 안에서 사람들이 재개발·재건축 투자를 하는 이유는 무엇이고, 그중 소수는 유난히 큰 수익을 내는 이유는 또 무엇일까.

재개발·재건축은 덜 불안한 투자다

투자의 기본 속성은 리스크를 완전히 배제할 수 없다는 특징이 있다. 리스크를 완전하게 지울 수 있는 투자라면 겨우 정기예·적금 정도일 것이다. 이러한 투자의 속성 아래에서도 사람들은 누구나 큰 수익을 꿈꾸며 리스크를 껴안고 시장에 뛰어든다. 그런데 재개발·재건축 투자는 왜 그러한 리스크로부터 덜 불안하다고 하는 것일까? 아래 가격의 매물을 살펴보자.

- 감정평가액: 3억 3,000만 원
- 프리미엄: 2억 8,000만 원
- 매매가: 6억 1,000만 원
- 이주비: 1억 6,000만 원
- 실투금액: 4억 5,000만 원
- 101타입(41평)의 조합원분양가: 5억 3,000만 원
- 추정 분담금: 2억 원
- 총매수가: 8억 1,000만 원*

*보통 총매수가를 아주 단순하게 계산하는 방법은 조합원분양가에 프리미엄을 더하는 것이다(5억 3,000만 원+2억 8,000만 원=8억 1,000만 원). 이를 좀 더 풀어서 설명하자면, '감정평가액 3억 3,000만 원+프리미엄 2억 8,000만 원'이 재개발 물건을 처음 살 때 지불해야 하는 가격으로 6억 1,000만 원이다. 여기서 이주비 대출 1억 6,000만 원을 받게 되면 실제 투자금은 4억 5,000만 원이 들어간다. 하지만 나중에 대출은 갚아야 하니 어쨌든 지출할 금액은 일단 6억 1,000만 원이다. 후에 재개발이 완료되고 분담금을 내야 하는데, 분담금은 조합원분양가에서 감정평가액을 뺀 나머지 금액이다(조합원분양가 5억 3,000만 원－감정평가액 3억 3,000만 원=2억 원). 그럼 원래 지불했던 매수가격에 분담금을 합한 '6억 1,000만 원+2억 원=8억 1,000만 원'이 바로 신축 아파트를 가져가는 총매수가가 되는 것이다. 물론 이에 기타 세금이나 각종 대출의 금융 비용은 논외다.

이곳은 성남시 뉴타운 재개발구역 중 상대원2구역 매물이다. 2023년 하반기 철거 후 착공에 들어가는 구역으로 재개발사업의 지연으로 얻어지는 리스크는 거의 없다고 해도 되는 곳이며, 2027년 입주 예정이다.

그럼 이 매물의 가격이 투자처로서 왜 불안감이 낮은가를 체크해 보도록 하자. 인근의 성남 중앙힐스테이트 1·2단지 실거래가를 가져와 보면 비슷한 평수(46평, 전용 120제곱미터)의 매물이 2023년 8월 기준 9억 1,000만 원(1단지)에 거래되었다. 3년 이내 최고가는 1단지가 2021년 10월 13억 원, 2단지가 2022년 2월 11억 7,500만 원이었다. 현재 부동산 매물의 호가는 9억 5,000만~11억 원으로 분포되어 있다. 이 단지는 2012년 준공되어 올해 11년 차로 신축이라 할 수 없고, 단지 규모도 상대원2구역에 비해 매우 작은 편이다. 입지는 큰 차이가 없는 곳이므로 상대적 열위의 조건들을 따져보아도 상대원2구역의 101타입 매물의 가격(8억 1,000만 원)이 투자 가치가 있음을 알 수 있다.

상대원2구역과 인접한 기축 아파트

출처: 아실

　재개발·재건축 투자에 있어 해당 매물의 투자가치를 살펴볼 때, 주변의 기축이나 신축 단지와 여러 조건을 비교한 뒤 가격을 대조하여 그 사이의 가격 차이를 소위 '안전마진'이라고 이야기한다. 이러한 안전마진의 폭(주변의 기존 아파트와의 가격 차)이 크면 클수록 리스크는 줄어들게 되는 것이다. 때문에 현재의 주변 가치를 바탕으로 투자의 성패와 손익을 어느 정도 가늠할 수 있다고 이야기하는 것이며, 이는 재개발·재건축 투자가 '덜 불안한' 이유가 되는 것이다. 부동산 시장의 사이클과 지역의 흐름 등을 통해 해당 단지의 미래 가격을 그려보는 아파트 갭투자와는 다른 접근이라 하겠다.

재개발·재건축 투자는 좀 게을러도 된다

부동산 투자를 공부하는 분들의 상당수가 성실하고, 부지런하게 움직이고, 끊임없이 자신을 채찍질하는 고시생과 같은 마음을 강요당하기 마련이다. 많은 부동산 전문가들이나 강사들은 가만히 있는 사람들을 '죄악시'할 정도로 조바심을 자극하기도 한다. 그러나 부동산 투자는 다른 금융상품 투자와 달리 너무 빠르거나, 너무 부지런하다고 좋기만 한 것은 아니다.

아주 오래전 처음으로 갭투자를 한 적이 있다. 지방 광역시의 구축 아파트였는데 매매와 전세의 갭이 채 1,000만 원도 되지 않는, 900만 원에 맞춘 투자였다. 그런데 아직 부동산 투자에 대해 확신이 부족하였던 나는 부동산 책이나 선배들의 조언에 길들여진 채로 끊임없이 불안감을 느끼고 있었다. 그 아파트는 역세권에 있기는 했어도 애매한 복도식 구축 아파트인데다 광역시의 핵심 입지도 아니었기 때문이다. 이는 곧 빠른 매도로 이어지게 만들었다. 아파트 가격이 조금 오르자마자 경험 부족과 조바심이라는 두 요소가 만나 얼마 되지 않은 수익만 남기고 빠져나오기에 급급했던 것이다.

그런데 이후 지방 부동산 시장의 대상승기가 왔고 해당 아파트는 내가 매도한 수익의 몇 배가 더 올랐다. 너무 부지런한 것이 패착이었던 것이다. 이러한 부동산 갭투자보다 재개발·재건축 투자는 더욱 부지런하거나 빠르게 움직이지 않아도 된다. 무슨 말일까?

지난 상승장의 초입이었던 2016년은 매매가와 전세가의 갭이 가장 좁게 달라붙었던 시기다. 당시 강남의 대치아이파크 24평의 갭이 1억 3,000만 원이었고, 잠실파크리오 33평의 매매 최저가가 8억 4,000만 원부터이고 전세 시세는 7억 5,000만 원으로 갭이 1억 원이 되지 않았던 시절이 있었다. 그런데 그런 시기는 매우 빠르게 지나간다. 세상의 모든 것과 마찬가지로 부동산 시장도 '이격'과 '수렴'의 원리로 이루어져 있다. 평균이 아닌 시절과 평균의 시절은 끊임없이 사이클을 형성하며 이격과 수렴을 반복하는 것이다.

이러한 시장의 특성을 고려할 때, 갭투자는 이 움직임을 아주 재빠르고 민첩하게 포착해야 하고 핵심지의 경우라면 더욱 그렇다. 그에 반해 재개발·재건축은 그보다는 좀 둔하고 게으르게 접근해도 괜찮다. 이유는 무엇일까?

갭투자는 일반적으로 당장 들어가 살 수 있는 걸출한 주거 환경의 아파트를 대상으로 한다. 세입자의 거주수요가 전세가격을 형성하고, 매수자의 실수요와 가수요(투자수요)가 함께 어우러지며 매매 가격의 상승과 하락을 좌우한다. 이렇듯 투자자와 실제 거주자(세입자), 매수 수요자 등의 다양한 요인으로 가격이 변화하기 마련이다. 하지만 재개발·재건축 투자에 있어 전세가격은 대체로 큰 상승을 기대하기 어렵기 때문에 세입자의 거주수요와 이로 인한 실수요와 가수요의 유인작용 측면을 두고 보면 일반 아파트보다 덜 민감한 편이라 할 수 있다.

쉽게 말해 전세입자의 거주수요에 따른 전세가격 상승이 재개발·재건축 가격 상승의 원인으로 작용하지 않는다는 점이다. 또한 서울의 주요 학군지나 중심지 구축 아파트를 제외하고는 재개발·재건축은 실거주 수요보다 투자 수요가 더 강하게 작용하는 곳이므로(실수요자의 참여가 없음), 투자자의 입장에서는 좀 느긋한 마음으로 천천히 매수·매도의 선택을 할 수 있다는 측면도 있다.

결국 '시간에 투자하는 것'이 정비사업 투자이므로 굳이 조바심을 갖거나 시장의 움직임에 너무 민감하게 반응하고 흔들리지 않아도 되는, 여유를 준다는 점이 큰 장점이라 하겠다.

끝까지 기다리지 않아도 된다

그렇다고 재개발·재건축 투자의 가장 큰 오류에 빠져서는 안 된다. 그것은 바로 '사고 묻어두는 것'이다. 흔히 재개발·재건축 투자가 좀 어렵다고 생각하는 투자자들이 행하는 실수와 오류가 있다. 적당히 오래되고, 다른 사람들이 좋다고 하거나 재개발·재건축을 한다는 소문만 무성한 곳의 빌라나 아파트를 사서 오랫동안 묻어두면 저절로 투자가 성공하리라 착각하는 것이다. 포인트는 내가 사려고 하는 이 매물이 '무엇'이 될 예정이고, '언제' 될 예정인지 알고 있어야 한다는 것이다. 물론 세상 일이 계획대로 진행될 수는 없고 사업이 암초에 부딪힐 수도 있지만, 그러한 청사진도 없이 나의 소중한 투자금을 밀어넣는 건 절대하지 말아야 한다.

그렇기 때문에 재개발·재건축 투자의 진행 단계나 사업의 원리, 단계별 주의점이나 보유 시 유의점 같은 것들을 공부해둘 필요가 있는 것이고, 독자 여러분에게 이러한 것을 알려주고자 이 책을 집필한 것이라 할 수 있다.

결국 부동산 투자란 적절한 시간과 적절한 곳에, 내가 낚을 어종에 맞게 미끼를 선택하여 낚싯대를 드리우는 것과 같다. 하지만 낚싯대만 던져두고 가만히 지켜봐서는 대어를 낚을 준비가 끝난 것이 아니다. 입질조차 없는 상황에서 하염없이 올라오지 않는 찌만 바라보는 것은 시간과 돈을 허비하는 짓이다. 때로는 장소를 이동하여 포인트를 바꾸기도 하고 비가 오면 낚시채비를 걷고 파라솔이나 텐트로 잠시 몸을 숨기듯, 무조건 낚싯대에 고기가 걸리기만을 기다리지 말아야 한다. 다른 말로 바꾸면, 내가 재개발·재건축 투자를 한다고 하여 무조건 '신축 아파트 준공'까지 기다릴 필요는 없다는 점이다. 중간에 가격이 오르면 언제든지 팔고 다른 것으로 갈아타도 된다. 이때 체크해야 하는 것이 시장의 분위기와 해당 사업 구역의 진행에 따른 대응이라 하겠다.

아무나 하지 않기에 경쟁자도 적다

재개발·재건축 투자는 일반적인 부동산 투자에 비해 투자자 풀이 넓지 않다. 누구나 참여하기 쉬운 투자는 투자자들의 참여도가 높은 것만으로 실패 확률이 상대적으로 높기 마련이다. 공부를 전혀 하지 않고도 할 수 있는 주식이나 갭투자와 같은 투자가 그러하다. 이유가 무엇일까? 참여자의 숫자만큼이나 시장에 거래할 수 있는 물건들 가운데 속된 말로 '쉽게 물릴 수 있는' 안 좋은 물건들이 많기 때문일 것이다.

그러나 재개발·재건축 투자는 이와 반대로 사업성이나 진행이 어느 정도 검증된 매물의 종류와 개수가 한정적이며 투자자들의 참여도 상대적으로 적은 편이다. 사실 알고 보면 그리 어려운 투자가 아닌데 일반인들에게는 '그들만의 리그'라는 심리적 허들이 존재하는 투자처인 것이다.

세상은 다수에 반하는 소수의 투자자가 상대적으로 독식하는 경우가 많은 편이고, 재개발·재건축 투자는 아직까지도 그러한 소수의 투자자들에게만 익숙한 대상으로 평가받고 있다. 또한 나의 자산과 투자금, 주택 보유 유무에 따라 시기별, 상품별, 지역별로 군을 나누어 다양하게 포트폴리오를 구성할 수 있는 것도 장점이라 하겠다.

서울의 신축을 가장 싸게 사는 지름길이다

앞에 서술한 바와 같이 많은 장점들은 차치하더라도, 재개발·재건축 등 정비사업에 투자해야만 하는 이유는 또 있다. 바로 '서울'이다. 대한민국의 서울은 이미 도시국가로 변모하고 있다고 해도 손색이 없을 정도로 모든 산업과 인프라와 사람들이 초집중되는 곳이다. 이러한 서울의 인구가 매년 감소하고 있는데 이유가 무엇일까? 다름 아닌 '집값' 때문이다.

누구나 서울에 집을 갖고 싶은 마음이 있을 것이다. 때문에 경기도에서 서울로 출퇴근하는 인구는 점점 늘어가고 있다. 2021년 '서울 열린 데이터 광장' 통계에 따르면, 경기도에서 매일 서울로 출근하는 사람들의 평균 소요시간이 72.1분으로 조사되었다. 하루의 두세 시간을 출퇴근에 허비하는 것이다. 그러므로 서울에 집을 소유하는 것은 어쩌면 내 인생의 '시간'과 '편의'를 더하는 것과 같은 효과라 할 수 있겠다.

그럼 서울에 집을 사는 것과 정비사업 투자는 무슨 관련이 있을까. 서울의 아파트를 소유하는 방법은 여러 가지가 있다. 하지만 누구나 살고 싶어 하는 신축 아파트를 가지기 위해서는 청약에 당첨되는 것 외에는 방법이 없어 보인다. 그런데 서울에서 청약 당첨이 쉬운 일도 아닐 뿐더러 청약 물량이 많지도 않다. 청약 당첨이 쉽지 않은 것이야 당연한 얘기지만, 왜 물량도 적은 걸까?

누구나 잘 알다시피 서울에는 더 이상 빈 택지가 없다. 한강을 매립하거나 남산을 깎아내거나 어디 큰 공장이나 공원을 밀어버리고 짓지 않는 이상, 서울이라는 도시 안에 신축 아파트를 지을 땅이 없다는 것이다. 그렇다면 결국 남은 것은 낡고 노후화된 주거지를 재개발하거나 오래되고 살기 불편한 아파트를 재건축하는 것 외에는 방법이 없다. 그러므로 재개발과 재건축은 기존의 조합원(소유주)들에게 입주권을 우선 배분하고 남는 물량만을 청약 시장에 내놓기 때문에 물량이 적을 수밖에 없는 것이다.

정비사업에 투자해야만 하는 이유가 바로 여기에 있다. 일반분양으로 이어지는 청약 물량은 항상 부족할 수밖에 없고, 그렇다면 우리가 서울의 신축 아파트를 가질 수 있는 방법은 재개발·재건축 투자만이

유일한 것이다. 심지어 일반분양가보다 저렴하게 살 수 있는 기회마저 잡을 수 있다. 누구나 살고 싶지만 아무나 살 수 없는 서울의 신축 아파트를 말이다.

제2장

단번에 이해되는
재개발·재건축 투자의 기초

재개발사업에 사용되는
기본 용어 이해하기

여러분이 부동산에서 재개발 매물을 찾거나 묻게 되면 보통 낯선 용어로 가득한 브리핑 자료를 받게 될 것이다. 부동산 자체에서 운영하는 블로그나 네이버 부동산 사이트에 올라오는 매물도 마찬가지다. 여기서부터 도무지 무슨 말인지 알 수 없으면 이 매물이 좋은지 나쁜지 판단하기조차 어렵다. 아주 기초적인 것부터 살펴보도록 하자.

재개발 매물에 사용되는 핵심 용어와 의미

매매가

지금 내가 이 매물을 사는 데 소요되는 물건의 가격이다. 감정평가가 완료된 곳은 '감정평가액+프리미엄=매매가'다.

감정평가액

'감정가'라고도 한다. 감정평가를 통해, 해당 부동산의 가치를 조합으로부터 통보받은 평가금액이라고 생각하면 간단하다. 예컨대 내가 사려고 하는 빌라의 감정가액이 1억 5,000만 원이라고 되어 있으면 이는 앞으로 재개발사업을 진행하는 데에 있어 조합으로부터 1억 5,000만 원어치의 값어치를 가지는 무형(철거 후에도 남아 있으므로)의 자산으로 치환된다는 것이다. 말 그대로 '헌집 줄게 새집 다오'에서 나의 기존 건축물과 땅의 가치를 인정받는 것이라 생각하면 쉽다. 보통 빌라나 아파트와 같은 공동주택의 경우 '거래사례비교법'(가치형성요인이 같거나 비슷한 물건의 거래 사례를 비교하여 대상 물건의 가액을 산정하는 감정평가방법)을 통해 공동주택 가격을 기반으로 감정평가가 이루어지며, 다가구주택이나 단독주택들은 토지의 공시지가와 개별주택 가격, 건물의 가치를 종합적으로 감정하여 이루어진다.

권리가액

감정가에 비례율을 곱한 것으로 재개발·재건축 현장의 개발 손익이 반영된 가치다.

비례율

정비사업의 사업성을 판단할 수 있는 비율로 정비사업이 마무리될 때 정해지지만 사업시행인가나 관리처분인가 시에도 일반분양가와 조합원분양가, 사업비 등이 정해지므로 어느 정도 예상 비례율을 확인할 수는 있다.

$$비례율 = (종후자산\ 평가액 - 총사업비)$$
$$\div 종전자산\ 평가액 \times 100(퍼센트)$$

여기서 '종후자산 평가액'은 말 그대로 재개발·재건축사업의 총수익을 말하는 것으로, 전체 아파트 분양가의 총합(조합원분양 수입 + 일반분양 수입)이라고 보면 편하다. 그래서 '종후자산 평가액-총사업비'는 재개발·재건축사업의 순수익이라 볼 수 있다. '종전자산 평가액'은 정비사업에 투입된 자산을 뜻하는데, 쉽게 말하면 조합원들이 보유한 감정평가액의 총합이며 일종의 투자금이라 할 수 있다. 결국 비례율은 정비사업의 수익률이나 다름없는 개념으로 사업 진행을 통해 벌어들이게 되는 수익을 백분율화한 것이다. 즉 100퍼센트가 넘으면 수익이 남는 것이고 100퍼센트 미만이라면 사업의 손실이 발생하는 것이라고 할 수 있다.

때문에 애초에 받았던 감정평가액이 관리처분인가 시 정해진 비례율에 따라 권리가로 바뀌게 되면서 올라갈 수도 있고 내려갈 수도 있는 것이다. 그러나 이러한 비례율이 관리처분인가 단계에 확정되었다고 해도 그것이 아주 명확하게 끝까지 유지되지 않는 경우도 있다. 정비사업도 하나의 건축 시행사업이므로 시간이 지체되거나 공사비의 상승과 같은 요인으로 변화할 수 있음을 알아두어야 한다.

프리미엄

해당 물건의 웃돈을 의미한다. 감정평가 금액보다 대부분 높은 매매가가 형성되는 이유는 이 입주권의 가치에 대한 웃돈이 시장의 수요와 공급, 미래 가치의 반영 등에 따라 형성되었기 때문이다.

이주비

조합원(권리자)에게 부여되는 것으로 일종의 대출이다. 서울의 투기과열지구 기준으로 LTV 40퍼센트를 적용받아 감정가의 40퍼센트까지 기본으로 대출받을 수 있다. 구역에 따라 무이자 또는 유이자로 진행되며, 시공사 보증을 통해 추가 대출이 되는 경우도 있다.

참고로 '이사비'라는 항목이 있는 조합도 있는데 '이사비'는 조합원에게 주는 경우도 있고, 실제 거주자(세입자가 될 수도 있음)에게 지급되는 경우도 있다. 물론 이사비를 지급하지 않는 조합도 많다. 어쨌든 모두가 조합의 사업비에서 지출되는 비용이고 이러한 사업비는 모두 조합원들의 돈이나 마찬가지이므로 이사비가 없다고 아쉬워할 필요는 없다.

초기투자금액

실투자금, 실투금이라는 용어를 사용하기도 하는데, 매매가격에서 세입자의 임대보증금을 제외한 가격을 의미한다. 현재 이주 중이거나 이주를 완료했다면 이주비를 제외한 금액으로 적용하기도 한다.

조합원분양가

조합원이 조합원으로서 신축 아파트를 분양받을 때 부담해야 하는 분양가격이다. 일반분양가보다 적게는 10퍼센트, 많게는 몇십 퍼센트 정도 저렴하게 책정된다.

추가분담금

사업비(재개발사업의 진행에 들어가는 총비용, 공사비와 금융비용, 잡비 모두를 포함)를 충당하기 위해 조합원들이 나누어 내는 비용을 의미한다. 사업비를 전부 나누어 내는 것은 아니며, 일반분양을 통해 얻어지는 수익은 조합원이 부담하는 금액에서 감산되므로 일반분양 물량이 많으면 많을수록 '사업성이 좋다'는 표현을 사용한다. 추가분담금은 모든 조합원이 동일한 것이 아니라, 타입별로 정해진 조합원분양가에서 나의 권리가를 빼면 된다. 앞서 말했듯 나의 감정평가액은 사업의 진행에 있어 인정되는 무형의 가치와 같기에 감액하게 되는 것이다.

(개별) 조합원분양가 − 권리가액 = (조합원 개별의) 추가분담금

예) 84타입 조합원분양가 5억 원 − 권리가액 4억 원 = 추가분담금 1억 원

총매가

　'총매수가'라고도 하고 '총비용'이라는 말을 사용하기도 하는데 이는 해당 재개발 구역의 신축 아파트에 입주하기 위해 들어가는 비용의 총합을 의미한다. 재개발 구역의 매물을 사기 위해 지불한 매매가에 추가분담금을 합하면 되는 것이고, 좀 더 정확히 세분화한다면 세금과 기타 수수료 등이 포함될 것이다.

> 총매가 = 재개발 물건 (토지, 건물, 무허가 등) 의 매매가
> (감정평가액 + 프리미엄) + 추가분담금

　예를 들어, 재개발 구역 내 빌라 매매가가 5억 원(감정평가액 4억 원 + 프리미엄 1억 원)이고 추가분담금이 2억 원이라면 총매가 7억 원으로 해당 재개발 구역의 84타입 신축 아파트를 가져가는 셈이다.

재개발·재건축 정비사업
절차 이해하기

1. 정비기본계획수립

지자체에서는 거주민들의 주거환경 개선을 위해 '도시·주거환경 정비
계획'을 수립한다. 대상은 인구 50만 이상의 지자체이며 수립권자는 특
별시장 및 광역시장이다. 내용은 정비사업의 기본 방향과 계획기간, 단
계별 정비사업 추진계획, 구역의 범위, 토지이용계획, 세입자 주거안정
대책 등이 포함된다.

요컨대 지자체에서 해당 지역 안에 정비사업을 요하는 곳들에 대한
큰 그림을 그려주는 것이라 생각하면 쉽다. 수립기간은 10년 단위이며
5년마다 타당성을 검토하여 수정하는 것을 원칙으로 하나, 수시로 변
경하기도 한다. 지자체장이 바뀌거나 하면 영향이 미칠 수밖에 없다.

재개발사업의 진행 단계

① 정비구역 지정 → ② 추진위원회 승인 → ③ 조합설립 인가 → ④ 건축심의 → ⑤ 사업시행 인가

⑩ 이주 ← ⑨ 관리처분 인가 ← ⑧ 조합원 분양신청 ← ⑦ 종전자산 평가 ← ⑥ 시공사 선정

⑪ 철거 → ⑫ 일반분양 → ⑬ 착공 → ⑭ 준공·입주 → ⑮ 조합청산

재건축사업의 진행 단계

① 기본계획 수립 → ② 안전진단 → ③ 정비계획 및 구역지정 → ④ 추진위원회 설립 → ⑤ 조합설립 인가

⑩ 조합원 분양 신청 ← ⑨ 종전자산 평가 ← ⑧ 시공사 선정 ← ⑦ 사업시행 인가 ← ⑥ 건축심의

⑪ 관리처분 인가 → ⑫ 이주 → ⑬ 철거 → ⑭ 일반분양 → ⑮ 착공

⑰ 조합청산 ← ⑯ 준공·입주

서울시에서는 2023년에 '2030 도시주거환경정비기본계획'을 발표하였고, 이는 다시 5년 뒤 검토를 통해 수정된다고 이해하면 된다. 이 내용은 서울시 홈페이지에 공람 및 고시를 통해 배포된다.

이처럼 정비 예정구역에 대한 대략적인 계획이 자치구별로 정리되어 배포되며, 이를 통해 밑그림을 그려나갈 수 있다. 그러나 이것은 그 야말로 '계획'일 뿐이며 이는 얼마든지 번복되거나 유예될 수 있음을 주의하도록 하자.

그런데 재건축 단지의 경우에는 지자체의 기본 계획에 반영되어 있지 않더라도 연한을 넘기면 소유주들의 의지로 안전진단을 받을 수 있고, 재개발 또한 구역지정의 요건을 충족한다면 지자체에 요구할 수도 있다.

출처: 서울특별시 도시·주거환경정비 기본계획 홈페이지

서울소식 > 고시·공고

출처: 서울특별시 도시·주거환경정비 기본계획 홈페이지

2030 도시·주거환경정비 기본계획 보고서

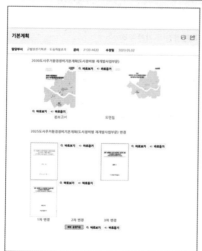
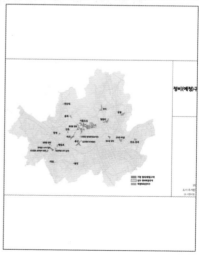

출처: 서울특별시 도시·주거환경정비 기본계획 홈페이지

2. 정비구역지정

정비구역의 지정은 재개발사업의 첫걸음과 같은 기본적인 단계이지만, 이마저도 사실 매우 오랜 시간과 절차가 소요된다. 먼저 정비구역에 지정되기 위한 기본적인 요건을 갖추어야 한다. 이 요건은 다시 기본요건과 충족요건으로 나뉘는데, 기본요건은 말 그대로 무조건 갖추어야 하는 요건이고, 충족요건은 세 가지 사항 중 하나만 갖추면 되는 요건이다(두 요건 모두 '서울시 도시 및 주거환경 정비조례'를 기준으로 한다).

기본요건

① 면적 1만 제곱미터 이상: 일반적인 재개발 정비구역지정을 위한 면적은 1만 제곱미터 이상의 조건을 충족하여야 한다.

② 해당 구역 내 건축물의 전체 2/3 이상이 노후·불량 건축물*에 해당하여야 한다.

충족요건

다음 세 가지 요건 중 하나 이상 만족하면 된다.

① 구역 전체 면적 중 과소필지*비율이 40퍼센트 이상

② 접도율*을 만족하는 주택이 구역 전체 40퍼센트 이하

③ 호수밀도 60호/ha 이상: 1ha(헥타르)＝1만 제곱미터 안에 건축물의 총 동수(세대수 아님)가 60호 이상이어야 한다.

관련 용어 정리

*노후·불량 건축물
- 공동주택(철근, 철골, 콘크리트 및 강구조): 30년
- 일반 철근, 철골, 콘크리트 주택이나 강구조 건축물: 30년
- 그 외 연와조(벽돌), 기와조, 시멘트 벽돌조(블록) 등과 같은 주택: 20년

*과소필지: 건축대지로서 효용가치가 없는 대지면적 90제곱미터 이하의 토지

*접도율: 폭 4미터 이상의 도로에 접해 있는 주택의 비율

다시 정리하면 기본요건 2개는 모두, 충족요건 3개 중 1개 이상의 요건을 갖추게 되면 비로소 재개발 구역지정에 도전할 수 있다. 그런데 정비구역지정 단계는 오랜 시간과 복잡한 절차를 통해 이루어진다. 재개발이 될 것이라는 기대감이 높은, 소위 '초기 재개발' 구역들도 투자자들이나 소유자들의 관심을 한 몸에 받더라도 그로부터 몇 년이 걸리는 경우가 부지기수다. 정비구역지정 이전에 재개발 정비계획을 수립해야 하는데 이를 위해서는 사전검토와 사전 타당성 검토가 필요하기 때문이다.

먼저 해당 구역의 주민들이 자치구에 정비구역 사전검토를 요청한다. 이때의 주민동의는 30퍼센트만 채우면 된다. 흔히 많은 투자자들이 "서울 ○○동에서 재개발을 한다고 동의서를 걷는다는데?"라는 소문을 듣고 투자를 할지 말지 고민하는 경우가 많은데 구역지정이 되지 않은 곳이라면 이 단계를 말하는 것이 대부분이다. 주민동의서를 바탕으로 자치구에서 사전검토과정을 거친 뒤 서울시와 자치구가 정비지원계획과 정비계획안을 수립하게 된다. 기존에는 '사전 타당성 검토'라는 단

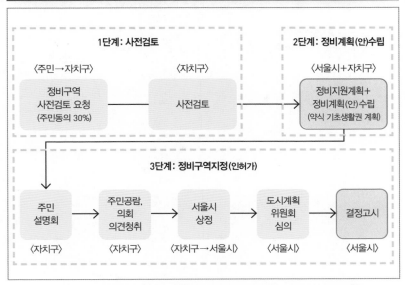

정비구역지정 과정

1단계: 사전검토

〈주민→자치구〉 〈자치구〉

정비구역
사전검토 요청
(주민동의 30%) → 사전검토

2단계: 정비계획(안)수립

〈서울시+자치구〉

정비지원계획+
정비계획(안)수립
(약식 기초생활권 계획)

3단계: 정비구역지정(인허가)

주민
설명회 → 주민공람,
의회
의견청취 → 서울시
상정 → 도시계획
위원회
심의 → 결정고시

〈자치구〉 〈자치구〉 〈자치구→서울시〉 〈서울시〉 〈서울시〉

출처: 서울시, '2025 서울특별시 도시·주거환경정비 기본계획'(주거환경정비사업 부문)

계가 있었는데 서울시는 이를 통폐합하였고 다른 지방자치단체에서는 여전히 유효하다.

또한 이러한 정비계획안을 수립하는 과정 중에 '개발행위제한'과 '권리산정기준일'을 고시하게 된다. 이 두 가지는 성격이 유사하다. '개발행위제한'이란 주택 재개발 정비구역지정 예정인 지역에 대해 건물의 신축 행위나 속칭 '쪼개기'로 일컫는 지분분할과 같은 행위를 하지 못하게 하는 고시 역할을 말한다. 보통 고시일로부터 3년간 유효하며 1회에 한하여 2년 이내 기간 연장이 가능하다.

'권리산정기준일'이라는 것은 기존 세대수가 증가하면 지역 주민들의 사업비 부담이 증가하고 이로 인해 막대한 재산 피해가 생겨나므로,

지자체에 제출하는 사전검토 요청서와 주민 동의서 양식

출처: 인천시 서구청 홈페이지

토지 분할, 단독주택과 다가구주택의 다세대주택으로의 전환, 건축물의 신축, 토지와 건축물의 분리 취득 등의 행위가 '권리산정기준일' 이후 발생하는 경우 조합원으로서 입주권을 부여받지 못하게 하는 것이다. 쉽게 말해 '권리산정기준일' 이후에 토지와 건축물을 분리하는 '쪼개기' 행위나 신축 행위를 하더라도 분양받을 권리를 얻지 못한다. 어쨌든 '개발행위제한'과 '권리산정기준일' 고시는 모두 기존 소유주들의 정당한 재산권을 침해하는 것을 막기 위한 제도라고 보면 된다. 이후 도시계획위원회 심의를 거쳐 최종적으로 정비구역지정을 받게 되는 것이다.

그런데 여기서 반드시 유념해야 할 점이 있다. 동의서를 걷는다는 말에 당장 재개발이 이루어질 것이라고 생각하는 것은 연애로 치면 이제 겨우 썸을 타는 정도에 불과하다는 것이다. 이때부터 신축 아파트를 꿈꾸는 것은 손도 안 잡았는데 아이를 몇 명 낳을까부터 생각하는 셈이다.

위의 일련의 과정을 통해 정비구역으로 지정이 되어야 비로소 재개발사업이 본궤도에 올라가게 되는 것이다.

안전진단 (재건축만 해당)

재건축은 재개발과 달리 '안전진단'을 통과해야만 한다. 말 그대로 재건축의 첫 단계와 같다. 일반적으로 재건축 안전진단은 예비안전진단(현지 조사), 1차 정밀안전진단, 2차 안전진단(적정성 검토) 등의 절차를 거친다. 안전진단을 통과하지 못하면 재건축을 진행할 수 없다. 예비안전진단은 아파트 각 호의 소유자들 가운데 10퍼센트 이상이 동의

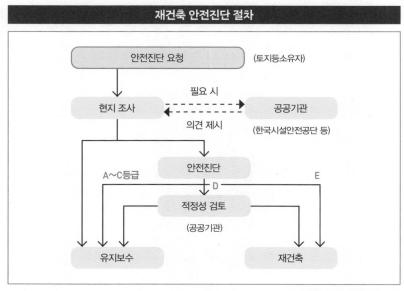

출처: 매경이코노미(2022.03.25)

하면 소유자들이 지자체에 안전진단을 요청하는 방식으로 진행된다.

1차 정밀안전진단에서는 A~E 등급 가운데 D등급 이하(낮을수록 좋음)를 받아야 재건축을 진행할 수 있다. E등급을 받게 되면 2차 안전진단 없이 바로 재건축을 진행할 수 있다.

지난 2018년 2월, 재건축 안전진단 기준이 매우 강화되었다. 당시 정부는 재건축사업을 되도록 장려하지 않았던 것일까? 구조 안정성의 기준이 50퍼센트에 달하면서 안전진단을 통과하지 못하던 단지들이 많았던 것이 사실이다. 하지만 2023년 1월 5일부터 '주택 재건축 안전진단 기준'의 완화를 위해 지침이 개정되었다. 먼저 평가 항목의 비중부터 바뀌었다.

우선 구조안정성 항목이 50퍼센트에서 30퍼센트로 대폭 줄어들었고, 주거환경과 설비노후도의 비중이 상승하였다. 요컨대 건물의 구조적 안정성보다 주거의 환경(생활환경 등)과 설비의 노후도(난방과 급수, 기계 및 전기나 소방과 같은 설비) 비중이 올라감으로써 실거주자들의 불편요인을 더 들여다보겠다는 것이다.

기존의 조건부 재건축 점수 역시 바뀌었다. 기존에는 30~55점 이하의 경우 D등급, 그러니까 '조건부 재건축' 판정을 받아 2차 정밀안전진단을 실시해야 하지만, 이 범위를 45~55점 이하로 조정하여 45점 이하는 E등급으로 즉시 재건축을 진행할 수 있다. 게다가 조건부 재건축에서 실시하던 적정성 검토 역시 거의 무의미해졌다.

2023년 6월, 강북 최대 재건축 단지로 손꼽히는 노원구 월계동의 시영아파트 3곳(미성, 미륭, 삼호3차, 일명 '미미삼')이 1차 정밀안전진단에서

E등급을 받아 바로 재건축을 진행할 수 있게 되었다. 재건축 점수 기준과 등급 기준 완화의 혜택을 받은 것이다.

1986년 7월 준공된 '미미삼'은 2019년 10월 예비안전진단에서도 탈락했었다. 그 후 2021년 11월에야 재도전 끝에 예비안전진단을 통과한 후 20개월 만에 정밀안전진단을 통과한 것이다. 1차 정밀안전진단에서 D등급을 받게 되면 공공기관을 통한 적정성 검토를 받아야 하는데 이 역시 이번 개정으로 완화되었다. 지자체에서 꼭 필요하다고 요청을 해야만 적정성 검토를 시행하고 그 외에는 시행하지 않는다. 그에 따라 강서구 목동의 11개 단지 가운데 기존에 조건부 재건축 판정을 받았던 곳들도 바로 사업 확정을 통해 재건축을 진행할 수 있게 되었다.

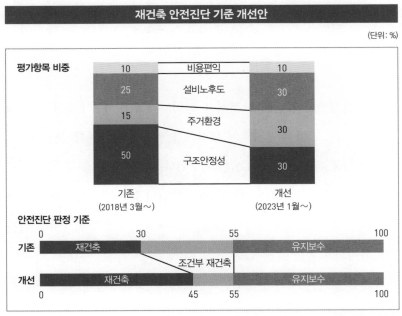

재건축 안전진단 기준 개선안

(단위: %)

출처: 국토교통부

여기서 염두에 두어야 할 점은 안전진단 통과 뉴스가 보도되거나 재건축을 앞둔 아파트 단지 인근에 걸려 있는 현수막 등을 보고, '당장 재건축이 되는 건가?'라고 생각하지 말아야 한다는 점이다. 그리고 간과해서는 안 될 것이 하나 더 있다. 재개발과 재건축은 항상 사업이 시작되어야만 가격이 오르는 게 아니라는 것이다. 이슈와 호재를 통해 가격이 상승할 때를 잘 파악하고 매수와 매도 계획을 검토하는 것도 부동산 투자에 있어 매우 중요한 포인트다. 또한 안전진단 절차를 이해하고 있어야 부동산 초심자들이 흔히 겪는 해당 아파트의 안전진단 통과 내용이 예비안전진단인지 정밀안전진단인지조차 모르고 투자를 하는 이른바 '무지성 투자'를 피할 수 있다.

3. 조합설립인가

이제 조합설립인가 단계다. 조합을 설립하기 위해서는 추진위를 먼저 설립해야 하고, 이 추진위원회 설립인가 후에 추진위원회에서 조합설립 동의서를 걷어 지자체에 신청하게 된다. 이후 창립총회를 거쳐 조합설립의 인가를 얻게 되는 것이다. 추진위원회 역시 토지등소유자의 과반수 동의를 받고 지자체장의 승인을 얻어야 비로소 조합설립을 위한 추진위원회 활동을 할 수 있다.

　재개발 조합은 재개발구역 안의 토지등소유자 가운데, 위원장을 포함한 5인 이상으로 구성된 추진위원회에서 재개발사업 시행을 위한 조합 정관을 작성하고 토지등소유자 총수의 3/4 이상 동의를 얻어 구청장의 조합설립인가를 받아야 한다. 이때 토지면적 1/2 이상의 동의도 포함된다.

재건축의 경우에도 마찬가지로 전체 구분소유자의 3/4 이상의 동의가 있어야 한다. 그러나 여기서 재개발과 다른 점이 있다. 바로 동별 구분소유자(한 동의 건물을 둘 이상의 건물 부분으로 구분하여 각각 독립된 소유권을 가지는 사람)의 1/2 이상의 동의와 토지면적 3/4 이상의 동의라 하겠다.

재개발·재건축 조합설립 시 차이점	
재개발	토지등소유자의 3/4 이상 동의
	토지면적의 1/2 이상 동의
재건축	각 동별 구분소유자의 과반수 동의
	전체 구분소유자의 3/4 이상 동의
	토지면적의 3/4 이상의 토지 소유자 동의

그런데 여기서 복병이 하나 있다. 바로 재건축에만 해당하는 기준인 '각 동별 구분소유자의 과반수 동의'라는 요소다. 실제로 많은 아파트에서 재건축을 진행하는 데 있어 갈등이 생기고 조합설립이 잘 이루어지지 않는 것도 모두 이 조항 때문이라 할 수 있다. 과거 부산의 삼익비치 아파트의 경우에도 가장 좋은 오션뷰를 자랑하는 301동에서 단독 리모델링을 추진하려다 좌초된 적이 있다. 그 외 강동구 길동 삼익파크맨션의 경우에도 동별 이견에 따라 분리재건축을 진행 중이다. 이처럼

재건축 아파트의 경우에는 현재의 동 위치에 따른 가치와 동별 이해관계(용적률이나 대지지분의 차이)로 과반 이상의 동의가 채워지지 않는 일도 발생한다.

게다가 부대·복리시설은 하나의 별동으로 취급하는데 아파트 단지 내 상가들의 경우 이와 같은 조합설립 과정에서 자신들의 이해관계를 따져 조합설립에 동의해주지 않고 입장 차이를 좁히지 않아 사업이 지체되는 경우도 있다. 강남구 은마 아파트가 이러한 이유로 조합설립에 난항을 겪다 극적인 타결을 이루었고, 서초구 진흥 아파트에서는 비슷한 이유로 결국 상가와 아파트가 분할하여 재건축을 진행하고 있다. 이와 관련된 재건축 아파트 투자에 있어 단지 내 상가와 관련된 이야기는 뒤에서 추가로 다루도록 하겠다.

4. 건축심의

재개발·재건축은 모든 것을 허물고 새로운 집을 짓는 '건축행위'다. 따라서 건축과 관련된 여러 심의를 거치게 되는데 환경영향평가, 교통영향평가 등과 같은 여러 영향평가 및 심의과정을 거치면서 건축심의를 받게 된다. 건물의 인허가에 앞서 도시 미관의 향상을 위한 점검, 공공성, 소방, 구조 등의 여러 사항을 건축위원회가 심의하는 과정이다.

건축심의는 지자체 내의 건축 전문가 그룹과 담당 공무원 등으로 구성된 건축위원회가 건축설계, 건축법의 위배요소 등을 면밀히 살피고 보완사항 등을 체크한다. 또한 심의 기준은 광역지방자치단체에서 통합 공고한 것을 따르는 것이 일반적이다. 아울러 기존 건축물에 따라 각 영향평가 기준에 해당되는 경우 교통이나 환경, 교육과 같은 영향평가를 함께 진행한다.

5. 사업시행인가

건축심의를 통과하면 비로소 사업시행인가단계로 넘어가게 된다. 이때부터 사업 진행이 확정되는 단계라고 할 수 있다. 재개발·재건축사업의 제반 내용을 지자체장 등이 최종 확정하고 승인하는 행정적인 절차로 이 단계에 이르면 대체로 정비사업의 7부 능선을 넘었다고 표현하기도 한다.

이때 제출되는 계획안에는 정비사업과 관련하여 '어떻게 짓겠다'는 모든 구체적인 계획이 포함되어 있는데 내용은 다음과 같다.

- 토지이용계획 (건축물 배치계획 포함)
- 정비기반시설 및 공동이용시설의 설치계획
- 임시수용시설을 포함한 주민이주대책
- 세입자의 주거대책
- 임대주택의 건설계획
- 건축물의 높이 및 용적률 등에 관한 건축계획 일반

- 정비사업 시행과정의 폐기물 처리 계획
- 교육시설 교육환경 보호에 관한 계획
- 사업시행에 필요한 그 밖의 사항 등

이후에는 시공사 입찰 과정을 통해 시공사를 선정하고 조합원들의 종전자산평가(감정평가)가 이루어지면서 각 조합원들의 소유 물건에 대한 감정평가액이 고시된다. 이때부터 재개발 구역이나 재건축 단지의 물건 가격에 프리미엄이 명확해지는 것이다. 감정평가액이 나오기 전에는 프리미엄이 명확하지 않기 때문에 보다 면밀한 검토가 요구되며 이러한 내용에 대해서는 '매수·매도 포지션' 항목에서 예를 들어 살펴보도록 하겠다.

6. 조합원 분양신청

'도정법'에 의해 사업시행인가가 고시된 날로부터 60일 이내에 조합원 분양신청을 해야 한다. 이때는 말 그대로 조합원들이 원하는 평형을 신청하는 것이다. 이때 조합원들은 열띤 '눈치작전'을 벌인다. 어떤 평형을 손에 쥐느냐에 따라 향후 자산의 가치가 달라지기 때문이다. 일반적으로 많은 재개발·재건축 현장에서는 84제곱미터 이상의 평형이 인기가 많은 편이다. 하지만 부동산 시장과 경기 상황 그리고 지역에 따라 중소형에 해당하는 59제곱미터나 74제곱미터의 인기가 올라가는 경우도 있다.

만약 너무 많은 조합원들이 84제곱미터 이상을 원한다면 신축 예정 세대수보다 신청자가 더 많은 경우가 발생할 수 있다. 이때는 보통 신청 순위 내에서 감정평가 금액순으로 배정되므로 나의 감정평가액 순위를 알고 이에 대응하는 것도 필요하다. 또한 평형만을 신청하는 곳도 있지만 세세하게 평형과 평면 타입별로 신청을 받는 곳도 있다. 이때 낮은 감정평가를 받은 조합원이라면 비인기 타입의 중대형 평형을 신청하는 것도 하나의 방법이라 하겠다.

또한 조합원 수와 신축 세대수에 따라 내가 어느 평형을 신청할지 포지션을 정할 수 있다. 예컨대 조합원에게 배정된 84제곱미터 이상의 중대형 평형이 700세대이고 전체 조합원 수가 700명 정도라면 감정평가액이 아주 낮은 무허가 지상권을 소유한 사람도 원하는 평형을 가져갈 확률이 높아지는 것이다. 이렇게 재개발·재건축사업장의 평형 구성과 조합원 수, 감정평가액 순위 등을 면밀하게 따지고 선택하는 '눈치작전'을 통해 자신의 감정평가액이 낮은 물건을 소유했더라도 원하는 평형을 거머쥐는 행운을 누릴 수도 있다.

또 하나의 팁이라면 투자자들이나 새로운 매수자들로 손바뀜이 많이 이루어지지 않아서 나이가 많으신 원주민(오랫동안 그 구역에 거주하던 분들)의 비율이 높은 사업장이라면 조합원 가운데 소형평형 위주로 선택하는 고감평자들의 비율도 높다. "내가 산다면 얼마나 산다고 큰 평수에서 관리비 내고 살아."라거나 "난 추가분담금 내기도 싫고, 환급받고 싶어."라는 조합원들이 분명 존재하는 것을 잊지 말고 때로는 운에 맡기고 배팅을 해볼 수도 있다.

하지만 분명히 명심할 것은 내가 소유한 물건의 감정평가액이 높다고 굳이 과도한 배팅을 하기보다는 낮은 감정평가액을 받았기 때문에 순위에 밀려서 작은 평형을 가져가더라도 크게 억울하지 않은 경우가 더 효율적인 배팅이라는 것이다.

7. 관리처분인가

이제 관리처분인가 단계에 이르렀다. 조합원 분양신청을 거쳐 관리처분인가를 받게 되는데 관리처분인가는 분양에 대한 모든 계획과 사업에 있어 소요되는 비용과 같은 것들이 총망라되는 단계다. 각 조합원들의 실질적인 추가분담금도 이때 명확하게 도출되나 이마저도 향후 변경될 여지는 존재한다. 인가 내용으로는 정비사업의 종류 및 명칭, 정비구역의 위치 및 면적, 사업시행자의 성명 및 주소, 관리처분계획인가일, 대지 및 건축물의 규모 등 건축계획, 분양 또는 보류지의 규모 등 분양계획, 신설 또는 폐지하는 정비기반시설의 명세, 기존 건축물의 철거 예정시기 등의 사항을 포함한 관리처분계획인가의 요지 등이 고시된다.

여기서 기억해야 할 것은 관리처분인가를 받게 되면 인가일을 기준으로 조합원의 물건이 '입주권'으로 변경된다는 점이다. 재개발 현장에서 투기과열지구 내에서는 관리처분인가일 이후 조합원의 지위 양도가 (특수한 경우를 제외하고는) 제한된다는 것을 명심하자.

이 단계까지 오면 비로소 정비 사업은 완연한 안정기의 단계로 접어
든다고 할 수 있다. 연애로 치자면 이제 비로소 상견례를 하는 것이다.
본격적인 결혼 준비를 앞두고 계획을 세우는 단계라고 하면 이해가 빠
를 것이다.

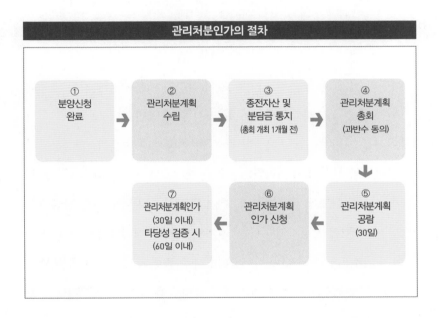

8. 이주 그리고 이주비 대출

조합에서는 이주기간을 설정하고, 실거주를 하는 조합원이나 세입자들
이 이주를 시작한다. 보통 재건축보다 재개발의 이주가 좀 더 오래 걸
리는 편이다. 성북구 장위10구역의 모 교회의 경우처럼 오래 버티며 이

주 완료를 방해하는 이들도 있고, 영업보상비를 요구하는 상가 세입자들의 몽니도 더러 있기도 하다. 어쨌든 이주 기간이 늘어나고 사업이 지체되면 금융 비용과 같은 여러 사업비의 손실이 발생하기 때문에 조합에서는 되도록 이주를 서둘러 마치기 위해 노력한다. 사업 현장에 따라 이주 촉진비(이사비)를 지급하는 조합도 있고, 이를 세입자가 가져가는지 조합원(소유주)이 받게 되는지 역시 현장에 따라 총회에서 결정하기 나름이다.

이주와 철거, 공사 기간까지 몇 년이 걸리기 때문에 세입자를 내보내기 위해 보증금을 지불해주어야 하는 것 외에 조합원이 실거주를 하다가 이사를 가야 하므로 '이주비 대출'이 이때부터 나온다. 감정평가액에 정비사업 현장이 규제지역인지 비규제지역인가에 따라 주택담보인정비율LTV이 다르게 적용받는다. 투기 과열지구 내의 구역은 감정평가액의 40퍼센트, 조정지역에서는 50퍼센트, 비규제지역에서는 60퍼센트까지 이주비 대출을 받을 수 있으며 아주 특별한 경우 시공사 보증으로 감정평가액의 100퍼센트까지 이주비 대출을 해주는 곳도 있다.

이때 이주비 대출의 이자는 조합 사업비로 지출하는데 조합원 개개인에게는 무이자로 대출이 실행되는 경우도 있고, 유이자로 대출이 나가기도 한다. 이는 현장과 조합마다 다를 수밖에 없다. 보통 조합에서는 사업시행인가 즈음에 결정하고 관리처분총회에서 거의 확정되므로 향후 자금 계획을 위해 조합에 문의하는 것이 좋다. 이자율은 시중 금리에 따르겠으나 이마저도 조합마다 다르다.

그런데 무이자로 이주비 대출이 실행되더라도 알고 보면 '조삼모사'

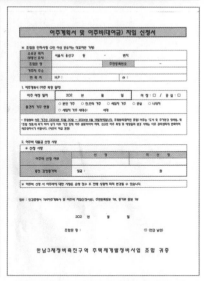

이주비 대출 관련 양식 예시

출처: 한남3재정비촉진구역 주택재개발정비사업조합

에 가깝다. 무슨 이야기일까. 정부는 조합의 이주비 대출이자에 있어 무상지원을 인정하지 않는다. 세무 당국에서는 이자를 조합에서 대신 납부하는 것이 곧 이익을 미리 배당받는 것으로 간주하고 사업 소득에 대한 과세를 해야 한다는 것을 명확히 하였다. 그렇기 때문에 '무이자 대출'이라고 하여도 결국 조합의 대출이자는 조합 사업비 가운데 기타 사업비로 포함되어 알고 보면 공짜라고 할 수는 없다. 일반분양을 통해 얻게 되는 사업의 이익금에서 조합원들에게 지급된 이주비 대출이자가 감해지고 반영된다는 것이다.

이주비 대출은 어쨌든 재개발·재건축 투자를 하면서 실투금액을 줄일 수 있는 레버리지 역할을 해준다. 때문에 실제로 거주하지 않더라도 이자율이 아주 높아서 부담이 되지 않는다면 되도록 받아두는 것이 좋겠다. 일반적으로 이주비 대출은 1주택자 조합원에게만 실행되고 2주택자는 주택 처분 조건이 붙는다. 일반적인 주택담보대출의 기준과 동일하다고 보면 된다.

9. 철거 및 착공, 조합원 동호수 추첨

철거와 착공 단계는 비로소 남녀 사이로 치자면 결혼식장에 들어가고 신혼여행을 다녀온 것이라 하겠다. 그런데 여기서 아주 중요한 것이 남았다. 바로 조합원 동호수 추첨이다. 추첨 결과는 같은 아파트 단지 내에서도 자산의 상대적 손익으로 직결되는 것이므로 조합원들은 이에 매우 민감하다. 일반적으로 조합원들에게 좋은 동호수가 우선 배정되는 편이다.

그러나 일반분양 물량이 적은 현장이라면 어쩔 수 없이 조합원들에게도 저층이 배정될 수밖에 없다. 예컨대 개포주공 1단지 재건축(현 디에이치 퍼스티어 아이파크)의 경우에는 조합원이 단지 내 84타입을 모두 가져가면서 일반분양 물량 자체가 없었다. 때문에 조합원 중에서도 로열층에 배정된 이들과 1층이나 2층에 배정된 조합원들의 희비가 갈렸다.

보통 재개발사업의 조합원 동호수 추첨은 한국부동산원에 이관하여 전산 추첨으로 하는 방식을 가장 선호한다. 그러나 여전히 전산 방식을 믿지 못하고 수기추첨 방식으로 탁구공이나 기타 여러 뽑기로 추첨을 하는 현장도 존재한다.

　재건축의 동호수 추첨과 배정은 재개발과는 약간 다르다. 재건축은 기존 아파트의 동호수의 가치를 인정해주는 방식도 있고, 그렇지 않고 모두 랜덤으로 추첨하는 경우도 있다. 특히 10층 이상의 중층 재건축 단지에서는 조합원들이 기존 동호수나 자신들의 층에 매우 민감하다. 예를 들어 첫 번째 방식은 기존 아파트와 신축 아파트를 각각 층과 조망, 일조권 등의 기준으로 등급을 세분화하고 같은 등급끼리 수평이동 하는 것이다. 용산구 렉스맨션(현 래미안첼리투스), 강남구 청담삼익아파트(현 청담르엘)가 이에 해당한다.

　두 번째 방식은 층수별로 군을 나누어 군별로 추첨하는 것이다. 기존 아파트가 12층이라면 1군은 9~12층, 2군은 5~8층, 3군은 1~4층으로 지정하고, 다시 이를 신축 아파트 25층이나 30층에 적용하여 중간 이상부터 각 군을 배정하거나 저층이지만 로열동을 선택할 수 있게 하는 방식으로 군별 차등을 두는 것이다. 서초구 신반포 5차(현 아크로리버뷰 신반포), 신반포 6차(현 신반포센트럴자이)가 이러한 방식을 채택했다.

　또한 기존 층수에 3을 곱한 뒤, 다시 2를 더한 층수 내에서 추첨하는 방식도 있다. 쉽게 설명하면 2층 소유자는 6~8층 가운데 추첨하고, 3층 소유자는 9~11층 사이에서 추첨하는 것이다. 청담한양 아파트(현 청담자이)가 대표적인 예다.

　그 외에 송파구 반도아파트 재건축(현 래미안송파파인탑)과 같이 무작위 추첨을 하거나 강남구 진달래 2차 아파트(현 래미안그레이튼 2차)와 같이 감정평가액이 높은 조합원에 우선권을 주는 방식을 채택한 현장도 있다. 조합과 조합원들이 정하기 나름이라지만 이는 소유주들의 재산과 민감하게 연결된 문제라는 것에서 매우 중요한 이벤트 중 하나다.

10. 조합청산

준공인가가 이루어지고 이전 고시까지 마무리되면 조합은 청산의 수순을 밟는다. 이때 비로소 추가분담금에 대한 징수 혹은 지급이 이루어진다. 시기는 조합마다 조금씩 다르지만 원리는 같다. 조합원 개인의 권리가액보다 해당 동호수의 조합원분양가가 낮으면 그 차액만큼 환급을 받는 것이고, 권리가액보다 조합원분양가가 높으면 그 차액을 추가분담금으로 지불하는 것이다. 이때 기존 관리처분인가 단계의 비례율이 변동되기도 하는데, 그 이유는 조합이 정비사업을 완료하는 시점에 지출된 사업비가 기존의 관리처분인가 당시의 예상보다 크게 늘어나게 되면 비례율은 당연히 내려가고, 남게 되면 비례율은 올라가거나 환급금이 발생하게 된다.

특히나 요즘과 같이 시공비가 단기 상승하는 시기에는 이러한 사업장이 늘어날 수 있음에 유의하자. 조합에서는 되도록 이런 상황에 대비해 사업의 일부를 예비비로 책정하여 운용하지만 이를 크게 웃도는 경우에는 어쩔 수 없이 비례율이 하락할 수도 있다.

조합청산은 남녀 사이로 치면 드디어 혼인신고서를 작성하고 정식 부부가 된 셈이라 하겠다. 이제 행복한 생활을 영위하면 되는 것이다.

투자자로서 혹은 실거주자로서 오랜 시간과 인내심을 들여 키워낸 결실을 비로소 맺는 것이다. 또한 이후에 입주하여 그 집이 10년 정도 무럭무럭 신축의 빛나는 시기를 거치며 아파트 실거주자들의 수요에 힘입어 가격이 형성되어가는 과정은 어쩌면 자식을 낳아 키우는 과정과 다를 바가 없다.

재개발·재건축 매물의
감정평가 이해하기

재개발 매물의 감정평가

재개발 구역에서는 일반적으로 단독이나 다가구주택, 연립과 빌라와 같은 다세대주택을 통해 입주권을 부여받게 된다. 물론 토지와 도로, 무허가 건물 지상권도 이에 해당하지만, 감정평가에 있어서는 일반적 내용만을 다루도록 하겠다.

다음 매물은 성남시의 재개발 지역인 신흥3구역의 단독주택이다. 이 매물을 통해 감정평가를 예측하는 연습을 해보자. 완벽하진 않겠지만 어느 정도 감정평가를 예측하고 매수를 한다면 향후 사업시행인가 즈음에 이루어지는 감정평가를 기다리지 않고 프리미엄을 예상해볼 수 있을 것이다.

재개발 매물 기본정보

소재지	신흥동 34**번지
사용승인일	1989.12.02
국토의 계획 및 이용	도시지역, 일반상업지역
거래 형태	매매
중개대상물 종류	단독주택
건물 총층수	지층~지상 2층
입주가능일	입주불가
방수/욕실수	6/3
주차대수	불가
엘리베이터 유/무	무
관리비	사용분정산
방향/기준	남향/안방
공시지가(원/제곱미터)	3,930,000원/제곱미터
개별주택가격(원)	3억 1,800만 원
대지면적	65.6제곱미터(19.8평)
연면적	126.4제곱미터
가격	6억 원
총보증금	1억 9,500만 원
실투자금	4억 500만 원

4. 토지등 소유자별 분담금 추산액 및 산출근거

추정 비례율	○ 추정비례율 산정방식 = (총 수입 − 총 지출) / 종전자산 총액 × 100% ○ 추정비례율 : 99.52% = (24,633억 − 15,589억) / 9,088억 × 100 = 99.52% − 총수입 추정 : 24,633억 − 총지출 추정 : 15,589억 − 종전자산총액 추정 : 9,088억
개별 종전자산 추정액	○ 개별 공시가격 : 부동산공시가격알리미(www.realtyprice.kr)에서 개별 공시가격 확인 ○ 토지 및 건물 소유자 = 토지가액 + 건물가액 − 토지 = 2022년 개별공시지가 × 토지면적 × 보정률(1.90~2.10) − 건물 = 개략단가(약 140만원/3.3㎡) × 연면적 ※ 건물의 개략단가는 연와벽돌조 경과연수 30년 기준 평균 약 140만원/3.3㎡ 추정 ○ 공동주택 소유자 = 2022년 공동주택 공시가격 × 보정률(1.65~1.75) ※ 공동주택은 공시가격에 토지추정이 포함되어 있음.

추정 분담금 산출

○ 추정분담금 산정방식 = 권리자 분양가 추정액 − (종전자산 추정액 × 추정비례율)

권리자분양가 추정액		추정권리가액	추정 분담
전용 39형	4.5억		
전용 59형	6.4억		권리자분양가 추정액 − 추정
전용 74형	7.7억	개별 종전자산 추정액	권리가액
전용 84형	8.3억	× 추정비례율(99.52%)	(+ : 부담 / − : 환급)
전용 104형	9.7억		

※ 관리처분계획확인가 시 개별 물건에 대한 종전/종후자산 감정평가, 부동산 정책변화, 부동산 시장 변화, 분양가격 확정 결과 등에 따라 변경될 수 있음

출처: 성남시 홈페이지

- 토지: 대지 65.6제곱미터×약 390만 원(해당 토지 제곱미터당 공시지가 금액)×1.9=약 4억 8,600만 원

- 건물: 연면적 38.3평×140만 원(평당)=약 5,362만 원으로, 합계 약 5억 3,900만 원

이때 토지의 보정률(참값에서 측정값을 뺀 값이 보정, 그 값의 측정값에 대한 비율)이 1.9~2.1이므로 해당 주택의 위치(대로변이면 더 높이 산정)와 시기에 따라 감정평가액은 더 올라갈 수도 있다. 만약 이 주택을 6억 원에 매수하면 비례율 99.52퍼센트를 적용하여 권리가는 5억 9,712만 원이다. 신흥3구역 정비계획상 84타입 예상 조합원분양가 8억 3,000만 원이므로 추정분담금이 '조합원분양가(8억 3,000만 원)-권리가(5억 9,712만 원)=2억 3,288만 원'으로 총매수가는 8억 3,288만 원에 해당하는 것으로 산출된다.

재건축 아파트의 감정평가

앞서 살펴보았듯, 재개발은 빌라나 연립의 경우 공동주택가격과 거래사례 비교법으로 감정평가가 이루어지며 주택의 경우에는 거래사례비교와 함께 대지의 공시지가도 영향을 미친다. 그러나 재건축은 이와 달리 좀 더 디테일한 면이 숨어 있다. 여기서 재건축 아파트의 감정평가에 숨어 있는 내용을 좀 더 자세히 살펴보도록 하자.

재건축 아파트 감정평가에서 더 중요한 것은 공급면적 or 대지지분?

재건축 아파트의 감정평가 시 결정적 요소는 대지지분, 실거래가 시세, 공시지가, 위치 및 조망, 층수 등이다. 이때 반드시 그런 것은 아니지만 대지지분이 공급면적보다도 중요하다. 예를 들어 둔촌주공 재건축 1단지 25평(대지지분 29.8평)의 감정가가 8억 6,000만 원인데, 3단지 31평(대지지분 25.7평)의 감정가가 7억 6,000만 원이 나올 수도 있다.

층수에 대한 기준이 있는지?

일반적으로 명확한 기준은 없다고 한다. 그러나 기존 5층 건물은 3층, 기존 12층은 7~10층, 기존 15층은 8~13층이 높은 감정평가액을 받는 편이다. 그래서 팁이라면 대지지분이 적은 로열층보다 대지지분이 큰 1층을 사는 것이 나을 수도 있다.

조망권은 감정평가에 반영되는가?

한강뷰나 오션뷰는 감정평가에 어느 정도 반영되는 것이 사실이다. 기존 주택의 층이 중요한 것과 마찬가지다. 물론 이 또한 절대적 기준은 아님을 명심하자.

감정평가액은 왜 중요할까?

감정평가는 바로 나의 재산권과 직결되는 요소이며 향후 평형 신청의 우선권에 해당한다. 특정 아파트의 대형 평형은 타 평형에 비해 조망권 또한 함께 보증되기도 한다.

재개발 투자,
언제 사고 언제 팔아야 하나

간혹 수강생들과 상담을 하거나 질의응답을 하다 보면 흔히 재개발·재건축 투자는 '언제 사서, 언제 파는 게 좋을까요?'라는 질문을 자주 받는다. 정비사업 투자에 있어 매수 타이밍과 매도 타이밍에 대해 이른바 전문가들이 말하는 시기란 것은 사실, 너무도 다양한 저마다의 상황을 보편적 기준으로 규정하려는 것일 수 있다. 그럼에도 전문가들의 의견에 따르면 보수적인 관점으로 사업시행인가 즈음 매수하고, 투기과열지구 지위양도 금지구역의 경우에는 관리처분인가가 나기 전에 매도하거나 지위양도가 가능한 구역이라면 입주권 상태로 매도하는 것이 일반적인 방법이다.

하지만 사실 정해진 답은 없다. 결국 시기에 따라 싸게 사고 수익을 내는 구간 안에서 매도하는 것이 중요하다. 무작정 사고 오르면 빨리 팔라는 것이 아니라 부동산 시장의 전체적인 사이클과 나의 투자 포트폴리오에 따라 매수·매도 시기를 조율하라는 뜻이다.

시그널이 보이면 사야 할 때다

매수 시그널 1. 거래가 꾸준히 있다

구역이 좀 크고, 매물도 많고, 거래회전이 자주 되는 곳들이 시세형성도 잘되고 매도 시에도 편하다. 기왕이면 많은 사람들이 사고팔기를 하며 관심도도 높고 적당히 유명세도 있는 곳들이 어떤 시기에도 잘 팔리고 매물을 구하기도 쉽다.

경기도 용인시의 모 재개발 구역을 매수한 적이 있다. 이곳은 1,000세대 이상의 대단지가 계획된 곳인데 조합원 숫자는 150명 남짓으로 사업성도 뛰어나고 진행도 꽤 많이 이루어져 리스크도 없어 보였다.

그러나 문제는 조합원수가 적은 만큼 시장에 나오는 매물도 턱없이 적었고, 때문에 투자자들이나 수요자들의 관심도가 점점 약해져만 갔다. 사고 싶어도 매물이 없으니 살 수 없고, 매물이 없는데 굳이 사람들은 이곳의 물건을 목 빠지게 기다릴 이유도 없다. 당연히 다른 구역과 지역으로 관심도와 수요는 빠져나갔다. 매도의 시기가 왔을 때 정말 제대로 된 임자를 만나지 않으면 매도하기가 어렵다는 것을 깨닫게 된 것이다.

이것은 사실 재개발 투자에만 해당하는 것은 아니다. 아파트와 같은 주택을 사고파는 행위에도 매우 중요한 요건이다. 예컨대 강남의 초역세권 아파트라고 하여 무조건 좋다는 것은 위험한 착각이다. 부동산 시장이 극심한 침체가 아님에도 1년에 겨우 거래가 몇 건도 이루어지지 않는 곳이라면 관심을 주지 않는 것이 좋다.

매수 시그널 2. 구역 내 빌라 가격과 인접한 구역 밖 빌라의 가격 차가 비슷하다

전용면적, 대지면적, 층 등 여러 가지 조건을 비교해서 가격 차가 크지 않으면 사도 좋은 시기라고 볼 수 있다. 재개발 구역의 지정이 임박하거나 지정되고 난 후에는 개발가치가 상승하기 시작한다. 말 그대로 땅 한 평의 내재가치에 새집을 지어낼 수 있는 가치가 얹히는 것이다. 그런데 부동산 침체기가 아니더라도 속칭 '눈먼 매물'이 간혹 등장하는 경우가 있다. 그걸 잡아내고 내 것으로 만들 수 있는 순간은 바로 인접한 구역 밖의 빌라나 주택의 가격이 구역 내 가격과 유사할 때다. 전용면적, 대지지분, 공동주택가격, 공시지가 등을 다양하게 고려하여 큰 차이가 없다면 매수해도 좋다. 기왕이면 구역 내와 구역 밖의 실거래가를 함께 살펴보는 것이 안전한 방법이다.

매수 시그널 3. 해당 구역의 일반분양가 혹은 구역 주변의 신축 아파트나 기축 아파트 대비 입주권의 총매수가가 매우 저렴하다

매수를 고려하는 입주권이 있다면 무조건 살펴볼 포인트다. 입주권은 대개 일반분양을 통해 매매되는 분양권에 비해 일반적으로 초기 투자금이 높다. 분양권은 분양 계약금(10퍼센트)과 프리미엄으로만 구성되어 있지만, 입주권은 감정평가액과 프리미엄으로 형성되어 있기 때문이다. 사업시행인가 혹은 관리처분인가 후인데도 주변의 신축 아파트보다 꽤 저렴한 총매수가의 입주권이라면 사도 좋다. 물론 사업의 진척에 따라 시간의 비용이 발생하거나 사업비 상승으로 인한 비례율 하락과 같은 리스크가 우려되는 곳이라면 유의할 필요는 있지만 그 역시 가격에 선반영되어 있을 수도 있다.

매수 시그널 4. 개발가치 (투자가치)가 중요하지 않은 하락장이나 조정장이다

이때는 실거주의 가치만으로 평가받는 재개발·재건축 매물들이 많다. 말 그대로 개발가치는 제로에 수렴하게 되는 것이다. 사실상 재개발·재건축 매물을 가장 저렴하게 살 수 있는 구간이라 하겠다. 부동산 시장의 사이클이 상승 국면으로 접어들면 이들은 무엇보다 가장 빠르게 급등하게 된다. 개발에 대한 기대심리가 훨씬 더 자극되기 때문이다.

간혹 비대위(조합원 중 일부로 구성된 비상대책위원회, 본래 취지는 조합의 사업을 투명하게 모니터링하기 위해서다)의 이권 개입이나 사업 진행에 제동을 거는 등의 역기능을 걱정하는 투자자도 있는데, 비대위는 어느 사업장에나 존재하므로 너무 걱정하지 않아도 된다. 있거나 없거나 상관없이 사업은 부침이 있기도 하고 멈추기도 하기 때문이다. 우리가 언제나 가장 중요하게 여겨야 하는 것은 얼마나 '상대적으로 저렴하게' 사느냐다.

재개발 단계별로 취할 수 있는 매수·매도 포지션

1. 극초기

앞서 밝혔듯이 사업 극초기 단계에는 투기성이 큰 투자라는 점을 항상 염두에 두어야 한다. 그러므로 기존에 이 구역에 재개발 관련 이슈가 없던 시절의 실거래가를 참고하여 비슷한 대지지분과 전용면적의 주택이나 빌라를 참고하여 매수하는 것이 좋다. 혹시 투기와 같은 투자심리가 빠져나가더라도 실거주자들의 수요가 받아줄 수 있는 정도의 가격이라면 향후 손실을 많이 줄여나갈 수 있기 때문이다.

그리고 되도록 많은 차익을 바라고 오랜 시간을 투여하지 않는 것이 좋을 수 있다. 물론, 입지가 뛰어나거나 높은 개발 가능성과 가치를 가진 곳이라면 오래 소유하는 것이 높은 수익률로 돌아올 수도 있다. 하지만 대부분의 경우 꽤 많은 시간을 버티더라도 진행이 잘되지 않는다는 점을 명심하자. 야구로 치면 방망이를 짧게 쥐고 1루타나 2루타 정도만 생각하는 투자가 좋다.

2. 구역지정 혹은 조합설립인가 이후

이때부터는 정비계획이 수립되어 있는 상황이므로 사업성을 대강이나마 예측할 수 있다. 토지등소유자의 수와 계획된 세대수를 비교하여 일반분양의 숫자가 많다면 안정적인 사업성을 담보한다. 아직은 사람들의 관심이 덜한 때이므로 소위 '눈먼 매물'을 저렴하게 매수하여 사업이 가시화되는 사업시행인가를 받은 뒤 관심도가 매우 높을 때 매도

하는 것도 좋은 전략이다.

그런데 감정평가가 나오기 이전의 모든 재개발 구역은 가격 선정에 어려움이 있을 수밖에 없다. 빌라의 경우 공동주택가격을, 주택의 경우에는 개별주택가격과 대지지분의 공시가를 기준으로 매가를 판단하는 것이 좋다. 보통 빌라는 '공동주택 가격×1.3~1.5' 정도의 보정률로 예상감정가를 계산하는 경우가 흔하지만 지역과 빌라의 위치, 인접 도로, 호실의 층을 좀 더 자세히 검토하는 것도 필요하다.

감정평가를 어느 정도 예상하고 저렴하게 매수하였다면 향후 감정평가액이 나온 뒤 형성되는 프리미엄을 모두 수익으로 가져갈 수 있다. 예를 들어, 대지 20평 정도의 주택을 평당 1,500만 원으로 약 3억 원에 매수한 사람이 감정평가액을 2억 9,000만 원 정도만 받더라도 이후에 형성되는 프리미엄이 온전하게 자신의 수익이 되는 것이다.

이러한 가격에 대한 이해는 앞서 말했듯 여러 거래 사례와 대지지분에 대한 공시가, 공동주택 가격 등을 면밀히 살피는 것이 중요하다. 그리고 또 하나 참고할 수 있는 것은 바로 인접 재개발 구역이다. 예를 들어 한남5구역에 있는 대지지분 30평의 주택을 매수한다면 이미 감정평가를 받은 한남3구역의 사례를 참고하면 좋다. 개별적으로 차이는 있겠으나 평균적으로 한남3구역의 주택은 대지지분 평당 5,000만 원 정도에 감정평가가 이루어졌다. 그렇다면 한남5구역은 평당 5,000만 원보다 좀 더 높은 감정평가를 받을 확률이 높다. 입지상으로 좀 더 뛰어나면서 시기도 훨씬 뒤에 이루어지므로 토지가격의 인플레이션도 반영되는 것이다.

성남시의 예도 살펴보자. 상대원2구역은 이미 감정평가를 받고 관리처분인가 이후 현재 이주 중인 구역이다. 그 바로 옆의 상대원3구역은 아직 구역지정 전 단계다. 상대원3구역에 투자하기 위해 관심 있게 매물을 보다가 상대원2구역의 감정평가 결과를 참고하여 그보다 더 나은 결과가 예상되는 매물이 저렴하게 나왔다면 매수해도 좋다. 이러한 것들을 면밀하고 심도 있게 검토하는 사람에게만 이른바 '눈먼 매물'이 보이는 것이다.

3. 사업시행인가, 감정평가, 조합원 분양신청 단계

감정평가를 받게 되면 마침내 사업의 프리미엄이 명확하게 드러난다. 어느 재개발 구역의 프리미엄이 1억 5,000만~2억 원을 사이에 두고 대동소이한 매매가를 형성하고 있다면 그 차이는 어디에서 발생할까? 바로 감정평가액의 '무게'에 따라 달라진다. 보통 감정평가액이 낮은 물건의 프리미엄이 감정평가액이 높은 물건보다 비싼 경우가 많다. 그 이유는 바로 '투자금'의 차이 때문이다. 감정평가액이 5,000만 원인 물건의 프리미엄이 2억 원이라면, 감정평가액이 3억 원인 매물은 프리미엄이 1억 8,000만 원 정도로 형성될 확률이 크다.

그래서 속칭 '뚜껑'이라고 불리는 무허가 지상권 매물의 경우에는 감정평가액이 거의 없는 수준이기에 일반 주택이나 토지 매물에 비해 프리미엄이 높은 경우가 많다. 또한 '뚜껑'이나 나대지(건물이 없는 맨땅)와 같은 토지는 주택이 아니므로 보유세나 취등록세 중과에서 자유롭다는 이점 때문에 형성되는 프리미엄도 무시할 수 없다.

하지만 이러한 상황이 역전되는 순간이 온다. 바로 조합원 분양신청 시기다. 신청 이후에 배정받은 평형에 따른 프리미엄의 운명이 갈라지는 것이다. 아주 심각한 침체장이거나 조합원 분양가격의 평당가격이 큰 차이를 보이지 않는다면 소형보다는 중대형 평형의 프리미엄이 높다. 이때 낮은 감정평가액 물건을 가진 조합원은 소형 평형에 배정받을 확률이 높다. 대부분 중대형을 선호하므로 조합원 분양신청 중 같은 평형에서 경합이 발생한다면 감정평가액 순으로 배정이 되기 때문이다. 앞서 낮은 감정평가액이 상대적으로 높은 프리미엄을 형성한다고 하였지만, 이러한 이유로 조합원 분양신청 이후 프리미엄의 운명이 나뉠 수 있음을 명심하자.

따라서 조합원 분양신청 이전에 매수한다고 할 때 꼭 기억해야 할 요소가 있다. 바로 조합원들에게 배정되는 평형에 따른 세대수를 확인하는 것이다. 가령 조합원 전체의 숫자가 300명일 때 84타입 이상 배정되는 숫자가 290~300세대 정도라면 낮은 감정평가액의 매물을 매수해도 좋다. 그러나 조합원의 숫자보다 중대형 배정 세대수가 턱없이 부족하다면 감정평가액에 따라 희비가 크게 엇갈릴 수 있음을 명심하고 매수해야 한다.

매도 과정도 같은 원리를 따라간다. 낮은 감정평가액 매물의 프리미엄이 높은 감정평가액 매물의 프리미엄과 크게 차이가 나지 않거나, '뚜껑' 매물을 여타 매물과 비슷한 프리미엄 수준으로 매수한 뒤 향후 조합원 분양신청에서 중대형 평형을 배정받게 되면 투자금 대비 수익률은 극대화된다.

4. 관리처분인가 단계 이후

투기과열지구는 관리처분인가 이후 조합원 지위양도가 되지 않는다. 관리처분인가를 받더라도 이주와 멸실, 철거 후 착공 과정을 거쳐 준공까지 5~7년 이상이 소요되기도 하므로 본인의 포트폴리오와 자산 현황을 고려하여 매도해야 한다면 관리처분인가를 받기 전에 매도하는 것이 좋다.

매수자 입장이라면 투기과열지구의 재개발 현장에서 관리처분인가가 나기 전이 마지막 매수 찬스임을 기억하자. 보통 관리처분총회 이후 별다른 문제가 없으면 수개월 안에 인가를 받게 되므로 이 사이의 '꼭 팔아야만 하는 매도자'의 급매를 노리는 것도 좋다. 이때는 네이버 부동산 등록 매물을 보고 유선상으로만 문의하지 말고, 구역 내 부동산 곳곳에 직접 방문하여 '강한' 매수 의사를 밝혀두고 중개사분들의 매수 대기자 리스트(이름-전화번호 목록)에 이름을 올려두길 바란다. 부동산 소장님들은 급하게 처리해야 하는 매물은 사고자 하는 의지가 강해 보이는 사람에게 먼저 연락을 취하기 마련이다. 인터넷 광고와 이리저리 돌고 돌아 가만히 있던 나에게까지 오는 매물은 진정한 '급매'가 아닐 수 있다.

투기과열지구가 아닌 곳에서는 관리처분인가가 나더라도 조합원의 지위양도가 가능하다. 또한 멸실 후에는 주택이 아니라 입주권으로 취급되어 보유세가 발생하지 않으며 취득세도 4.6퍼센트 고정이다. 다주택자는 이때 입주권을 매수해야 취등록세를 절세할 수 있다. 게다가 입주권은 종합부동산세(이하 종부세)가 발생하지 않는다. 토지분에 대한 재산세만 납부하는 것이다.

멸실된 입주권을 소유한 사람은 다른 주택을 추가 매수하더라도 취득록세 중과가 되지 않는다. 주택 관련 대출을 받거나 할 때에도 무주택자와 동등한 자격을 갖게 된다. 하지만 입주권 외에 가지고 있는 추가 주택을 매도할 때에는 '일시적 1가구 2주택'을 제외하고서는 추가 주택의 비과세를 받을 수 없다. 이러한 멸실 입주권의 장점을 십분 활용하여 자신의 포트폴리오를 구성하면 여러 부동산 규제에서 보다 자유로운 포지션을 유지할 수 있다.

철거 후 착공이 이루어지면 비로소 실수요자들이 관심을 갖기 시작한다. 부동산 시장에서 실수요자들은 투자자들보다 한 템포 늦을 수밖에 없다. 공사현장 펜스에 건설사 로고가 붙고 아파트가 올라가기 시작하면 그제야 비로소 부동산에 문의하는 것이다. 또한 이 시기에는 매물 자체의 가격이 올라간 뒤여서 투자자들보다는 실수요자들에게 매도하는 경우가 더 많다. 분양권의 전매가 이루어지지 않는 경우에는 입주권의 가치가 더 빛을 발하기도 한다.

그런데 분양권 전매가 가능한 구역이라면 아무래도 분양권에 비해 입주권의 경쟁력은 다소 떨어질 수밖에 없다. 분양권은 '분양 계약금(통상 분양가의 10퍼센트) + 프리미엄'이 매도가격이지만, 입주권은 '감정평가액 + 프리미엄'이고 프리미엄 자체도 분양권 대비 더 높기 때문에 매물의 무게가 무겁다. 하지만 그럼에도 입주권의 가치가 더 높게 평가받는 것이 일반적이다. 조합원들이 일반분양자보다 좋은 타입의 평형과 호실을 우선 배정받는 구역들이 많기 때문이며 이는 재건축 현장에서도 마찬가지다.

　요컨대 착공 단계에서는 위와 같은 전략을 활용하여 실수요자들에게 매도하는 것이 좋고, 입주를 몇 달 앞두게 되면 본인들이 원하는 동호수와 타입을 족집게로 짚어내듯 매수하려는 수요가 더욱 많아진다. 이때의 매수자들은 계약금과 중도금을 일정 부분 지급하고 잔금은 준공 이후로 미루어달라는 요청을 하곤 한다. 입주권일 때의 4.6퍼센트 고정 취득세가 무주택자나 1주택 갈아타기 수요자들에겐 부담이 되기 때문이다. 이때 매도자는 본인의 양도세 상황을 고민하여 결정해야 한다. 입주권은 단일세율이지만 준공 후 주택이 되면 다주택자에겐 양도세 중과가 될 수도 있음을 잊지 말아야 한다(2023년 5월부터 양도세 중과 한시적 배제 중).

끝까지 가져가지 않아도 좋다

정비사업 투자의 적절한 매수·매도 타이밍은 사랑에 비유하면 언제 이 사람과 연애를 시작하고 언제 끝을 맺어야 하는가를 판단하는 것만큼 부단히도 어려운 일이다. 그렇지만 투자 물건에 '마지막 사랑'인 것처럼 너무 매몰된 애착을 가질 필요는 없다. 서울의 중급지 이하, 수도권 재개발 시장의 프리미엄이 수억씩 빠져나가고 있는 요즘의 가격만을 이야기하는 것이 아니다. 정비사업, 그러니까 재개발과 재건축 투자의 꽃은 아주 작은 프리미엄이라는 '씨앗'을 사서 신축 입주를 통해 '꽃'을 피워내는 것이 진정한 승리라고들 한다.

하지만 실은 반은 맞고, 반은 틀린 말이다. 오랜 시간 공들이면 메주가 훌륭한 장맛으로 변하듯 시간의 힘으로 가치를 키워가는 것이 정비사업 투자의 매력이다. 그러나 사업은 때때로 시간의 상수에 여러 지체 요소들로 점철된 변수가 존재한다. '과연 사업이 될 것인가?'라는 근원적 의구심이 들며 시험에 빠지는 때도 있다. 연애를 하면서도 '저 사람이 정말 날 사랑하는 걸까?'라는 의문이 들 때가 있는 것처럼 말이다. 그래서 매수·매도의 최적 타이밍이라는 것은 애초에 존재하지 않을 수도 있다.

결국 포인트는 시장의 흐름과 나의 자산과 현금 상황, 갈아타기 의지에 따라 매도하게 되는 것이고 수익 성적도 그에 따라 갈릴 수밖에 없다. 모든 정비사업 투자가 준공, 입주까지 가져간다고 무조건 큰 수익을 주는 것은 아니다. 시간 대비 효율적인 수익을 바라본다면 시기에 대한 생각을 바꿔야 한다. 처분하지 못한 물건의 현재 수익이나 프리미엄은 한 줌의 모래와 같다. 당장은 손에 잡히지 않는다. 앞에서 정비사업 과정을 연애 과정에 비유해 설명했지만 투자할 때의 자세는 사랑할 때의 자세와 달라야 한다. 누구보다 기민하고 계산적이면서 때로는 무심해져야 성공한다.

잊지 마시라. 정비사업 투자에서 매도의 성패는 '끝까지 가져가지 않아도 좋다'는 마음과 수익이 나면 팔고 갈아탈 수 있는 '준비성'이다. 이 책의 처음에 썼듯이 부동산 시장은 매우 둔중한 것 같아도 매수·매도의 타이밍을 잡을 수 없을 정도로 생각보다 변화무쌍하다.

초기 재개발은
투자하지 말아야 하나?

앞서 정비구역지정 단계를 설명하는 과정에서 사전검토를 위한 동의서 징구를 하는 곳들에 쉽게 현혹되지 말라고 하였다. 그러나 그것이 초기 재개발에 투자하지 말라는 뜻은 결코 아니다. 모든 투자가 그렇겠지만 부동산 투자 역시 결과물만을 찾아가는 것을 목적으로 하지 않는다. 과정 가운데 사람들의 매수와 매도의 '기세'를 이용하면 되는 것이다. 초기 재개발 구역의 빌라나 주택을 싸게 사서 정비구역이 지정되거나 그 직전에 팔아서 수익을 낸다면 그것으로도 충분히 가치 있는 투자가 아니겠는가. 투자는 결과물이 아니라 수익으로 증명된다.

예컨대 성남시 상대원3구역은 2023년 여름까지도 정비구역이 지정되지 않았었다. 2019년 발표된 '성남시 2030 도시·주거환경 정비기본계획'에 고시된 곳으로 2021년 6월에 '성남시 2030 2단계 재개발 정비계획 수립 용역'에 착수한 뒤 2023년 하반기에 구역지정을 앞두고 있다.

해당 구역 내 제3종 일반주거지역의 대지 21.5평짜리 주택은 2019년 6월 14일 2억 8,000만 원에 거래되었고, 한참 부동산 장이 뜨거웠던 2021년 10월 1일에 다시 6억 7,500만 원에 팔렸다. 이 투자자는 1년에 2억 원씩 수익을 올린 셈이다. 그러다 근래 시세는 다시 조금 떨어져서 비슷한 대지지분의 주택은 5억 원 정도에 매물로 나와 있다.

여기서 핵심은 무엇일까? 결국 초기 재개발 투자도 구간에 따른 수익을 충분히 올릴 수 있다는 점이다. 다만 정말 구역지정이 될 만한 요건을 갖추고 있는지, 지자체에서 그와 관련된 계획안을 수립하였는지 같은 기준안 정도는 마련해두고 투자를 선택하는 것이 기왕이면 '덜 물릴' 가능성이 높다. 아예 될 가능성조차 없는 곳들, 이를테면 노후도 기준조차 충족하지 못한 곳에 뜬구름과 같은 소문과 현수막, 사진들에 현혹돼서는 안 될 것이다.

재개발과 재건축은
어떻게 다른가

정비사업이라는 큰 관점에서 보면 두 사업은 차이가 없다. 기존의 건물을 허물고 생겨난 땅에 새로운 아파트를 짓는다는 점은 동일하다. 하지만 둘은 엄연히 다른 사업이다.

일반적으로 사람들은 재건축에 대해 노후된 아파트를 허물고 신축을 지어올리는 것을 떠올리기 마련이다. 그러나 재건축은 아파트만 해당되지 않고 '단독주택 재건축'과 같은 구역도 있다. 대표적으로 '방배동 주택재건축' 현장이 이에 해당한다.

재개발과 재건축은 크게 네 가지의 차이점이 있는데 정비기반시설, 조합설립 시 동의 요건, 조합원 자격 그리고 기부채납과 임대비율로 나눠볼 수 있다.

재개발·재건축의 차이점

1. 정비기반시설

　재개발과 재건축의 가장 큰 차이는 무엇일까. 바로 정비기반시설이 양호한가에 대한 기준이다. 도로, 상하수도, 공원, 공용주차장, 소방시설, 가스공급시설 등의 정비구역 내에 설치하게 되는 공동이용시설을 말하는데 도시와 주거지의 기능에 매우 필수적인 요소다.

　주택 재건축은 이러한 정비기반 시설은 양호하나 노후·불량 건축물이 특정 기준을 채우게 되면 실시하는 정비사업이다. 이에 반해 재개발은 노후·불량 건축물뿐만 아니라 구역 내 정비기반 시설까지도 매우 열악하여 주거환경을 개선하기 위해 시행하는 사업이다. 오래전 과거의 주택 재건축사업은 '주택건설 촉진법'에 근거하여 자율적으로 사업을 진행하였지만, 현재는 재개발·재건축 모두 '도정법'에 근거한 절차법을 적용받아 진행하고 있다.

　일각에서는 재건축보다 재개발이 '공익성'을 띠고 있다고 보고, 반대로 재건축은 재개발사업에 비해 '사익 추구'에 목적이 있다고 본다. 때문에 '재건축 초과이익 환수제'와 같은 다소 모순적이라 할 수 있는 제도가 존재하는 것일 수도 있다.

　재개발은 재건축에 비해 공익적 측면이 분명히 있다. 위급 시 긴급구호 차량이 빠르게 다닐 수조차 없는 좁은 길이나 소화전조차 마련되어 있지 않은 곳, 가스공급이나 상하수도 시설도 낙후되어 거주민들의 생활도 불편하고 주거안정도 매우 열악한데 재개발을 통해 정주 여건이 현저히 개선되기 때문이다. 또한 재개발은 세입자 이주에 대한 대책도 마련되어 있다. 정비구역지정 이전부터 거주하는 세입자들에게 이주대책을 마련하고, 상가에는 영업보상을 보전한다. 그러나 재건축에서는 이러한 세입자를 위한 이주대책은 존재하지 않는다. 게다가 서울의 주택 재건축을 제외하고는 상가에 대한 영업보상도 없으며 이로 인한 여러 갈등이 발생하기도 한다.

사업을 할 수 있는 요건도 다르다. 재개발은 거주의 어려움이 있는 노후·불량 건축물의 비율과 좁은 도로, 주택의 밀도 등이 특정 기준 이상 충족되어야 사업을 진행할 수 있다. 그에 비해 재건축은 건축연한 30년을 채우기만 하면 안전진단에 도전할 수 있고 안전진단만 통과되면 사업 시행이 가능하다.

2. 조합설립의 동의 요건

아울러 조합설립의 동의 요건은 유사한 면이 있어 보이지만 여러 차이가 있다. 먼저 아파트 재건축의 경우에는 각 동별마다 소유주의 과반 이상의 동의를 받아야 한다(단지 내 상가와 같은 복리후생 시설은 모두 1개의 동으로 본다). 또한 토지면적의 동의율이 재개발은 과반수 이상, 재건축은 3/4 이상으로 상이하다.

3. 조합원의 자격

재개발의 경우에는 토지와 건축물의 소유주뿐만 아니라 무허가 지상권(뚜껑) 소유자도 특정 조건을 갖추면 입주권을 받는 조합원의 자격을 얻는다. 또한 재개발은 조합설립에 동의하지 않아도 조합원이 될 수 있다. 하지만 재건축은 조합설립에 동의하지 않으면 훗날 매도청구 대상으로서 조합원에 해당되지 못한다.

재건축 조합원 자격 자세히 들여다보기

1. 토지등소유자 중 사업에 동의한 자가 자격을 가진다.
- 미동의자는 조합원이 아니며 '매도청구*대상'이 된다.
  *매도청구: 조합설립에 동의하지 않은 소유자의 주택을 강제로 팔게 하는 제도
- 사업시행인가 후 60일 이내에 미동의자에게 다시 동의를 요청할 수 있다.
- 공시지가가 아닌 감평에 의한 시가로 매도청구 된다.

2. 매도청구는 현금 청산과 다르다.
- 현금청산 대상: 조합원 분양 미신청자, 관리처분 계획상 분양 대상자에서 제외된 자, 재당첨 제한 등과 같이 투과지역 내 분양신청을 할 수 없는 자.

3. 투기과열지구 내 재건축 조합설립인가 후 조합원 지위양도가 금지된다.
- 예외 규정: 10년 보유, 5년 거주(1세대 1주택)한 자, 사업시행인가 후 3년 이내 착공하지 않은 경우, 착공 후 3년 이내 준공하지 못한 경우에 3년간 지속적으로 소유한 자.

4. 기부채납과 임대비율

기부채납(일정 부분의 땅에 공공시설을 설치해 국가나 지자체에 무상으로 제공하는 것)이나 임대비율은 당연히 공익성을 갖춘 재개발이 재건축보다는 높은 편이다. 그러나 재건축의 경우에도 지구단위계획이나 특별계획에 의거해 종상향을 받는 등의 행정적 편익을 얻게 되면 그에 따른 공공기여분이 늘어나게 된다.

재개발·재건축 차이점 핵심 정리

구분	재개발		재건축
목적	공익성(기반시설 개선)		사익성
세입자 대책	세입자 주거이전 보호, 영업보상비 등		없음 (서울시 단독주택 재건축은 존재함)
사업 요건	기본요건	• 노후불량건축물 2/3 이상 • 구역면적 10,000㎡ 이상	연한(30년), 안전진단 통과
	충족요건 (1개 이상)	• 과소필지 40% 이상 • 접도율 40% 이하 • 호수밀도 60호/ha 이상	
조합설립 동의조건	• 토지등소유자의 3/4 이상 • 토지면적의 과반수 이상		• 전체 구분소유자 3/4 이상 • 토지면적의 3/4 이상 • 각 동별 구분소유자의 과반수 이상
조합원 자격	• 구역 내의 일정조건을 충족하는 토지, 건축물의 소유자 • 지상권(일정 조건 충족 무허가 건물점유)자 • 조합설립 동의여부과 관계없음		• 구역 내의 건축물, 부속 토지 소유자 • 조합설립에 동의한 자
기부채납	상대적으로 많음		적은 편
임대주택 의무비율	상한 용적률과 법적 상한 용적률 차이의 50% (지자체마다 상이)		서울 10~20%, 수도권 5~20% (그 외 지자체마다 상이)
현금청산	토지수용(감정평가 기준)		매도청구 (시장가 기준)
초과이익 환수제	없음		있음 (2017년 12월 31일 이후 관리처분신청)

재건축 초과이익 환수제란 무엇인가

오래된 아파트를 허물고 새 아파트를 지어 올리면 신축의 프리미엄으로 많은 가격의 상승을 가져갈 수 있다. 이렇게 신축이 됨으로써 얻게 되는 재건축 조합원들의 '초과이익'을 환수하여 도로 정비나 공원을 정비하는 등의 공익을 위해 사용하겠다는 것이 '재건축 초과이익 환수제'이며, '재초환'이라고 줄여서 부르기도 한다. 조합원 1인당 3,000만 원을 초과하는 개발 이익이 예상될 때 최대 50퍼센트를 '부담금' 형식으로 환수하는 것이다. 중앙정부가 50퍼센트, 광역자치단체 20퍼센트, 기초단치단체가 30퍼센트 비율의 세금 형태로 추징한다.

과거 2006년 전국의 재건축 아파트 가격이 급격한 상승을 보일 때 입법되었고 2008년 당시에 처음 적용되었지만 미국발 금융위기로 재건축사업이 대부분 중지 또는 좌초되면서 실제 적용 단지는 많지 않았다. 그러다 다시 2012년 부동산 시장의 침체에 따라 2013년부터 2017년까지 5년간 한시적으로 중단되기도 하였다. 이 때문에 2017년 12월 31일 이전 관리처분인가를 급하게 신청한 단지들은 재초환으로부터 피해갈 수 있었지만 이후로 관리처분인가를 신청한 전국의 재건축 아파트 조합원은 재건축 초과이익 환수제를 피해갈 수 없게 됐다.

재건축 초과이익 환수제에 대한 조합의 여론은 부정적이다. 이미 양도세라는 제도도 있고 미실현 이익에 대한 세금 추징은 모순적이라는 지적도 있다. 또한 부동산 가격이 하락하여 손해를 보면 세금을 돌려줄 것인가라는 비아냥도 있고, 과연 초과이익을 환수하는 것으로 부동산 시장이 안정된다는 보장이 있냐는 문제 제기도 많다.

결국 재건축은 재개발사업 대비 사익성이 강하다라는 것을 전제해야만 받아들일 수 있는 제도라 할 수 있다. 재건축 초과이익 환수제의 부담금 산정방식은 다음과 같다.

재건축 초과이익 부담금
= [종료시점 주택가액* - (개시시점 주택가액* +
정상주택가격 상승분*총액 + 개발비용*)] × 부과율

TIP

관련 용어 정리

*종료시점 주택가액: 조합원의 분양가격(준공시점 공시가격), 일반분양분 주택가격 등을 바탕으로 한국 감정원에서 산정한 가격을 기준으로 한다(준공인가일 시점).

*개시시점 주택가액: 사업의 개시시점의 공시주택가격 총액을 의미한다. 추진위 승인일을 기준으로 하며, 개시시점부터 종료시점까지 10년 초과 시 종료시점부터 10년 역산한 날을 개시시점으로 한다.

(참고)
개시시점 주택가격 현실화: 예전에는 개시시점의 주택 공시가격보다 종료시점의 주택 공시가격의 시장가 비율이 더 높았다(과거 60퍼센트 수준이었다면 현재는 80퍼센트 이상). 때문에 2021년에 이러한 내용을 개정하였는데 개시시점 공시가에 종료시점 실거래가 대비 산정가 비율을 곱하고, 다시 개시시점 실거래 가격으로 공시가를 나눈 값을 곱하는 방식으로 현실화가 이루어졌다.

예) 개시시점 공시가 5억 원 × 종료시점 실거래가 대비 공시가 산정가 비율 80퍼센트 × (당시 공시가 5억 원/개시시점 실거래가 8억 원=160퍼센트) → 5억 원 × 80퍼센트 × 160퍼센트=6억 4,000만 원

17년 만에 완화되는 재건축 초과이익 환수제

그런데 최근 투자자들에게 반가운 소식이 전해졌다. 재건축 초과이익 환수제가 17년 만에 기준이 완화된다는 것이다. 먼저 초과 이익을 판단하는 기준이 현행 3,000만 원에서 8,000만 원으로 상향된다. 또 초과이익에 대한 부담금 부과율 구간도 현행 2,000만 원에서 5,000만 원 단위로 확대된다. 이렇게 되면 최대 50퍼센트의 부과율 기준 이익금은 1억 1,000만 원에서 2억 8,000만 원으로 완화된다. 아울러 재건축 부담금 부과 개시 시점은 조합설립 추진위원회 승인일에서 조합설립인가 일로 늦췄다. 장기보유자에 대한 감경 혜택도 신설되는데 1세대 1주택 자로 20년 이상 장기보유자는 최대 70퍼센트의 감면을 받게 된다고 한다. 이번 조치로 현재까지 전국에 재건축 부담금 예정액이 통보된 111개 단지 가운데 40퍼센트가량인 44곳은 부담금이 면제되는데 지방의 경우 절반이 넘는 25곳에서 재건축 부담금이 면제된다. 평균 부과액도 현행 8,800만 원에서 4,800만 원으로 45퍼센트가량 줄어들 것으로 보인다.

그러나 이런 제도 개선에도 불구하고 재건축 부담금을 둘러싼 논란

재건축 초과이익 환수제에 따른 부과율과 부담금 (현행)

조합원 1인당 초과 이익	기본 부담금	부과율(%)	부담금
3,000만 원 이하	0원	0	면제
3,000만 원 초과~5,000만 원 이하	0원	초과금의 10	5,000만 원 기준 200만 원
5,000만 원 초과~7,000만 원 이하	200만 원	초과금의 20	7,000만 원 기준 600만 원
7,000만 원 초과~9,000만 원 이하	600만 원	초과금의 30	9,000만 원 기준 1,200만 원
9,000만 원 초과~1억 1,000만 원 이하	1,200만 원	초과금의 40	1억 원 기준 1,600만 원
1억 1,000만 원 초과~	2,000만 원	초과금의 50	3억 원 기준 1억 1,500만 원

재건축 초과이익 환수제 개선안에 따른 부과율과 부담금

조합원 1인당 초과 이익	기본 부담금	부과율(%)	부담금
8,000만 원 이하	0원	0	면제
8,000만 원 초과~1억 3,000만 원 이하	0원	초과금의 10	1억 3,000만 원 기준 500만 원
1억 3,000만 원 초과~1억 8,000만 원 이하	500만 원	초과금의 20	1억 8,000만 원 기준 1,500만 원
1억 8,000만 원 초과~억 3,000만 원 이하	1,500만 원	초과금의 30	2억 3,000만 원 기준 3,000만 원
2억 3,000만 원 초과~2억 8,000만 원 이하	3,000만 원	초과금의 40	2억 8,000만 원 기준 5,000만 원
2억 8,000만 원 초과~	5,000만 원	초과금의 50	5억 원 기준 1억 6,000만 원

은 여전하다. 일단 초과이익이 큰 단지는 법 개정에도 불구하고 실질적
으로 감소폭이 미미하고 면제되는 단지 중 서울은 단 7곳에 그치기 때
문이다. 또 장기보유 감면을 못 받는 2주택자 등의 반발, 미실현 이익에

대한 과세 논란 등은 계속될 전망이다.

개정되는 법은 공포 후 3개월 뒤 시행된다. 그 사이 시행령 및 부칙 개정과 지자체의 부담금 산정 절차를 거친 뒤 본격적인 실부과가 이뤄 질 것으로 예상된다.

재건축 부담금을 줄이는 방법은 없을까?

1. 주택 수를 줄여 종료시점의 주택가액을 낮춘다

우선은 종료시점의 주택가액을 낮추는 방법이 있다. 그러나 억지로 낮출 수는 없다. 그렇다면 전체 금액을 줄이는 방법에는 무엇이 있을 까? 바로 주택 수를 줄이는 것이다. 다른 말로 하면 일반분양 물량을 줄 이는 것이다. 예를 들어 1:1 재건축이나 대형 평형 위주로만 재편성하 는 것이다. 다만 이러한 경우에 초과이익 환수제에 따른 '부담금'은 줄 어들겠지만 재건축 '분담금'은 늘어나게 된다. 부담금과 분담금 가운데 미래 가격에 도움되는 것은 단지 고급화를 통해 지출되는 '분담금' 쪽 이다.

2. 개시시점의 주택가액을 올린다

개시시점의 주택가액을 올리는 것도 방법이다. 마찬가지로 과거로 돌아가 공시가격이나 거래가격을 올릴 수는 없다. 다만 사업을 천천히 진행하면서 개시시점을 늦추는 방법은 가능하다.

3. 개발비용을 늘린다

또 하나의 방법은 개발비용을 늘리는 것이다. 종료시점 주택가액이 낮으면 낮을수록 재건축 초과이익 환수는 일어나지 않을 가능성이 커지기 때문에 앞서 말한 1:1 재건축이나 단지 고급화, 조경이나 커뮤니티 시설 등에 좀 더 많은 사업비(공사비)를 투입해서 부담금을 줄이는 것이다. 마찬가지로 분담금을 늘어나지만 부담금보다는 아파트의 미래 가치에 도움이 될 수 있다. 다만 이러한 일이 잦을수록 주거지 양극화의 부작용이 생길 수 있다는 지적은 있다.

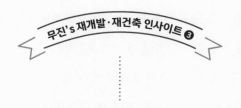

정비사업 투자 시
유의해야 할 점

다물권자 매물인지 확인하자

'다물권자'란 정비구역 내의 주택이나 토지등소유자로서 한 개의 물건만 소유한 것이 아니라 여러 개의 물건을 소유한 권리자라는 뜻이다. 조합설립인가 이후 승계받은 다물권자 매물은 입주권 1개만 부여된다. 예를 들어 재개발 구역 내에 주택을 보유하고 토지를 보유한 사람은 입주권은 1개만 부여되며 감정평가액은 모두 합산된다. 규제지역 내 재건축사업장의 경우도 마찬가지다.

일례로 광주시 학동4구역에서 다물권자 매물을 승계받은 조합원들의 자격을 인정하는 판례가 있었다. 그러나 이전의 다른 구역에서는 인정된 적이 없었고 대법원 판결은 아직 나지 않았다. 이러한 분쟁을 예방하기 위한 법문을 명확히 하는 입법안은 발의되었지만 매수할 때 꼭 체크하는 것이 여러 시간과 비용을 아낄 수 있음을 기억하자.

여러 명의 토지등소유자가 1세대에 속해 있어도 입주권은 1개만 부여된다. 조합설립인가 이후 세대를 분리하는 것은 의미가 없고 세대를 분리하려면 조합설립인가 이전에 해야 한다. 조합설립인가 이전에 매도하거나, 매수하는 것은 상관없다. 조합설립인가 이후에는 다물권자의 물건인지 꼭 확인하여야 하며 중개사 및 조합에 여러 번 체크를 요구하고 계약서를 작성할 때도 특약으로 관련 내용을 넣는 것이 좋다.

TIP

❶ 다물권 관련 특약 예문

본 물건의 주소지 이외 해당 구역 내의 매도자와 매도자 세대원 전원의 별도의 지분이 없는 것으로 매도자 본인에게 확인하였음. 만약 매도자와 매도자 세대원에게 별도의 지분이 있을 경우, 현금 청산 대상이 되며 이로 인한 계약은 무효로 하고 계약금 및 잔금 전부를 매수인에게 반환하여야 한다. 이때 발생하는 손해에 대한 배상금은 매매금액의 배액으로 한다.

❷ 재건축의 경우 다물권자 입주권

1. 동일 재건축 단지 내 여러 개의 아파트를 보유한 조합원에게 입주권 1개만 주는 것이 원칙이다.
2. 일반지역 즉, 과밀억제권역 외에서는 소유한 주택 수만큼 입주권을 부여한다.
3. 그러나 과밀억제권역 외에 있더라도 투기과열지구 또는 조정대상지역지정 후, 최초 사업시행인가를 신청하는 재건축 단지의 경우에는 입주권 1개만 부여된다. 비규제지역에서 2주택 이상 가지고 있는 조합원의 경우, 사업시행인가 전에 조정지역으로 규제되면 입주권은 1개만 부여된다.

조합원 지위양도가 가능한가

부동산 시장의 열기를 잠재우기 위해 발표한 2017년 8·2대책에 의거해 투기과열지구 내 재개발 구역은 관리처분인가 후 조합원 지위양도(매도)가 불가능하다. 다만, 2017년 10월 24일 이전 관리처분인가를 신청한 단지, 2018년 1월 24일 이전 사업시행인가를 받은 구역은 제외된다. 재건축의 경우 투기과열지구 내에서는 조합설립인가 이후 지위양도가 불가능하다. 그럼에도 예외는 있다.

① 양도인이 근무, 생업, 질병, 취학 등의 사정으로 세대원 전원이 타 지역으로 이주하는 경우

② 양도인 및 세대원 전원이 해외로 이주 및 2년 이상 체류하는 경우

③ 양도인이 1세대 1주택자로서 10년 보유하고, 거주 5년을 충족하는 경우

④ 상속으로 취득한 주택으로 세대전원이 이전하는 경우

⑤ 조합설립인가일로부터 3년 이내 사업시행인가 신청을 못 한 구역*

⑥ 사업시행인가로부터 3년 이내 착공하지 못한 구역*

⑦ 착공일로부터 3년 이내 준공하지 못한 구역*

*⑤⑥⑦번 조항은 모두 3년 이상 소유한 자들에게만 허용된다.

그런데 이러한 예외조항이 때로는 매수대기자들에게 기회가 되기도 한다. 한시적으로 매물이 시장에 나오고 마음이 급하거나 꼭 처분해야 하는 매도자의 경우 급매를 던지기도 한다. 예를 들어 10년 보유·5년

거주자의 입주권만 시장에 나오던 개포주공 1단지의 경우, 2023년 6월 3일부터 착공 후 3년이 도래하면서 매물이 더 늘어나게 되었다. 그러므로 관심이 있는 구역이나 재건축 현장은 이러한 예외 조건에 해당하는 타이밍을 노리고 입주권을 매수하는 것도 하나의 힌트라 할 수 있다. 공급량이 일시에 늘어나므로 운이 좋으면 임자를 만날 수도 있다.

투기과열지구의 재당첨 제한 요건을 체크하라

2017년 8·2 대책에 의거 시행된 규제로 투기과열지구 내에서는 재개발·재건축 현장 모두 '재당첨 제한' 적용을 받는다. 간단하게 말하자면, 국토교통부 주도의 택지지구 외 정비사업 현장에서 청약 당첨이 된 분양대상자는 향후 5년간 투기과열지구 안에서 청약 당첨자 자격을 가질 수 없다. 그런데 매우 중요한 점은 일반분양의 청약 당첨자뿐만 아니라 조합원분양을 받는 조합원도 이 규제에 적용받는 것이다. 이렇게 '재당첨 제한'의 기준일은 일반분양자는 청약 당첨일로 한다. 이에 반해 조합원분양자들의 기준일은 '관리처분인가일'이다. 조합원으로서 관리처분인가일 이전에 매수하여 관리처분인가를 받게 되면 그로부터 5년간 재당첨 제한 규제의 적용을 받게 되는 것이다.

또한 일반분양과 조합원분양이 서로 바뀌는 경우도 마찬가지 적용을 받는다. 예를 들어 정비구역 내에서 관리처분에 의거해 조합원분양을 받은 자는 5년 이내 다른 정비구역의 일반분양에 지원하여 청약당첨을 받을 수 없고 정비구역의 일반분양에 당첨된 자 역시 5년 이내 투기 과열지구 내의 조합원분양 신청을 할 수 없다.

그렇다면 관리처분인가 이후의 입주권을 매수하게 되면 어떨까? 재당첨 제한에 적용받지 않는다. 이러한 틈새를 노리고 매수를 하는 것도 하나의 방법이라 하겠다. 또한 2017년 10월 23일 이전 관리처분인가를 받은 곳들은 해당되지 않는다. 2024년 초 현재 전국에서 유일하게 용산구, 강남구, 서초구, 송파구만이 투기과열지구로서 규제를 적용받고 있다.

제3장

서울부터 제주까지
대한민국 정비사업 유니버스

서울 재개발·재건축은
미래의 한정판 명품이다

서울은 더 이상 빈 땅이 없다

서울시 인구는 우리나라 전체 인구의 17퍼센트 정도로 매년 조금씩 줄
어 2023년 현재 941만 명이다. 서울의 인구가 줄어드는 이유로 저출
생·인구고령화를 지적하는 이들도 있지만 이는 경기도 인구가 꾸준히
증가하고 있는 것을 간과한 것이다. 왜 서울은 줄어들고 경기도는 늘어
나고 있을까. 다름 아닌 주택 때문이다.

서울 집값의 바로미터로 삼는 중위가격은 주택 매매가격을 순서대
로 나열했을 때 중간에 위치한 가격이다. 이러한 중위가격은 서울 기
준 2021년 처음으로 10억 1,417만 원을 넘기고 2022년 7월 최고 10억
9,291만 원을 기록한 뒤, 시장의 침체기였던 2023년 초 9억 9,333만 원

으로 다소 주춤하긴 하지만 다시 반등하고 있는 가운데 10억 원을 웃돌고 있다.

여기서 간과하지 말아야 할 것은 서울시 인구 감소의 진짜 요인이다. 서울에 부족한 준수한 아파트나 신축 아파트에 거주하지 못하는 이들이 경기도로 전출할 수밖에 없다는 것이 가장 큰 이유다. 결국 서울의 아파트는 한정된 상품이고 그 안에서도 신축은 더더욱 귀한 대접을 받을 수밖에 없다.

하지만 앞서도 여러 번 강조하였듯 서울에는 빈 택지 공간이 없다. 결국 신축 아파트를 짓기 위해서는 재개발이나 재건축을 하지 않으면 방법이 없다는 것이다. 대한민국 사람이라면 누구나 서울의 아파트를 소유하고 싶어 한다. 지방 대도시 부자들도 서울 아파트를 한두어 채씩은 가지고 있다는 이야기를 심심찮게 듣는 것은 바로 이러한 '한정 상품'에 대한 욕망 때문이다.

서울에 진행 중인 정비구역은 얼마나 될까?

서울시의 정비사업은 얼마나 많이 진행되고 있을까? 서울정보소통광장(opengov.seoul.go.kr)에 고시된 2023년 9월 기준 서울시 정비사업 통계에 따르면 400곳의 현장에서 정비사업이 진행되고 있다. 또는 시에서 운영하는 클린업 사이트(정비사업 정보몽땅, cleanup.seoul.go.kr)에서 각 자치구별 사업장을 좀 더 상세히 검색해볼 수 있다.

서울시 정비사업 통계

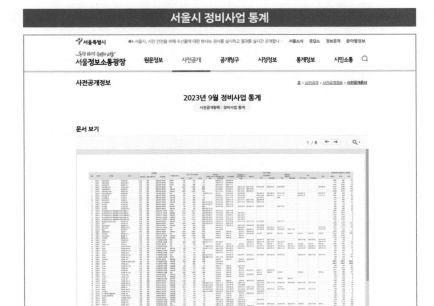

해당 페이지에서 전체 통계자료 원문 다운로드 가능/출처: 서울정보소통광장 홈페이지

정비사업 정비몽땅 사업장 검색

출처: 정비사업 정보몽땅 홈페이지

서울시 25개 자치구 안에 425개의 동洞이 존재하는데, 거의 하나의 동마다 정비구역이 진행되고 있다고 말해도 과언이 아닐 정도다. 그만큼 서울은 낡아가고 있고 정비사업을 통해 새로운 모습을 꾀하고 있다. 과거 노태우 정권 시기에 수립된 '수도권 200만 호 공급 계획' 하의 아파트들이 대부분 재건축 연한 30년을 넘긴 것도 앞으로 재건축 시장의 중요한 관전 포인트라 할 수 있다. 이 점을 유념하고 서울의 재개발과 재건축에 대한 이해를 높여보도록 하자.

강남·서초·송파·강동
유니버스

강남구

압구정동

가장 먼저 서울의 핵심지 중 핵심지라 할 수 있는 강남구부터 들여다보도록 하자. 그중에서도 최고의 입지로 주목받는 압구정동은 특별계획구역으로 지정되어 제3종 일반주거지역에서 준주거지역으로 종상향, 200~500퍼센트 용적률을 적용받게 되어 최고 50~70층까지 건축이 가능해졌다.

압구정1구역

압구정1구역은 미성 아파트 1·2차로 구성되어 있으며 현재는 추진

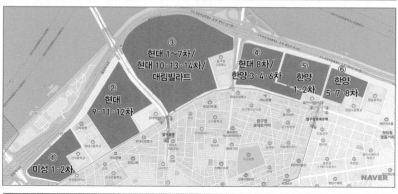

압구정 아파트지구 특별계획구역 재건축사업

구역	단지명	세대수	재건축 이후 세대수	최고 층수
1구역	미성 1·2차	1,233		
2구역	현대 9·11·12차	1,924	2,700	50층
3구역	현대 1~7차/현대 10·13·14차/대림빌라트	3,946	5,810	50층(70층 추진)
4구역	현대 8차/한양 3·4·6차	1,341	1,790	49층
5구역	한양 1·2차	1,232	1,540	49층
6구역	한양 5·7·8차	672		

박스로 표시한 구역은 신속통합기획 추진/출처: 네이버 지도

위원회 설립 단계다. 1차와 2차 각각 평형 대비 대지지분의 차이로 통합 재건축에 있어 단지별 이견이 있다. 세대수가 적은 1차가 2차에 끌려간다는 우려도 있으나 한강공원이 인접해 도보 이용이 가능하다는 것이 매우 큰 장점인 구역이다.

압구정2구역

현대 아파트 9·11·12차('신현대'라고도 한다)로 이루어진 곳으로 2021년에 조합설립인가를 받았다. 기존 전체 1,924세대로 면적은 17만 2,588제곱미터에 달한다. 초등학교가 없고 현대백화점을 끼고 있으며 압구정 특별계획구역의 대장으로 불리는 3구역 대비 입지상 다소 아쉬움은 있더라도 속도와 사업성 그리고 단지별 통합이 잘 이루어지고 있다는 장점이 있다.

압구정3구역

3구역은 면적이 36만 제곱미터로 압구정 구역 중 가장 큰 규모를 자랑한다. 입지에 있어서도 가장 중심에 위치하고 초·중·고를 모두 끼고 있는 것도 장점이며 최고 70층 이상의 초고층이 계획되어 있다. 게다가 3구역 앞의 한강공원을 조성하고 서울숲까지 한강 보행교를 설치한다는 계획도 함께 발표되었다.

압구정4구역

4구역은 2021년 2월에 조합설립인가를 받았고, 압구정 특별계획구역 가운데 5구역과 함께 가장 먼저 조합설립인가를 받은 곳이다. 5구역과 통합의 목소리도 존재하지만, 개별적으로 진행될 가능성이 매우 높다고 하겠다.

압구정5구역

5구역은 한양 아파트 1·2차로 이루어진 곳으로 1차와 2차의 평형 구성이 매우 다르다. 1차는 중소형 위주가 많고, 2차는 대형 위주가 많다. 압구정로데오역 역세권이며 갤러리아 백화점을 끼고 있다.

압구정6구역

마지막으로 6구역은 한양 아파트 5·7·8차로 구성된 지역이다. 2002년 한양 아파트 7차가 단독으로 조합설립인가를 받았지만, 조합해산 후에 재추진을 검토 중에 있다. 서울시 신속통합기획에도 신청하지 않았고 단지 간 평형과 지분 차이가 극명한 점이 사업에 있어 어떤 요소로 작용할지 모를 일이다. 또한 6구역 내에 가장 대지지분 비율이 높고 초대형 평형으로만 구성되어 있으며 한강뷰가 보이는 8차 소유주들이 현재의 방식으로 진행되는 재건축에 다소 미온적이라는 평가도 있다.

대치동

다음으로 강남 학군, 아니 대한민국 학군의 중심인 대치동으로 가보자. 강남구 대치동은 구 마을의 주택 재건축 1·2지구는 이미 입주를 완료하였고 3지구(디에이치대치에델루이, 282세대)가 2025년 입주를 앞두고 있으며, 대한민국 재건축의 상징과도 같은 은마 아파트가 있다.

대치동 '우-선-미'

대치역을 중심으로 '우-선-미'로 불리는 개포우성 1·2차와 선경, 미도 아파트는 각각 다른 속도를 보여주고 있다. 그중 가장 좋은 입지로 평가받는 개포우성 1·2차와 선경 아파트는 아직 이렇다 할 움직임이 없고, 미도 아파트의 경우에는 서울시 신속통합 재건축 1호 단지로서 50층 이상의 고층으로 계획되어 은마의 뒤를 이어 학원가를 주름잡는 신축으로 발돋움할 준비를 하고 있다.

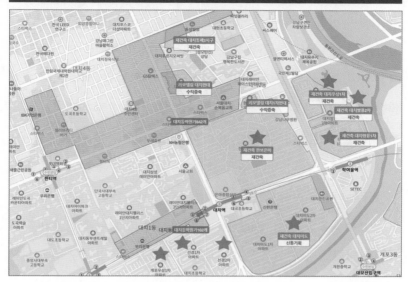

대치동 일대 재건축사업

출처: 아실

학여울역 '우-쌍-쌍'

한편 학여울역 위쪽에 자리하고 있는 '우-쌍-쌍'으로 불리는 대치
우성 1차, 대치쌍용 1·2차 아파트는 각각 조합설립인가, 사업시행인가
를 받고 통합 재건축을 추진하였으나 내홍이 있어 사업이 다소 정체되
고 있는 상황이다. 그럼에도 불구하고 향후 삼성역을 코앞에 둔 영동대
로를 사이에 두고 은마와 어깨를 나란히 할 수 있는 단지임에는 이견이
없다.

드디어 달리는 은마

마지막으로 은마 아파트를 이야기하지 않을 수 없다. 대한민국 부동

산 시장의 바로미터라고 할 수 있는 단지로 2023년 2월 비로소 정비계획 결정과 구역지정이 이루어졌으며, 9월에 무려 20년 만에 조합설립 인가를 받았다. 현 추진위원회에서 은마 아파트의 재건축이 속도를 붙여 진행된다면 다시 한번 대치동으로 강남 부동산 시장의 이목이 크게 쏠릴 가능성이 매우 높다. 이유는 무엇일까? 대한민국 학군지의 최정점이라 할 수 있는 대치동에 은마 아파트 규모의 신축 대단지가 들어서면서 이후 '우-선-미'가 그 뒤를 이어 다시 한번 시장을 들썩이게 할 가능성이 높기 때문이다. 또한 대치동에서 양재천을 건너 바로 아래 위치한 개포주공 5·6·7단지 재건축도 이러한 시장의 활력에 큰바람을 불어넣는 역할로 충분하다. 은마 아파트가 안전진단을 통과한 것은 지난 2010년이다. 그로부터 13년이 지나서야 정비구역지정과 조합설립인가까지 왔으니 정비사업 투자에 있어 시간이란 무의미한 것 같으면서도 여러 측면에서 희비가 교차하게 만드는 요소임을 알 수 있다.

청담동

청담동은 압구정과 함께 명품 부티크와 고급 레스토랑이 즐비한 대한민국의 상징적 부촌으로 자리 잡은 곳이다. 7호선 청담역 역세권에 위치한 청담삼익 아파트가 청담르엘로 올해 일반분양(전체 1,261세대 중 176세대)을 앞두고 있고, 그와 마주 보고 있는 홍실 아파트는 DL이앤씨에서 수주하여 419세대 신축을 예정하고 일반분양 물량이 없는 1:1 재건축으로 2025년 입주를 위해 착공 중이다. 이 두 개의 단지는 청담동에 속해 있지만 인접한 삼성동에 있는 아이파크삼성이 좋은 레퍼런스가 된다. 청담자이의 경우도 좋은 가격 비교 단지로 볼 수 있다. 주변에 가격을 예측할 수 있는 신축이나 준신축 단지가 있다면 재개발·재건축 투자를 하는 것이 보다 수월하다는 점은 이미 서두에 밝혀두었다.

재건축보다는 리모델링으로 승부 보는 청담동과 삼성동

강남구 청담동과 삼성동은 유난히 소단지가 많거나 중층 아파트 혹은 고도제한이나 여유 용적률이 부족한 아파트들이 많다. 때문에 재건축보다는 리모델링을 추진하는 단지들이 많고, 청담삼익 바로 뒤에 위치한 청담신동아 아파트가 1동짜리 나홀로 아파트의 설움에도 불구하고 훌륭한 입지(역세권, 한강뷰, 청담동)를 바탕으로 리모델링을 추진 중이다. 기존 1동짜리 106세대(공급 31평 단일구성)에서 수평증축과 별동증축 리모델링을 통해 121세대 신축으로 거듭날 예정이다.

과거에 이미 청담두산 아파트를 리모델링하여 완공된 청담래미안로이뷰(2014년 준공)는 기존 177세대를 전용면적 30퍼센트씩 수평증축하여 전용 110제곱미터(공급 41평)의 중대형 아파트로 탈바꿈시켰으며, 청담아이파크 아파트도 108세대를 리모델링하여 마찬가지로 전용 110제곱미터로 새롭게 태어났다. 조합설립부터 완공까지 4년 4개월 만에 이루어내면서 1:1 리모델링에 있어 성공 모델로 꼽힌다.

청담동에는 이처럼 뛰어난 입지적 가치를 바탕으로 수억 원의 분담금을 지불하고도 더 나은 가치를 위해 리모델링을 추진하는 단지들이 많다. 청담건영, 청담현대 3차, 삼성청담공원 등과 같은 아파트들이 재건축에 어려움이 있는 현실을 타개하고 리모델링함으로써 신축의 프리미엄을 위해 달려가고 있다.

서초구

방배동

서초구에서는 가장 많은 정비사업이 진행 중인 방배동을 빼놓을 수 없다. 방배동은 주택 재건축 구역인 방배5·6·7·13·14·15구역이 진행 중이다. 이 가운데 5구역과 6구역은 착공에 들어가서 일반분양을 앞두고 있으며, 13구역과 14구역은 현재 이주 철거가 진행 중이다.

출처: 아실

방배로를 기준으로 나뉘는 재건축 단지들

전통적인 부촌으로 꼽히던 방배동은 방배로를 기준으로 좌우의 분위기가 다소 달랐다. 좌측은 대체로 주택이나 빌라가 많았고 방배역 기준 하단, 상문고 인근으로는 아파트촌으로 형성되어 있다. 방배3구역의 결과물인 방배아트자이, 경남 아파트 재건축을 통해 지어진 방배그랑자이가 현재 방배동의 대장 역할을 하고 있다. 방배로 좌측의 주택 재건축 단지들에 비해 방배로 우측의 전통 부촌 아파트들이 지닌 열세라고 한다면 단지의 규모다. 지도를 통해 봐서 알 수 있듯이 비교가 되지 않을 정도로 방배5구역이나 13구역은 엄청난 크기의 규모를 자랑한다.

현재 재건축을 진행 중인 삼익 아파트, 신동아 아파트와 같은 단지들은 향후 방배그랑자이와 함께 방배동 전체의 대장 역할을 할 곳으로 꼽을 수 있다. 물론, 매머드급 대단지 신축을 형성하는 5구역과 13구역 주택 재건축 단지들도 높은 평가를 받을 것은 분명하다. 방배임광 아파트 역시 재건축을 추진 중에 있다. 방배동은 이를 통해 다시 과거의 명성을 되찾게 될 것이다.

반포동

서초구의 대장은 단연 반포를 꼽을 수 있다. 그중에서 가장 먼저 반포1동의 반포주공 1단지를 살펴보도록 하자.

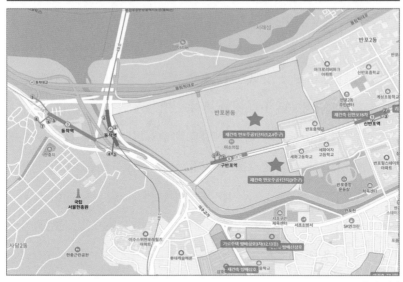

반포주공 1단지 재건축 사업

반포주공 1단지

반포주공 1단지는 1·2·4주구와 3주구로 나뉜다. 1·2·4주구는 기존의 아파트가 중대형 위주였고, 과거에도 굉장한 부촌이었다. 1973년 분양 시 32평의 가격이 500만 원을 넘었는데 이는 당시 근로소득 평균이 월 3~5만 원, 고소득 전문직인 의사의 급여가 16만 원이던 것을 감안하면 실로 초고가 아파트인 셈이다. 시공사는 현대, 브랜드는 '디에이치 클래스트'로 5,002세대 대규모 단지가 2026년 준공을 목표로 공사 중에 있다.

이 단지는 2017년 12월 관리처분인가를 신청하면서 재건축 초과이익 환수제로부터 벗어날 수 있었다. 총 재건축사업비용 10조 원이 넘는 곳으로 대한민국 내에서 전무후무한 최고·최대의 재건축 단지라는 평가를 받고 있다. 올해 일반분양 예정에 있으며 물량 또한 2,400여 개나 되어 많은 이들의 관심을 한 몸에 받고 있는 곳이다.

반포주공 1단지의 3주구는 '래미안트리니원'이라는 이름으로 2,091세대로 다시 태어날 예정이다. 일반분양은 2025년에 예정되어 있고 601세대가 준비 중이다. 1·2·4주구와 달리 재건축 초과이익 환수제 대상 단지라는 아쉬움이 있지만, 용적률과 건폐율을 낮춰서 매우 쾌적한 단지로 재탄생할 것으로 기대된다.

현재 반포의 대장 아파트라면 단연 아크로리버파크를 꼽을 것이고, 그 아성을 위협하는 래미안원베일리와 기존의 강자 래미안퍼스티지와 같은 곳들이 모두 반포주공 1단지의 우측에 자리하고 있다. 기존의 패권이 반포주공 1단지로 옮겨올 것인지, 고속터미널역을 중심으로 구성된 반포의 핵심 상권과 유동인구를 자랑하는 기존 단지들의 아성을 뒤쫓는 단지로서만 남게 될 것인지 살펴보는 것도 매우 즐거운 궁금증을 자아내는 요소라 하겠다.

반포미도 1차

반포4동에도 재건축을 추진하는 단지가 있다. 반포미도 1차와 2차 아파트는 애초에 통합 재건축을 원했으나 미도 1차에서 단독으로 진행을 원하면서, 각자의 길을 가게 되었다. 반포미도 1차는 33평의 단일 구성이라는 장점(조합원 간 분쟁이 적음)이 있다. 평균 대지지분은 17.7평, 기존 용적률은 177퍼센트로 사업성이 나쁘지 않다. 2017년에

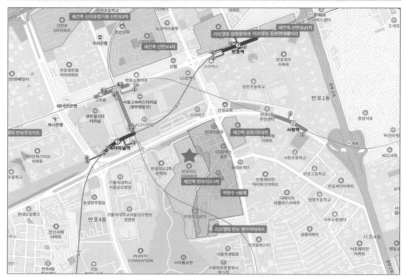

반포미도 1차 아파트

안전진단을 통과하였고 1,697세대의 신축으로 거듭나기 위한 준비 중
이다. 반포미도 2차 아파트는 2023년 안전진단 통과로 재건축을 할 수
있게 되었고, 23평과 28평의 소형위주 구성으로 대지지분은 평균 12.7
평이라는 점에서 1차에 비해 약간 아쉬움이 있다. 하지만 이 두 단지 모
두 많은 학원들이 밀집한 유명 학원가를 끼고 있다는 장점을 가진다.

재건축과 리모델링이 활발한 잠원동

반포에서 가장 정비사업이 활발한 곳은 잠원동(반포3동)이다. '신반
포 재건축 시리즈'가 27차까지 있는, 그야말로 크고 작은 아파트 단지
의 집합체인 이곳은 대부분 리모델링과 재건축을 추진하고 있거나 이

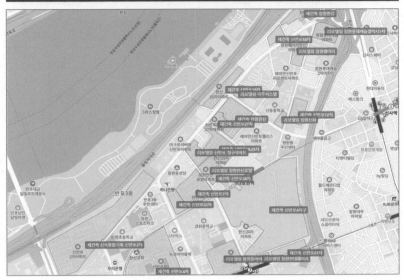

잠원동의 재건축 및 리모델링 단지들

출처: 아실

미 완료한 곳들도 많다. 여전히 구축이 많아서 현재로서는 기존 반포동의 동생 느낌이 강한 곳이다.

해당 지역은 반포동과 압구정동의 중간에서 가교 역할을 할 곳이라는 평가도 있으나 태생적으로 반포동을 뛰어넘기는 어렵다는 의견들이 많기는 하다. 그 이유가 무엇일까? '신반포 4지구 재건축사업'의 신반포 8·9·10·11·17차, 녹원한신 아파트, 베니하우스, 거목상가, 매일상가를 통합 재건축하는 메이플자이(2024년 1월 분양, 총 3,307세대, 일반분양 162세대)를 제외하고는 이렇다 할 대단지 신축이 없다는 점 때문이다.

물론 신반포 2차와 신반포 4차는 각각 1,000세대가 넘고 한강뷰(신반포 2차)와 고속터미널역 초역세권(신반포 4차)이라는 메리트를 지녀

단지명	신반포 2차	신반포 4차	신반포 12차	신반포 7차	신반포 16차	신반포 20차	신반포 27차
잠원동 주요 재건축 단지 현황							
준공 연도	1978	1979	1982	1980	1983	1983	1985
세대수	1,572	1,212	324	320	396	112	156
평수별 대지지분	22평-11.2평 25평-13평 30평-15.1평 35평-17.5평 45평-22.6평 50평-25.4평 **평균 16.4평**	31평-14.7평 33평-15.5평 35평-16.2평 45평-1.33평 52평-24평 **평균 21.3평**	17평-9.7평 24평-3.41평 34평-8.83평 **평균 12.8평**	35평-18.9평 46평-24.8평 **평균 21.6평**	17평-7.01평 27평-11.13평 **평균 9.9평**	47평-25.75평 **평균 25.5평**	17평-9.7평 35평-19.95평 **평균 11.2평**
조합설립	O	O	O	O	O	O	O
현 단계	조합설립인가	조합설립인가	건축심의	조합설립인가	사업시행인가	조합설립인가	사업시행인가
평수	22평/25평/ 30평/35평/ 45평/50평	33평/35평/ 45평/52평	17평/24평/ 34평	35평/36평/ 46평	17평/27평	47평	17평/35평
최고층수	12층	13층	12층	10층	11층	14층	12층
최근 실거래 (시기)	25평 26.3억 (23.06)	31평 28억 (23.08)	18평 14.8억 (22.11)	35평 28.4억 (23.05)	18평 18.8억 (22.04)	47평 34.7억 (21.10)	18평 15.5억 (23.11)

대장 단지가 되기에 충분하다. 그럼에도 불구하고 이 3개 단지를 제외하고는 대부분 소단지(잠원동 전체 세대의 60퍼센트 이상)라는 점이 아쉬움으로 남는다.

단지명	신반포청구	반포한신타워	롯데캐슬 갤럭시1차	잠원동아	한신로얄	잠원훼미리
준공 연도	1998	1996	2002	2002	1992	1992
세대수	347	250	256	991	208	288
단지 용적률	328	271	312	316	268	–
현 단계	조합설립인가	추진위원회	조합설립인가 (2019)	조합설립인가 (2021.08)	건축심의 접수	건축심의 접수
안전진단통과 진행 현황	–	–	1차 진행 중	1차 진행 중	2차 진행 중	1차 통과
평수	24평/33평	25평/28평/ 29평/32평 /35평/36평 /39평/48평	43평/49평/ 52평/58평	24평 /26평/33평	34평	31평
동 개수	2	2	5	8	2	3
최근 실거래 (시기)	33평 20.8억 (23.08)	32평 20.9억 (23.07)	42평 29.5억 (23.04)	33평 23.1억 (23.12)	27평 18.1억 (23.11)	31평 19.5억 (23.08)

잠원동 주요 리모델링 단지 현황

송파구

대한민국에서 인구와 규모로 봤을 때 '넘버원 자치구'에 해당하는 송파구는 재건축과 리모델링 단지들이 즐비한, 그야말로 정비사업의 보고와 같은 곳이다. 송파구의 생활권은 잠실부터 송파, 가락, 문정을 거쳐거여·마천의 동남쪽으로 갈수록, 그리고 강남에서 멀어질수록 가격의차이를 보이는 특성이 있다.

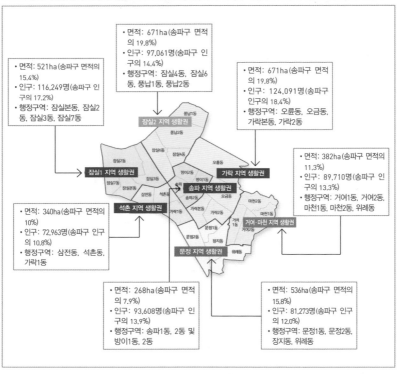

송파구 지역 생활권 현황

- 면적: 671ha(송파구 면적의 19.8%)
- 인구: 97,061명(송파구 인구의 14.4%)
- 행정구역: 잠실4동, 잠실6동, 풍납1동, 풍납2동

- 면적: 521ha(송파구 면적의 15.4%)
- 인구: 116,249명(송파구 인구의 17.2%)
- 행정구역: 잠실본동, 잠실2동, 잠실3동, 잠실7동

- 면적: 671ha(송파구 면적의 19.8%)
- 인구: 124,091명(송파구 인구의 18.4%)
- 행정구역: 오륜동, 오금동, 가락본동, 가락2동

잠실2 지역 생활권

잠실1 지역 생활권

가락 지역 생활권

송파 지역 생활권

석촌 지역 생활권

거여·마천 지역 생활권

문정 지역 생활권

- 면적: 382ha(송파구 면적의 11.3%)
- 인구: 89,710명(송파구 인구의 13.3%)
- 행정구역: 거여1동, 거여2동, 마천1동, 마천2동, 위례동

- 면적: 340ha(송파구 면적의 10%)
- 인구: 72,963명(송파구 인구의 10.8%)
- 행정구역: 삼전동, 석촌동, 가락1동

- 면적: 268ha(송파구 면적의 7.9%)
- 인구: 93,608명(송파구 인구의 13.9%)
- 행정구역: 송파1동, 2동 및 방이1동, 2동

- 면적: 536ha(송파구 면적의 15.8%)
- 인구: 81,273명(송파구 인구의 12.0%)
- 행정구역: 문정1동, 문정2동, 장지동, 위례동

출처: 송파구청 홈페이지 '2030 서울생활권 계획'

잠실동

잠실동에는 대한민국 재건축 단지 가운데 은마 아파트와 함께 시장의 바로미터 역할을 담당하고 있는 잠실주공 5단지, 아시아선수촌 아파트, 우성 1·2·3차 아파트가 자리하고 있다. 또한 신천동에는 '진-미-크'(진주 아파트, 미성·크로바 아파트 재건축)가 재건축의 완성 단계로서 꽃을 피우고 있는 중이고, 장미 1·2·3차 아파트가 조합설립인가를 받고 대기 중이다.

잠실주공 5단지

먼저 잠실주공 5단지를 이야기하지 않을 수 없다. 1978년에 태어난 이 아파트는 잠실에서 가장 압도적인 영향력을 가진 재건축 단지로 향후 송파구 내에서 강남구 대장 단지급으로 올라설 것으로 예상된다. 잠실역 초역세권과 MICE 개발사업의 수혜, 한강뷰와 함께 한강공원을 도보로 이용 가능한 점 등 여러모로 부족할 것 없는 신축 대단지로 오랫동안 시세를 리딩할 것이다.

우성 1·2·3차와 아시아선수촌

우성 1·2·3차 아파트의 경우 사업시행인가를 준비 중에 있고, 아시아

잠실동 주요 재건축 단지 현황							
단지	세대수/ 준공 연도	대지지분	단계	실거래 최고가 (시기)	실거래 직전가 (시기)	호가 (원)	비고
우성 1·2·3차	1,842/ 1981	19.6평	사업시행 인가 준비 중	32평 (전용 6㎡) 매 23억 (21.08) 전 9.5억 (22.09)	매 21.3억 (23.12) 전 6.3억 (23.12)	매 20~22 억 전 6~7억	32평 대지지분 16.16평 호가기준 평당 1.2억
아시아 선수촌	1,356/ 1986	33.5평 (50평 이상 75%)	안전진단 통과	38평 (전용 99㎡) 매 32억 (22.04) 전 13억 (19.06)	매 30억 (23.11) 전 10억 (23.12)	매 29~32억 전 8.5~10억	38평 대지지분 24.2평 호가기준 평당 1.3억
잠실주공 5단지	3,930/ 1978	22.8평	환경영향 평가	34평 (전용 76㎡) 매 28.7억 (21.11) 전 8억 (21.11)	매 23.48억 (23.12) 전 4.7억 (23.12)	매 23.5~ 28억 전 3.5~6.5억	34평 대지지분 22평 호가기준 평당 1.07억

선수촌 아파트는 안전진단을 통과한 이후로 뚜렷한 사업의 진척은 보이고 있지 않다. 우성 1·2·3차 아시아선수촌 아파트는 향후 '우주의 중심'이 될 거라고 평가받는 GTX 삼성역 인근의 GBC(글로벌 비즈니스 센터) 개발이 이루어지면 가장 먼저 배후 수요를 동쪽에서 빨아들이게 될 단지로 기대가 큰 곳이다. 삼성역에서 두 단지의 입구까지 1킬로미터밖에 되지 않아서 청담동이나 삼성동 위쪽에 자리한 아파트 단지들보다도 가깝다는 물리적 이점도 있다.

신천동

진주와 미성·크로바

신천동의 진주 아파트 재건축과 미성·크로바 아파트 재건축은 각각 2025년 말에서 2026년 초로 입주가 예정되어 있다. 각각 잠실래미안아이파크(2,678세대), 잠실르엘(1,910세대)이라는 이름을 걸고 새 아파트로 거듭난다. 공사비 상승과 이런저런 내홍으로 말들이 많지만 일반분양가가 얼마로 책정되어 나올지 분양의 성공 여부가 시장에 던져주는 의미가 있을 것이다. 잠실 권역의 일반분양가격 기준으로 작용할 가능성이 매우 클 테니 말이다.

장미 1·2·3차

장미 1·2·3차 아파트는 조합설립인가를 받아 현재로서는 조합원 지위양도에 제한이 있다(송파구는 투기과열지구다). 장미 1·2·3차의 장점으

로 한강공원을 도보로 이용할 때 차도를 건너지 않고 바로 아파트 단지
와 연결된다는 것을 꼽는 이들도 있다.

상가가 800개가 넘는 곳으로 기존 아파트 조합원 수(3,487명)와 신축
아파트 세대수(3,913세대 예정) 대비 많은 비율을 차지하고 있다. 때문에
상가 조합원들에게 돌아갈 수도 있는 아파트 분양과 관련된 여러 우려
의 목소리가 나오고 있는 것이 사실이다. 조합설립 당시에 상가의 동의
를 얻기 위해 내세운 제안도 사업이 진행되면서 어떻게 변경될지는 미
지수이기 때문이다.

신천동 주요 재건축 단지 현황					
단지	세대수/ 준공 연도	84타입 신청 매물호가	84타입 총매수가	일반분양 물량	비고
진주 (잠실래미안 아이파크)	2,678/ 1980	기존 29평 19.9억(이주비 4억) 예상 추가분담금 1~2억	21~22억	전용 43㎡ 123개 전용 59㎡ 49개 전용 84㎡ 406개 (총 578개)	조합원분양가 13.75억
미성·크로바 (잠실르엘)	1,910/ 1980, 1983	미성 19평 17억(이주비 3억) 예상 추가분담금 4~5억	22~22억	241개 (일반분양 2024년 하반기 예상)	조합원분양가 12.9억

단지	세대수/ 준공 연도	대지지분	실거래 최고가 (시기)	실거래 직전가 (시기)	호가
장미 1·2·3차	3,402/ 1979	21.5평(1차) 17.6평(2차) 25.1평(3차)	32평(전용 82㎡) 매 23.4억 (21.09) 전 9.5(21.11)	매 16.8억(23.03) 전 5.46억(23.04)	매 18~19.5억 전 4.8~7.5억

석촌동

석촌 지역 생활권에는 가락시영 아파트가 재건축되어 2018년에 입주한 9,510세대의 매머드급 단지인 헬리오시티가 있다. 그런데 우리가 눈여겨볼 곳은 약간 더 위다.

잠실우성 4차

헬리오시티에서 삼전동 쪽으로 탄천을 따라가다 보면 잠실우성 4차 아파트(행정구역상 잠실동)가 있다. 이곳은 송파구 잠실권 아파트 가운데 재건축 투자처로서 가성비가 아주 좋은 곳이다. 강남에서 동부간선도로 하행선을 올라타자마자 탄천 너머 보이는 이 아파트는 기존 555세대에서 916세대로 늘어나는 만큼 사업성도 나쁘지 않으면서 실투금도 송파구의 잠실동 아파트 기준으로는 저렴한 편이다. 2023년 사업시행인가를 받았으며, 가락동의 재건축이나 리모델링 아파트와 큰 가격 차가 없다는 점도 높은 평가를 줄 수 있겠다. 9호선 삼전역으로부터 불과 400미터 거리라 역세권이라 칭해도 좋으며, 학교와 학군이 아쉽다는 지적이 있지만 탄천만 건너면 바로 대치동 학원가라는 것도 장점으로 꼽을 수 있다.

송파동·가락동

송파·가락 생활권으로 내려가면 재건축과 리모델링의 보고라는 말이 실감 날 정도로 많은 단지들이 정비사업을 진행 중이다.

올림픽선수기자촌

방이동에는 그 유명한 올림픽선수기자촌 아파트가 있다. 방이동은 송파구 최고의 학원가와 걸출한 학군지로 높은 평가를 받는 곳이기도 하다. 단지 전체의 평균 대지지분이 26.7평으로 사업성이 매우 뛰어나고 기존 아파트의 구성이 중대형 위주로 되어 있기에 고급화와 1:1 재건축 이야기도 적지 않게 나오는 곳이다.

재밌는 사실은 과거에 올림픽선수기자촌 아파트를 지을 때에도 획기적이고 멋스러운 건축 설계 디자인이 적용되었는데, 당시 설계자인 우규승 씨를 재초빙하여 재건축을 진행하려는 내용이 뉴스에 보도되었다. 신축으로 탈바꿈되면서 과거의 헤리티지를 계승하려는 그 모습이 무언가 멋스럽다는 인상을 준다.

흔히 이곳을 헬리오시티와 많이 비교하는데, 구축임에도 불구하고 신축 대단지이면서 좀 더 위쪽에 위치한 헬리오시티 못지않은 가격대를 형성하는 곳이기 때문이다. 그만큼 실거주성이 뛰어나고 향후 미래 가치가 높다.

가락상아 1차

송파동·가락동 생활권의 재건축과 리모델링 단지에서 가장 속도가 빠른 곳은 가락상아 1차 아파트다. 5호선 개롱역 초역세권으로 소형 단지이지만 충분히 입지적 가치를 지닌 곳이다.

송파동에는 송파성지 아파트가 '수평＋수직증축' 리모델링되어 재탄생하는 잠실더샵루벤 아파트가 공사 중에 있다. 기존 298세대에서

327세대로 증축되면서 신규 세대수인 29세대는 일반분양을 하게 되었는데, 당시 평당 6,500만 원이라는 고분양가로 논란이 되었다.

비교군으로 더 나은 입지와 규모를 가진 헬리오시티의 평당가격이 6,250만 원선이었으므로 사람들의 반응은 냉담한 편이었다. 전매제한이 없고 실거주 의무도 없었기에 청약 결과는 252대 1이라는 높은 경쟁률을 기록했지만, 29세대 가운데 15세대 정도가 미계약으로 다시 시장에 나왔었다.

가락쌍용 1차

가락쌍용 아파트는 수직증축 리모델링으로 시공사를 선정하고 건축심의를 받고 있는 중이다. 기존 세대수가 2,064세대로 매우 큰 대단지임에도 수직증축 리모델링을 성공적으로 완료하게 된다면 향후 송파구와 멀리 강동구까지 좋은 선례로 자리매김할 것이라는 예측이다.

송파·가락 주요 정비사업 및 현황

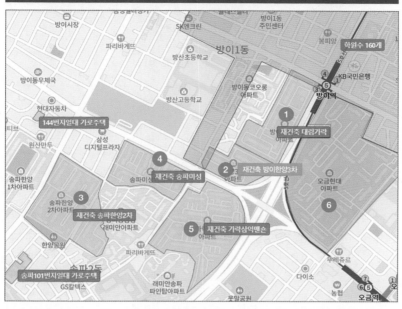

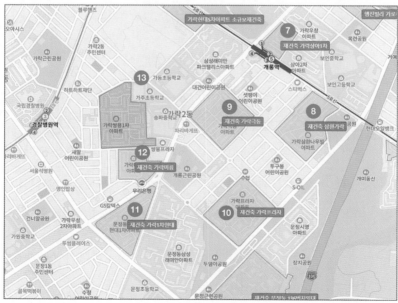

출처: 아실

단지명	연차	세대수	용적률 (%)	매매가/전세가 (억 원) (전용㎡)	세대당 평균 대지지분(평)	단계
① 대림가락 (방이대림)	39년	480	176	16.2/5.5(84)	21.6	조합설립인가 (23.02)
② 방이한양 3차	39년	252	152	17.9/7.5(126)	21.57	건축심의통과
③ 송파한양 2차	40년	744	165	15/4.9(84)	21.6	조합설립인가
④ 송파미성	39년	567	178	10/4.5(59)	22	추진위 승인 (22년)
⑤ 가락삼익	40년	936	179	15.2/4.5(84)	20.06	건축심의통과
⑥ 오금현대 2·3·4	40년	1,316	177	15.9/6.1(84)	23.76	정비계획수립
⑦ 가락상아 1차	40년	226	194	13.5/0(106)	18.18	사업시행인가
⑧ 삼환가락	40년	648	178	13.5/3.5(84)	19.02	건축심의통과
⑨ 가락극동	40년	555	179	14.2/4.5(84)	21.86	조합설립인가
⑩ 가락프라자	39년	672	179	12.5/3.5(84)	20	건축심의통과 (23년)
⑪ 가락1차 현대 (문정동)	40년	514	179	14.3/5.3 (123, 43평)	20	건축심의통과 (23년)
⑫ 가락미륭	38년	435	180	12/5(83)	14.1	조합설립인가
⑬ 가락쌍용 1차 (리모델링)	27년	2,064	343	12.5/6.5(84)	8.1	시공사 선정완료 건축심의 중 수직증축

문정동

올림픽훼밀리타운

문정동 생활권으로 옮겨가면 가장 먼저 올림픽훼밀리타운 아파트를 짚어봐야 한다. 1988년에 입주한 4,494세대의 아파트로 용적률 194퍼센트, 세대당 평균 대지지분은 19.7평으로 사업성 자체는 좋은 편이라 할 수 있다. 2023년 초 재건축 정밀안전진단 E등급을 받으면서 바로 재건축사업을 진행하였다. 가장 작은 평형이 30평대로 중대형 평형 위주다. 41평이 900여 세대, 48평이 1,400여 세대로 가장 많다. 방이동의 올림픽선수기자촌 아파트와 더불어 준공 당시에도 중산층 이상을 대상으로 한 고급화에 힘을 쓴 곳이다. 3호선과 8호선이 지나는 더블 역세권이면서 향후 위례신사선이 들어서면 하나의 노선을 더 얻게 된다. 문정법조타운과 크고 작은 회사들, 가락시장 종사자 등 다양한 배후 수요를 거느리고 있다는 점도 특장점이라 하겠다.

문정동의 기타 주목할 단지들

그 외 '문정동 136 주택 재건축'은 '힐스테이트e편한세상문정'란 이름으로 2024년 9월 입주 예정의 1,265세대 대단지로 거듭날 신축으로 2023년 11월 일반분양을 시행했다. 1989년에 입주한 문정시영 아파트(1,316세대)는 서울시 리모델링 시범단지로 선정되어 2019년 조합설립인가를 받았고, 2020년 1차 안전진단을 통과하여 사업이 진행 중이다. 시공사는 포스코로 선정되었다. 아울러 1993년 입주한 문정건영 아파트(545세대) 역시 2020년 조합설립인가를 거쳐 2021년 안전진단, GS 건설을 시공사로 선정하여 리모델링을 추진 중에 있다.

거여·마천 뉴타운

송파구에는 강남권의 유일한 뉴타운이라 불리는 거여·마천 뉴타운 현장이 있다. 빼어난 자연환경을 배경으로 위례신도시와 감일신도시의 사이에서 그 둘을 거느린 것처럼 자리한 곳이다. 거여2-1구역은 송파

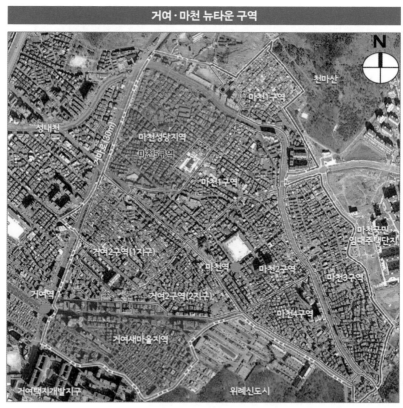

거여·마천 뉴타운 구역

출처: 거여·마천 재정비촉진계획(변경) 결정안에 대한 의견청취안(2014)

시그니처롯데캐슬, 거여2-2구역은 e편한세상송파파크센트럴로 이미 거듭났다.

마천1구역

거여·마천 뉴타운에서 마천1구역은 2022년 5월 조합설립인가를 받았고 조합원은 1,621명, 세대수는 2,413세대(임대 395세대 포함)로 예정되어 있다. 천마산 인근의 마천1-1구역은 제1종 구릉지인 것을 이유로 저층 테라스로 구성하였고, 나머지 마천1-2구역은 모두 아파트로 짓는다.

마천2구역

2구역은 2022년 12월 신속통합기획 후보지로 선정되었고 거여·마천 뉴타운 가운데 가장 늦게 사업의 시동을 건 곳이다. 그러나 5호선 마천역을 가운데 품고 있어서 입지에 있어서는 아쉬울 게 없다는 평가를 받는다.

마천3구역

3구역은 2020년 3월 조합설립인가를 얻고 조합원 1,303명, 전체 2,473세대(임대 421세대 포함)를 예정하고 건축심의를 준비 중이다. 현재 재정비 촉진계획을 변경하면서 약간의 세대수가 증가할 것으로 예상된다. 제1종 및 제2종 7층 대지를 제2종 일반주거지역으로 종상향하는 것으로 계획을 실현시킬 예정이다.

마천4구역

4구역은 2021년 4월에 사업시행인가를 얻었고 2023년 초 조합원 분양신청까지 완료하였다. 현대건설의 프리미엄 브랜드 '디에이치'를 적용해 디에이치클라우드라는 단지명을 걸고 사업이 순항 중이다. 전체 조합원은 646명이며 예정 세대수는 1,372세대(임대 307세대 포함)이다. 현재 예정된 비례율은 118퍼센트로 사업성이 좋은 곳으로 평가받는다. 다만 시공사와 계약 당시 공사비가 평당 585만 원으로 다소 올라갈 수 있는 여지가 있는 점, 조합원분양가가 84제곱미터 기준 9억 9,000만 원으로 다소 높다는 점을 간과하지 않기를 바란다. 그러나 일반분양가 역시 11억 8,500만 원으로 예상되어 있었기에 좀 더 올라갈 수 있는 여지가 있다. 그렇다면 어느 정도 사업비 손실이 만회할 수 있기에 크게 우려할 일은 아닐 것이다.

마천5구역

5구역은 2구역과 마찬가지로 신속통합기획 후보지로 선정되었다. 전체 조합원은 1,100여 명으로 알려져 있고 2023년 현재 정비계획을 수립 중에 있다.

한편, 거여새마을 구역은 공공재개발 2차 후보지로 선정되었다. 2023년 1월 정비구역지정 고시를 받았고 전체 대지가 2만여 평으로 마천4구역보다 약간 크거나 비슷한 규모를 자랑한다.

강동구

강동구 역시 송파구와 더불어 재건축과 리모델링 사업장이 많은 곳이다. 가장 먼저 강동구의 최대 상권이 있는 천호동과 성내동부터 살펴보자.

천호동·성내동

상업지의 성격이 짙은 곳이지만, 곳곳에 낙후된 도심을 개발하여 신축이 들어서고 있다. 아파트촌의 느낌이 다소 부족하고 주상복합 단지가 많은 것이 아쉬움으로 남지만, 래미안강동팰리스를 기준으로 강동역에서 천호역까지 이어지는 대로변 주위로 개발이 진행 중이다.

대한민국 최대의 재건축사업장으로 불리던 '둔촌주공 재건축사업'은 이제 올림픽파크포레온으로 준공을 불과 1년여 정도 앞두고 있다 (2025년 1월 입주 예정). 2022년 하반기부터 부동산 시장이 단기 침체에 빠졌을 때 미분양을 우려하던 목소리들은 이미 세상의 저편으로 숨어들었고 일반분양도 순조롭게 마무리되었다. 이런 시장의 흐름이 다시금 강동구 전체의 정비사업장에 동력을 부여할 것이다. 이것이 바로 부동산 시장의 흐름(혹은 사이클)이 정비사업에 미치는 영향을 쉽게 설명해주는 사례라고 할 수 있다.

명일동·길동

명일동과 길동에는 정말 많은 단지들이 재건축과 리모델링을 준비

천호동·성내동 재개발사업 현황

구역명	단계	예정 세대수	단지명	가격
천호1	착공	999	강동밀레니얼 중흥S클래스	일반분양 9.8억
천호2	준공	188	힐데스하임천호	일반분양 8.6억
천호3	착공, 일반분양 예정	535	(시공사 DL이앤씨)	미정 (일반분양 236세대)
천호3-2	신통기획 구역지정	420	미정	미정
천호4	착공, 일반분양 예정	아파트 670 (오피스텔 324)	천호더샵센트럴시티	미정 (일반분양 174세대)
성내3	착공	아파트 160 (오피스텔 182)	힐스테이트 천호역 젠트리스	일반분양 10.4억
성내5	착공	328 (공공임대 80)	(시공사 DL이앤씨)	일반분양 12억(예상)

출처: 아실

중이다. 2019년 명일동 삼익그린 1차의 재건축으로 새롭게 태어난 래미안솔베뉴는 명일동 재건축 단지들의 좋은 레퍼런스라 할 수 있다. 고덕지구 재건축의 대장이라 할 수 있는 고덕그라시움을 이어 강동구 시세의 상위 레벨을 이끌고 있는 단지다. 이 단지 옆으로 삼익그린 2차 아파트가 조합설립인가를 받아 재건축을 준비 중이다.

명일한양, 명일주공 9단지, 고덕현대, 명일우성

명일한양이나 명일주공 9단지, 고덕현대, 명일우성 아파트 같은 곳들은 이제 안전진단 단계지만 명일동의 가장 큰 학원가를 끼고 있어 학군지 프리미엄을 누릴 수 있는 곳이다. 한영외고를 사이에 두고 생기는 신설 지하철 9호선 연장역도 시세에 영향을 미칠 것이다.

삼익가든

명일주공 9단지와 인접한 명일삼익가든의 경우에는 조합설립인가를 얻었으나, 한 단지 내에서 사업에 반대하던 5동만 분리시켜 재건축을 추진 중에 있다. 지자체에서는 통합하여 한 단지로 재건축을 유도하는 분위기라는 것이 현지 부동산의 전언이지만, 분리하였다고 결코 사업이 안 되리라는 법은 없다.

리모델링 진행 중인 아파트들

명일동에서 고덕아남, 배재현대, 명일현대 아파트는 리모델링을 추진 중이며, 길동우성 2차 아파트는 서울시 리모델링 시범단지로 선정되어 조합설립을 마치고 사업의 속도를 올리고 있다.

중층 아파트들의 재건축이 필수불가결한 강동구 명일동과 길동의 사

명일동·길동 정비사업 현황

아파트	연차	세대수	용적률 (%)	매매가/전세가 (억 원)(전용㎡)	세대당 평균 대지지분(평)	단계
①A 삼익가든(삼익맨션)	40년	768	174	10 / 4.7 (82)	17.5	조합설립인가 (5동 분리재건축)
①B 삼익파크맨숀	41년	1,092	188	12 / 4.4 (88)	15.1	시공사 선정 (단지 사이 도로)
② 삼익그린 2차	41년	2,400	171	13 / 4.2 (84)	16.0	조합설립인가
③ 고덕현대	38년	524	180	12 / 5.5 (84)	21.6	신통기획 정비계획안 심의
④ 명일우성	38년	572	182	13.2 / 5.4 (84)	20.3	안전진단
⑤ 명일신동아	38년	570	179	14.8 / 5.5 (81)	20.6	안전진단 통과
⑥ 명일주공 9단지	39년	1,320	181	11.5 / 3.6 (83)	16.5	안전진단

⑦ 명일한양	38년	540	175	13.9/5.5(84)	19.7	안전진단
⑧ 길동신동아 1·2차	(24.06 준공)	1,299	–	14~	–	강동헤리티지자이 (일반분양 299세대)
⑨ 천호우성	39년	479	158	8.7/4(84)	16	조합설립인가
⑩ 배재현대(리모델링)	29년	448	399	8.6/4.5(59)	6.6	조합설립인가
⑪ 고덕아남(리모델링)*	28년	807	296	7.4/3.2(50)	8.4	시공사 선정
⑫ 명일현대(리모델링)	36년	226	249	7.2/3.8(57)	9.6	조합설립인가
⑬ 길동우성 2차 (리모델링 시범단지)	30년	811	308	8.5/5(84)	8	조합설립인가

고덕아남 아파트는 왼쪽 지도에서 배재고등학교로부터 서북쪽에 위치함/출처: 아실

업장들은 향후 서울의 구축 아파트들이 가야 할 길을 보여주는 좋은 선례로 남을 것이다. 재건축과 리모델링은 결국 여유 용적률과 대지지분, 고도제한 등으로 얼마나 많은 사업성을 갖고 있느냐가 관건이다. 어설픈 재건축사업을 진행하다 보면 사업성이 너무 낮아 1:1 재건축 수준으로 하게 될 수밖에 없는데, 그만큼 높은 추가분담금을 부담하고도 가격의 상승이 폭발적으로 일어난다면 그 누구도 마다할 이유가 없다.

그러나 신축으로 바뀐 후 가격 상승의 미래를 예측하고 싶다면, 주변의 신축 가격을 들여다보면 답이 나온다. 결국 그러한 기대감과 부동산에 대한 욕망이 추가분담금을 얼마든지 지불할 수 있는 촉매가 되는 것이다.

용산·마포·성북·은평
유니버스

용산구

용산은 서울의 정중앙에 위치한 핵심지 중의 핵심지라 할 수 있다. CBDCentral Business District(중심업무지구, 광화문·종로·을지로), YBDYeouido Business District(여의도업무지구), GBDGangnam Business District(강남업무지구) 모두 접근이 용이한 곳이면서 한강을 끼고 있는 곳이다.

용산의 정비사업은 크게 한남 뉴타운과 동부이촌동의 재건축 및 리모델링 단지를 꼽을 수 있다. 먼저 한남 뉴타운을 살펴보도록 하자.

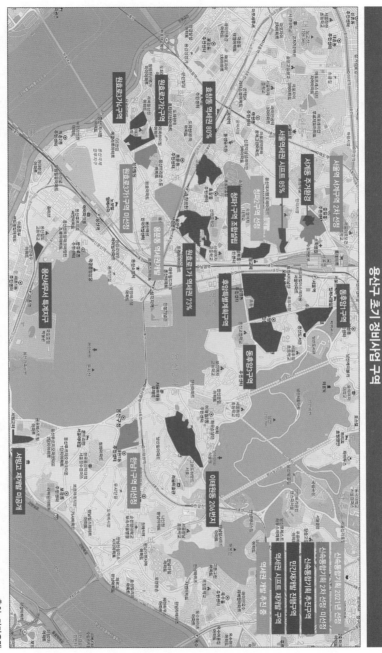

용산구 초기 정비사업 구역

평동5가6구역

평동3가7구역

한남동 역세권 80%

평동5가7가도로 미선정

청파1구역 조합설립

청파2구역 신청

서울역세권 시프트 85%

서계동 추가확정

서울역세권 2차 선정

용산세무서 특계자구

평동5가 역세권 73%

평동1가 역세권 73%

응암동 음음등

흥은특별계획구역

동후인2구역

동후인3구역

한남1구역 미선정

이태원동 20.6번지

버스 세대 제안고시매

신속통합기획 2021년 선정

신속통합기획 2차 선정 · 미선정

신속통합기획 추진구역

민간재개발 진행구역

역세권 시프트 제안매 구역

역세권 개발 추진 중

한남 뉴타운

한남 뉴타운은 용산 국제업무지구 배후수요이면서 앞서도 언급하였듯 모든 업무지구와 접근성도 나쁘지 않다. 그야말로 서울의 사통팔달 교통의 요지에 위치하며 '배산임수'라는 좋은 입지적 가치를 지니기도 하였다. 한남 뉴타운 2·3·4·5구역이 완성되면 총 1만 2,000세대라는 대규모 신축 아파트 벨트가 형성되면서 신흥 부촌의 한 축을 형성할 가능성이 매우 높다.

다만 경사가 있는 편으로 평지를 선호하는 이들에게는 다소 아쉬움이 있을 수 있고, 해제구역으로 남아 있는 한남1구역이 여전히 약간 어수선한 분위기라는 점이 아쉬움으로 남는다. 한남1구역은 공공재개발이나 신속통합과 같은 정비사업에 꾸준히 재도전을 하고 있지만 이렇다 할 성과를 이뤄내고 있지는 못하다. 현재 한남1구역에 있는 꽤 많은 숫자의 주택들이 용도 변경되어 크고 작은 레스토랑으로 성업 중인 것이 사업에 있어 어떤 영향을 주게 될 것인가도 주목할 부분이다.

한편, 보광초등학교, 오산중학교, 오산고등학교, 용산국제학교가 있긴 하나 학군의 아쉬움은 어쩔 수 없는 부분이라 하겠다. 용산구는 과거에도 학군을 기대하는 이들의 주거지와는 거리가 좀 먼 곳으로 인식되어 왔다. 하지만 신축 대단지 아파트가 밀집된다면 어느 정도 규모 있는 학원가가 형성되는 것을 과거 여러 사례를 통해 알 수 있기에 신흥 학군지로서의 가능성은 열려 있다.

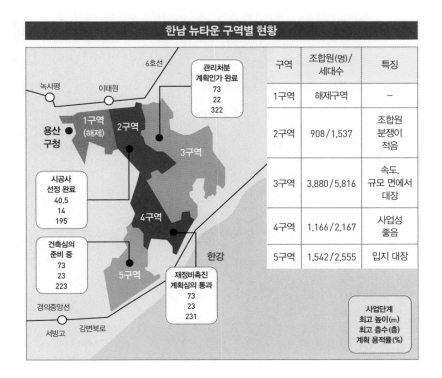

한남 뉴타운 구역별 현황

구역	조합원(명)/ 세대수	특징
1구역	해제구역	–
2구역	908 / 1,537	조합원 분쟁이 적음
3구역	3,880 / 5,816	속도, 규모 면에서 대장
4구역	1,166 / 2,167	사업성 좋음
5구역	1,542 / 2,555	입지 대장

관리처분
계획인가 완료
73
22
322

시공사
선정 완료
40.5
14
195

건축심의
준비 중
73
23
223

재정비촉진
계획심의 통과
73
23
231

사업단계
최고 높이(m)
최고 층수(층)
계획 용적률(%)

한남2구역

2구역의 경우에는 조합원 수가 여타 구역 대비 적은 탓에 조합원 간 내부 분쟁이 좀 적다는 후문이다. 대우건설로 시공사 선정을 완료하고 단지명은 가칭 '한남써밋'으로 결정되었다. 서울시와 협의를 통해 해발 90미터에서 118미터까지 고도제한을 끌어올리기 위해 노력 중이다. 한강뷰를 기대하기는 어려운 위치지만, 이태원 상권과 6호선 이태원역 역세권이라는 장점이 있고 일반분양 물량도 적지 않아 사업성도 나쁘지 않다. 당초 보광초등학교를 이전하려던 계획은 학교 개축으로 변경되었고, 개축비용은 기부채납으로 진행된다.

한남3구역

한남 뉴타운에서 가장 속도가 빠른 구역으로 '디에이치한남'이라는 새 이름을 달았다. 2023년 관리처분인가를 받고 이주를 진행 중이다. 모든 사업지 가운데 가장 먼저 신축 대단지로 탈바꿈하는 곳이니만큼 앞으로 한남 뉴타운이 완성되며 생기는 가격 상승의 프리미엄을 오롯이 가져갈 수 있다는 것이 큰 장점이라 하겠다. 단점이라고 한다면 기존의 한남현대하이페리온과 한남현대힐스테이트가 단지의 가장 좋은 뷰를 차지하고 있어 더 많은 조합원들에게 조망권이 돌아가지 못한다는 것이다. 또한 일반분양 물량이 적고(831세대) 전용 59타입으로만 구성된 점이 다소 아쉽다는 지적이다.

한남4구역

4구역은 3구역과 인접한 곳으로 기존에 정비구역에서 제외되었던 신동아파밀리에 아파트가 포함되면서 신축 2,167세대로 다소 늘어났다. 보광동에 위치한 빗물제거 펌프장을 제거하는 것도 재정비 촉진계획의 변경에 반영됐다. 계획으로는 세대당 주차대수를 2대로 설정하는 등 고급화를 꾀하고 있다. 그럴 수 있는 것은 한남 뉴타운 가운데 가장 일반분양 비율이 높아 사업성이 좋기 때문이다.

다른 한편으로는 구릉지가 다소 많고 속도가 다소 느리다는 점을 지적하는 여론이 있으며, 빌라보다 주택이 많아 실투금액이 높게 들어가는 것을 염두에 두어야 한다.

한남5구역

5구역은 한남 뉴타운의 4개 구역 가운데 입지가 가장 좋다고 평가받는다. 평지가 많고 한강변을 가로로 넓게 차지하고 있는 덕에 많은 조합원들이 남으로 내려다보는 한강뷰의 프리미엄을 손에 쥘 가능성이 높다. 조합원분양가는 평당 5,300만 원으로 평당 4,000만 원 초중반인 3구역에 비해 꽤 높게 책정되었다. 신축 계획에 대형평형의 비율이 높고, 반포대교의 건너편에 위치하며 반포의 신축 아파들과 어깨를 나란히 할 것으로 기대된다. 신분당선 연장 동빙고역이 단지 인근에 계획되어 있고 용산공원을 내 집 뒷마당처럼 편하게 갈 수 있다는 장점이 있다.

동부이촌동

이제 동부이촌동으로 가보자. 이곳은 1960년대 말에서 1970년대 초까지 한강의 백사장을 매립하여 조성된 택지지구로 과거부터 부촌의 상징으로 일컫는 곳이다.

동부이촌동의 리모델링 단지들

동부이촌동의 아파트 가운데 이촌로 위쪽의 단지들은 모두 리모델링을 추진 중이다. 그중에 현대맨숀은 2019년에 사업계획을 승인받고 653세대에서 750세대로 수평·별동증축을 통해 동부이촌동 리모델링의 선두주자가 될 예정이다. 시공사는 롯데건설로 '르엘이촌'이라는 단지명으로 불리게 된다.

현재는 반도 아파트와 래미안첼리투스 사이, 왕궁맨션 너머로 한강 뷰가 나오는 동들이 그대로 조망권을 유지할 가능성이 있으나, 왕궁맨션과 반도 아파트가 고층 재건축으로 완성되었을 때에도 계속 유지될 것인가에 대해서는 고민이 좀 필요하다.

이촌코오롱(기존 834세대, 계획 959세대, 가칭 '래미안이스트빌리지')과 강촌 아파트(기존 1,001세대, 계획 1,114세대, 가칭 '디에이치아베뉴이촌')는 각각 삼성과 현대로 2022년 초에 시공사를 선정하였다. 건영한가람 아파트 역시 2022년 10월에 GS와 현대엔지니어링의 컨소시엄으로 대규모(기존 2,036세대, 계획 2,281세대) 리모델링 사업의 시공사를 선정하였다.

그 밖에도 한강대우와 이촌우성 아파트는 각각 추진위원회 승인과 조합설립인가의 단계로 그 뒤를 뒤쫓고 있는 상황이다.

이촌한강맨션

재건축 단지 가운데에서는 무엇보다 이촌한강맨션을 이야기할 수밖에 없다. 이곳은 세대당 평균 대지지분이 38평에 육박하는 곳으로 매우 넓다. 저층 아파트이기도 하지만, 애초에 단지 자체가 품고 있는 대지가 넓어서 사업성이 훌륭한 것으로 평가받는다. 서울시에서 발표한 '2040 서울 플랜'을 통해 35층 높이 규제가 폐지됨으로써 68평 초고층으로 계획을 변경하여 진행 중에 있다. 덕분에 전 조합원 한강뷰 확보라는 어마어마한 프리미엄을 누릴 수 있게 되었고 단지 전면에는 콘도형 테라스 하우스와 저층 필로티를 10미터 이상 띄워 한강이촌지구를 정원처럼 내다볼 수 있는 곳으로 탈바꿈하는 것을 목표로 한다.

동부이촌동 리모델링 및 재건축 현황

동부센트레빌(2001)
309세대

한강대우(2000)
834세대 추진위 설립

이촌우성(1995)
조합추인(22.05.13)
243세대) 272세대

한강르키안(1998)
조합설립(21.12.30)
2,036세대) 2,281세대
수입 발동 조속
시공사 선정(22.10) GS, 현엔

LG한강자이
(2003)
656세대

이촌한강맨션(1971)
조합설립(17.06.05)
관리처분인가(22.11.29)
660세대) 1,441세대
시공사 GS
88층 설계변경 추진 중

이촌코오롱(1999)
조합설립(21.08.13)
834세대) 959세대
시공사 선정(22.03)삼성

강촌(1998)
조합설립(21.10.21)
1,001세대) 1,114세대
시공사 선정(22.02) 현대

한가람(1998)
조합설립(08.05.10)
시공사행현가(22.05.29)

252세대)331세대
조합설립(1977)
시공사 DL이앤씨

정비(1974)
144세대)
조합설립추진

한대맨숀(1974)
사업계획승인(19.08.13)
이주 완료
653세대)750세대
근일이촌(롯데)

상성
리버스위트(2002)
244세대

오공맨션
(1974)
250세대)
조합설립(08.12)

래미안
첼리투스(2015)
460세대

반도(1977)
172세대)
안전진단 추진

동부이촌동 주요 아파트 정비사업 및 가격 현황

단지	진행단계	세대수	전용 84 실거래 최고가	전용 84 전세 최고가	전용 84 직전 실거래	전용 84 호가	비고
이촌우성 (95년)	조합설립 (22.5월)	243〉272	16.5억 (58타입)	7억(58타입)	58타입 매13.62 (23.12월) 전5.3(24.1월)	59타입 매13.5억~ 전5.3억~	–
한강대우 (00년)	추진위	834세대	18.7억 (59타입)	9억 (59타입)	59타입 매15.8억(23.7년) 전6.6억(24.1월)	59타입 매16.2억~ 전8.5억~	–
한가람(98년)	시공사 선정 (22.10월)	2,036〉2,281	24억 (22.2월)	12.8억 (22.1월)	매18.5억 (23.1월) 전10억(24.1월)	매19.5억~ 전6.5억~	–
코오롱(99년)	시공사 선정 (22.3월)	834〉959	22.7억 (21.9월)	12억 (21.11월)	매17.7억 (23.11월) 전8.5억(23.12월)	매19억~ 전9억~	–
강촌(98년)	시공사 선정 (22.2월)	1,001〉1,114	23.4억 (21.11월)	12.5억 (22.2월)	매19.6억 (23.10월) 전8.8억(24.1월)	매18억~ 전8.5억~	–
현대맨숀 (74년)	착공(르엘 이촌)	653〉750	21.99억 (23.10월) 83타입	–	매17.9억 (23.10월)	매18억~	일분 97세대 (별동 2동 증축) 기둥식 (내력벽X)
한강맨션 (71년)	관리처분인가 (22.11월)	660〉1,441	38억(22.4월) 87타입	18억(22.5월) 정유개정	매33.4억(23.4월) 전3.2억(24.1월)	매34억~	추분 없이 41평 재초환 7억
한강삼익 (79년)	사업시행인가 (22.5월)	252〉331	24.2억 (20.12월) 145타입	9.4억(23.1월)	매23억(23.9월) 직거래 전6억(24.1월)	매25억~ 전6억~	–
왕궁맨션 (74년)	조합설립인가 (08.12월)	250세대 (32평 단일)	26.45억 (21.8월) 102타입	8.5억 (21.11월)	매24.6억(23.9월) 직거래 전4.95억 (23.12월)	매24억~ 전5.8억~	–
한강자이 (03년)	기축	656세대	42억(23.4월) 65평	25억 (21.7월)	매38.4억 (23.8월) 전22억(21.5월)	매39억~ 전24억~	27평 46세대 제외 모두 대형
삼성리버 스위트(02년)	기축	244세대	32억 (22.10월) 51평	19.5억 (22.4월)	매28억 (23.11월) 전12.5억 (23.2월)	매27억~ 전14억~	40평 이상 중대형 구성

기존의 26평 소유자가 추가분담금 없이 41평대를 가져갈 수 있을 정도로 높은 사업성을 자랑하는 곳이지만, 재건축 초과이익 환수금이 7억 원이 넘을 것으로 예상된다. 그러나 이러한 핸디캡도 앞서 재건축 초과이익 환수제와 관련한 이론 설명을 통해 말하였듯이 공사비와 같은 사업비가 올라가면 당연히 줄어든다. 68층으로 변경된 계획에 따라 사업이 진행되면 공사비 상승은 필수불가결하며 초과이익 환수금은 줄어들 것이다.

이촌한강맨션은 인근의 2003년에 입주한 LG한강자이와 기존 렉스아파트 재건축을 통해 2015년에 준공된 래미안첼리투스 등의 아성을 무너뜨릴, 그야말로 동부이촌동의 최강자 자리를 보란 듯이 꿰찰 수 있는 단지다. 장담컨대 강남의 웬만한 상급지 아파트들의 가격도 우습게 뛰어넘을 공산이 크다.

신동아

동부이촌동과 서빙고 한남 뉴타운 사이에 위치한 신동아 아파트 역시 향후 용산의 대장이 될 수 있는 충분한 자격을 갖춘 곳이다. 1984년생 아파트로서 IMF 이전 잘나가던 대기업(신동아)의 작품으로 4만 평의 부지를 깔고 있다. 최후의 승자가 '서빙고＋한남5구역'의 합작품일지, 동부이촌동의 리모델링과 재건축을 통한 신축 아파트촌일지 그들만의 리그 대결이 이루어질 수도 있다.

당초 서울시 신속통합기획에 대해 소유주들이 임대 비율만 높이는 거 아니냐는 불만 여론이 일어 2년간 표류하다 합류를 결정하고 사업

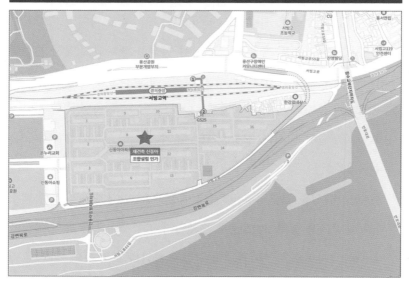

출처: 아실

이 진행 중이다. 전체 1,326세대로 기존 용적률은 196퍼센트며 평균 대지지분은 25.4평이다. 2017년 재건축 추진위가 설립되었고, 2021년에 조합설립인가를 득하면서 잠룡과도 같이 조용히 진행 중이다. 현재의 신동아 아파트는 좀 더 조용하고 한적한 분위기를 지닌 곳이지만, 훗날 신축이 들어서면 동부이촌동 대비 다소 아쉬운 생활 인프라를 어떻게 개선할 수 있을까를 고민해보는 것이 좋을 것이다. 또한 얼마나 빨리 재건축을 완성하는가도 중요하겠으나 독보적인 입지적 가치와 규모를 고려할 때, 추가분담금이 다소 투입되더라도 중대형 구성과 고급화를 꾀한 단지로 거듭나는 것이 향후 가치를 더욱 빛나게 할 수 있다고 판단된다.

서부이촌동 재건축 아파트

출처: 아실

서부이촌동

시야를 좀 더 넓혀 서부이촌동까지 훑어보자. 용산정비창 개발의 수혜지로 평가받는 서부이촌동은 한강을 내려다보는 강변북로 인접 단지인 대림 아파트와 북한강성원 아파트가 가장 눈에 먼저 띈다. 그러나 이곳은 용적률 300퍼센트 이상의 아파트로 리모델링을 빠르게 추진하는 것이 좋아 보인다. 이촌시범과 이촌시범중산 아파트 그리고 미도맨션은 모두 대지가 시유지로서 서울시가 대지권을 갖고 있기에 재건축이 진행되려면 토지불하를 받아야 한다. 정비창 앞의 용산역 선로를 지하화하거나 한강의 녹지축 사업이 이루어진다면 아주 큰 수혜를 받을 곳으로 평가받는다.

서부이촌동 좌측의 산호 아파트는 1977년에 지어진 평균 대지지분 14.4평의 단지로 기존 554세대에서 647세대로 신축 계획 중에 있다. 한강뷰가 드라마틱하게 나오는 곳이지만, 주변 인프라가 다소 아쉬움으로 지적되는 편이다. 그러나 인근의 모 대기업에서 추진 중인 사옥 신축을 비롯한 여러 도시계획에 편승하여 현재보다 훨씬 나아질 곳이라는 점에는 이견이 없다. 서울시 규제 완화에 편승해 47층 고층으로 계획을 변경하기 위해 노력 중이다.

마포구

마포구는 한강 위쪽에서 직주근접성에 있어 다양한 루트와 교통편이 가능한 지역이다. 여의도도 가깝고 광화문도 가까운 이곳은, 심지어 자치구 내에 한강 다리만 6개가 있을 정도로 서울 내에서 여러 곳들을 쉽게 이동할 수 있는 좋은 지리적 가치를 지녔다. 신안산선의 2단계 연장 계획 또한 마포구의 장점을 더욱 풍성하게 해줄 것이다.

디지털미디어시티DMC라는 랜드마크가 있고 인구밀도 역시 성산동이 높은 편이지만, 마포구의 동쪽이 가격 면에서는 전반적으로 더 높은 편이다. 한강뷰가 가능한 대흥역 아래쪽 용강동이나 신수동, 합정동과 같은 지역과 여러 뉴타운 사업을 통해 신축 아파트촌을 형성하고 있는 염리동, 아현동, 공덕동의 주거벨트의 가치는 어디가 더 좋은지 비교하는 게 무의미할 정도로 모두 우월하다.

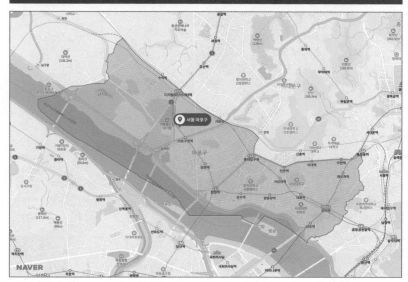

마포구의 위치

출처: 네이버 지도

아현동·공덕동

마포구의 정비사업은 먼저 아현동 일대와 공덕동 일대에 포진해 있다. 아현2구역은 마포더클래시(1,419세대)로 일반분양이 모두 완판되었고, 분양가는 전용 84타입이 14억 2,000만 원선이었다. 공덕1구역의 마포자이힐스테이트(1,101세대)는 일반분양을 앞두고 있으며 456세대의 물량이 마련되어 있다. 시공사와의 공사비 인상 협상을 마치며 기존 평당 448만 원에서 평당 613만 원으로 결정되었으나, 2022년 조합원 평형변경 신청을 받을 당시에 전용 84타입 일반분양 추정가는 9억 원선이었다.

그러나 아현2구역에서 14억 2,000만 원선으로도 분양을 성공적으로

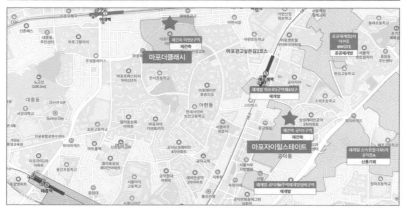

아현동·공덕동 재건축 단지

출처: 아실

TIP

공사비 이슈가 정비사업 투자에 미치는 영향

근래 원자재 상승이나 인건비 상승으로 시공비 가격이 미친 듯이 오르고 있다. 한남2구역
이나 서초동 신동아 아파트 재건축의 공사비가 평당 770만 원으로, 기존에 2020년에서
2022년 정도에 지금보다 상대적으로 낮은 공사비로 계약한 사업장에서는 시공비 상승에
대한 사업비 손실이 불 보듯 뻔하다.

그러나 여기서 간과해서는 안 될 것이 일반분양이다. 재건축이나 재개발에서 결국 사업비
의 충당은 일반분양을 통한 수익에서 가능하다. 이것이 없다면 대부분의 사업비는 조합원
들이 부담해야 한다. 때문에 일반분양 물량이 적지 않은 정비구역은 이러한 리스크에서 어
느 정도 자유로울 수도 있다.

이유는 공사비가 올라간다는 것 자체는 여타 다른 단지들의 평균적인 분양가가 올라갈 수
밖에 없는 상황으로 이어지며, 이는 정비사업 현장의 단지들도 예외는 아니기 때문이다.
전체적으로 분양가가 올라가고 내가 속한 재건축 단지나 재개발 구역도 일반분양가를 당
초 계획했던 사업비 측정 때보다 훨씬 높게 받을 수 있다면 공사비의 상승으로 인한 손실
을 만회할 수 있다는 것이다. 결론은 보다 저렴하게 그리고 사업성이 좋은 구역이나 단지
를 매수하는 것이 그 무엇보다 중요하다.

마무리했으므로 그와 비슷하거나 조금 더 높게 책정된다면 공사비 인
상으로 인한 사업비 손실분이 어느 정도 보전될 가능성은 있다.

성산동

다음으로는 마포구 재건축의 최대어인 성산시영 아파트 재건축을 들여다보자.

성산시영 아파트

6호선 월드컵경기장역 역세권에 위치한 성산시영 아파트는 3,710세 대의 대단지로 유원·선경·대우 아파트 3개의 단지로 구성되어 있다. 각각 시공사별 평형과 대지지분은 상이하므로, 제시한 표를 참고하기 바란다.

전체 용적률은 148퍼센트이며 평균 대지지분은 13.9평으로 사업성이 아주 나쁘진 않다. 2022년 12월에 재건축 정비계획을 수립하고 2023년에 정비구역으로 지정되었다. 임대 516세대와 일반분양 597세 대를 포함한 전체 4,823세대로 계획 중에 있으며 그중 84타입은 2,178 세대가 마련돼 있다. 때문에 가장 소형 평형으로 구성된 대우 아파트 소유자는 조합원들의 평형신청 분위기에 따라 84타입 미만의 평형으로 배정받을 수도 있음을 유의해야 한다.

예상 감정평가액은 '공시가격×1.46(보정률)'에 따라 대우 아파트 21 평의 경우 약 10억 6,500만 원(공시가격 평균 7억 3,000만 원×1.46), 유원 아파트 24평은 약 12억 6,500만 원(공시가격 평균 8억 6,700만 원×1.46) 으로 예측할 수 있다.

또한 현재의 계획이 다소 의미가 없을 수는 있지만, 어쨌든 예상 조 합원분양가는 전용 59타입이 12억 3,900만 원, 전용 84타입은 15억

성산시영 아파트 신축 공급 예정 현황

구분(현재)	유원	선경	대우
해당 동	1~15	16~23	24~33
해당 세대수	1,280	1,120	1,330
공급 평형	24평	22평	21평
전용면적(㎡)	59.43	50.64	50.03
대지지분(평)	15.45	13.14	13

계획 전용면적(㎡)	계획 세대수	비율(%)
49	701	14.5
59	1,399	29
74	265	5.5
84	2,178	46.2
118	280	5.8
합계	4,823	100

출처: 네이버 지도

2,400만 원으로 다소 높게 책정되어 있는 것이 사실이다. 따라서 기존 유원 아파트 24평을 소유한 조합원이 전용 84타입 신축을 가져가기 위해서는 추가분담금 2억 5,900만 원이 필요하다. 유원 아파트 24평의 현재까지 가장 높은 실거래가는 2021년 10월 기록한 13억 5,000만 원이다. 최근 호가는 11.5억 원이다.

이에 따른 추가분담금을 대입하여 미래의 예상수익을 어느 정도 그려볼 수는 있겠지만, 앞서도 밝혔듯이 이제 겨우 정비계획이 수립된 상황에선 앞으로 얼마든지 그 내용은 바뀔 수 있음을 유의해야 한다. 성산시영 아파트의 미래 가격을 예측해볼 수 있는 레퍼런스 단지로는 DMC센트럴자이(2023년 1월 준공)를 꼽을 수 있다. 34평 매물의 최고 실거래가는 2022년 2월 현재 17억 1,000만 원이었으며 최근 호가는 15억~16억 원선이다. 만약 성산시영 가운데 유원 아파트 24평을 10억 원 초반에 매수한다면 향후 입주까지 10년 정도의 시간이 소요된다고 봤을 때 연간 4퍼센트 정도의 물가상승률만을 산입하여 생각해도 실패할 만한 투자는 아닐 거라는 결론이 나온다.

TIP

성산시영 아파트의 미래 가격은 얼마일까?

• DMC센트럴자이 34평 현 최고가 약 17억, 4퍼센트씩 10년간 상승 시→약 25억 1,600만 원(예상)

하지만 부동산 사이클 내에서 단기 급락이나 급상승을 반영하지 않고 단순하게 물가상승률만을 반영한 수치이므로 절대적 가격 상승을 보장하지는 못함에 유의하자.
일반적으로 10년간 4퍼센트의 복리상승은 원금의 48퍼센트의 상승을 의미한다. 서울 아파트의 중위가격은 2014년 1월 4억 6,974만 원에서 2023년 1월 10억 3,833만 원으로 10년간 121퍼센트가 상승하였고, 대한민국 전체 주택(아파트, 빌라, 주택, 농가주택 모두 포함)의 2010~2022년간의 실질가격 상승률(인플레이션 반영)은 24퍼센트, 명목가격(인플레이션 미반영) 상승은 54퍼센트로 밝혀졌다(출처: 국제결제은행BIS).

북아현 뉴타운

다음은 북아현 뉴타운의 마지막 퍼즐 북아현2구역과 3구역을 살펴보도록 하자.

북아현 뉴타운은 서울시 강북 재개발 정비사업장 가운데 사업성
도 좋으면서 실투금액 대비 높은 가격 상승에 대한 기대감이 큰 곳으
로 유명하다. 2005년 서울시 3차 뉴타운으로 지정된 이후 현재는 5개
구역 가운데, 2개 구역만 남고 3개의 구역은 신축 입주까지 완료된 상
태다. 1-1구역의 힐스테이트신촌은 1,226세대로 2020년 8월 입주
를 완료하였고, 1-2구역은 940세대 신촌푸르지오로 2015년 10월에,
1-3구역은 1,910세대로 이루어진 e편한세상신촌으로 2018년 5월 입
주를 마쳤다. 그래서 북아현2구역과 3구역이 북아현 뉴타운의 마지막
퍼즐이라 말한 것이다.

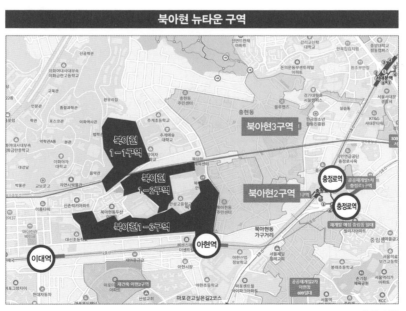

출처: 아실

북아현2구역

북아현2구역은 2006년 정비구역지정이 된 이후, 2009년 사업시행 인가까지 받았다. 그러나 부동산 시장 악화와 여러 내부 갈등으로 사업이 지체됐다. 그러다 2018년 다시 촉진계획 변경을 통해 사업이 정상화되었고, 2022년 3월 사업시행변경인가를 다시 득하면서 2023년에 관리처분인가를 준비 중에 있다. 전체 2,320세대로 계획 중에 있으며 조합원은 1,260명, 임대는 401세대, 일반분양은 약 600여 세대로 마련된다. 북아현 뉴타운 가운데 두 번째로 큰 단지이며 지하철 2·5호선 충정로역과 2호선 아현역 역세권으로서 좋은 입지를 자랑한다.

북아현3구역

3구역은 2구역과 비슷한 길을 걸어왔다. 2011년 사업시행인가까지 받았으나 마찬가지로 부동산 시장 상황과 내부 갈등으로 사업이 좌초될 위기까지 겪다가, 다시 사업을 진행하여 2023년 초 새로운 건축심의를 통과하고 2023년 사업시행 변경인가까지 확정된 뒤 조합원 분양신청까지 마칠 예정이다. 속도에 있어 2구역이 3구역보다는 조금 빠른 편이고 규모는 3구역이 가장 큰 대규모 단지를 자랑한다. 전체 4,800여 세대로 조합원 수만 2,500여 명에 달한다.

북아현 뉴타운이 모두 완성되면 전체 세대수는 1만 세대가 넘는다. 아현 뉴타운과 중구 중림동 398번지 일대 재개발까지 모두 이루어진다면 대단한 시너지를 발휘할 것이다. 충정로와 서대문역을 이용할 수 있고 광화문까지 매우 가까운 물리적 위치를 자랑하므로 향후 직주근

북아현 뉴타운 인근 아파트 시세				
단지명	입주시기	세대수	34~35평 (전용84㎡) 실거래 최고가 (시기)	34평 (전용84㎡) 최근 시세
마포그랑자이	2020.02	1,248	20.2억(21.11)	16.5억~
마포프레스티지자이	2021.03	1,694	20억(20.12)	19억~
e편한세상신촌	2017.05	1,910	18억(21.12)	14억~
마포래미안푸르지오	2014.09	3,885	19.45억(21.09)	17억~
공덕자이	2015.04	1,164	18.5억(21.09)	16억~
경희궁자이	2017.02	1,148	22.25억(22.05)	19억~

접을 선호하는 배후수요를 풍부하게 거느릴 가능성이 크다.

분양가 면에서는 2019년 당시 임시총회에서 84타입 조합원분양가가 5억 4,000만 원으로 책정되어 현재 기준으로서는 매우 낮다는 평가가 지배적이다. 오래전에 감정평가를 받은 탓에 평가금액도 낮은 감이 있고, 공사비가 올라가는 현재의 분위기로 볼 때 사업성의 훼손이나 투자금 대비 수익이 낮지 않을까 하는 우려가 나오지만, 당시 조합원분양가도 낮게 책정된 만큼 일반분양가도 매우 낮게 설정해두었다.

당시 예상 일반분양가는 전용 84타입 기준 9억 3,000만 원 정도로 이는 현재 인근 아파트의 분양가 대비 5억 원 가까이 저렴한 수준이다. 따라서 일반분양 물량도 어마어마하게 많은 북아현3구역에 아주 큰 리스크는 아니라는 평가가 지배적이다.

성북구

성북구에는 가장 먼저 2002년 1차 지정된 길음 뉴타운이라는 아주 훌륭한 정비사업의 성공적 결과물이 있다. 당시에는 구릉지와 기존 아파트들을 묶어서 재개발이 추진되었고 부정적 인식과 무관심 속에서도 묵묵히 사업이 진행되어 마침내 2003년 1월에 1,125세대의 래미안길음 1차(길음1구역)가 처음 입주하였다. 현재는 395세대로 2024년 4월에 입주 예정인 길음역롯데캐슬트윈골드(길음역세권구역)가 공사 중에 있다.

길음 뉴타운

길음1·2촉진구역

길음 뉴타운의 대장은 현재로서는 래미안길음센터피스(길음2촉진구역)인데 길음1촉진구역의 결과물인 롯데캐슬클라시아도 그 명맥을 이어받을 것이다. 지하철 길음역과 가까움에도 불구하고 노후도가 아슬아슬해서 속도도 좀 더딘 편이었으나 결국 멋지게 재탄생했다. 2014년 즈음 대지지분 10평짜리 빌라가 2억 원 초반 정도였고, 전세는 1억 5,000만 원으로 형성돼서 실투금액은 5,000만~7,000만 원선이었다. 2010년 조합설립인가, 2013년 사업시행인가, 2014년 조합원 분양신청, 2016년 관리처분인가, 2019년 일반분양을 통해 2022년 1월에 입주하였다. 당시 전용 84타입의 조합원분양가는 4억 8,000만

길음 뉴타운 재개발사업 현황

구역	단지명	세대수	입주 시기	건설사
길음1구역	래미안길음 1차	1,125	2003년 1월	삼성물산
길음2구역	길음뉴타운 2단지 푸르지오	1,634	2005년 4월	대우건설
	길음뉴타운 3단지 푸르지오	434	2005년 4월	대우건설
길음3구역	길음동부센트레빌	1,377	2003년 3월	동부건설
길음4구역	북한산e편한세상	1,881	2005년 4월	대림산업
길음5구역	래미안길음 2차	560	2006년 6월	삼성물산
길음6구역	래미안길음 3차	977	2006년 11월	삼성물산
길음7구역	길음뉴타운두산위브	449	2010년 7월	두산건설
길음8구역	래미안길음뉴타운 8단지	1,617	2010년 6월	삼성물산
길음9구역	래미안길음뉴타운 9단지	1,012	2010년 9월	삼성물산
정릉제일주택재건축	길음뉴타운 10단지 라온유	236	2008년 10월	라온건설

길음역세권	길음역롯데캐슬트윈골드	395	2024년 4월(예정)	롯데건설
길음1촉진구역	롯데캐슬클라시아	2,029	2022년 1월	롯데건설
길음2촉진구역	래미안길음센터피스	2,352	2019년 2월	삼성물산
길음3촉진구역	롯데캐슬골든힐스	399	2019년 1월	롯데건설
길음4촉진구역	해제			
길음5촉진구역	미정	741	미정	미정
신길음구역	미정	855	미정	미정
신길음1구역	미정	410	미정	DL이앤씨
신월곡1구역	신월곡1구역	2,728	미정	롯데건설

원이었고, 최근 호가는 15억 원선에 형성되어 있다.

길음5촉진구역

길음5촉진구역은 2019년 조합설립인가를 받은 곳으로 가장 늦게 사업이 진행되고 있는 곳이다. 2022년 정비계획을 변경하여 도로부지 구역의 확장이 이루어졌다. 빌라보다 주택이 많은 곳으로 사업성이 좋다. 808세대 가운데 임대 138세대, 일반분양 380세대로 물량의 절반에 가깝다. 그러나 주택이 많기 때문에 물건의 매매가가 대체로 높기에 실투금액이 큰 매물들이 많다. 빌라를 잘 찾아서 매수하면 나쁘지 않은 곳이라 판단되는데, 그 이유는 길음 뉴타운의 가장 마지막 퍼즐의 역할을 하면서 작은 신도시나 택지지구에 버금가는 아파트 주거촌 완성체의 수혜를 한껏 받을 것이기 때문이다. 역에서 다소 거리가 있다는 것과 전면에 내부순환로 고가가 자리하고 있다는 점이 아쉬움으로 남지만,

초등학교가 바로 옆에 있다는 것은 장점이다.

신길음구역

신길음구역은 도시환경정비사업으로 진행 중이며 2012년 사업시행인가를 받았다가 2018년 사업시행자가 토지등소유자로 구성된 개발위원회에서 민간시행사인 디엔지파트너스라는 곳으로 변경되었다. 준주거지역으로서 500퍼센트 용적률의 주상복합이 예정되어 있으며 임대 211세대가 포함된 855세대로 거듭날 예정이다.

신월곡1구역

과거 서울의 집창촌으로 가장 유명했던 두 곳이 있다. '청량리 588'(청량리4구역)과 신월곡1구역의 '미아리 텍사스'다. 이곳들은 모두 신축 아파트로 변신해 지역의 랜드마크급으로 거듭나고 있는 중이다. '청량리 588'은 롯데캐슬SKY-L65로 거듭났고, '미아리 텍사스'는 47층짜리 주상복합타운으로 정비사업이 진행 중이다. 아파트 2,244세대, 오피스텔 498실, 근린생활시설과 생활형 숙박시설이 마련되는 곳으로 2022년 11월 관리처분인가를 받으며 사업이 잘 진행되고 있다. 기존의 조합원들이 소유한 물건들이 대부분 상가주택이 많아 매물 가격이 좀 높은 편으로 쉽게 매수하기는 어려움이 있다. 하지만 이주비 60퍼센트와 무이자 이사비 3억 원의 혜택이 조합원들에게 지급되므로 강북, 그중에서도 성북구의 최대 랜드마크를 거머쥘 수 있기에 포기하기엔 아까운 곳이다. 참고로 이곳은 성북2구역과 '결합재개발'을 진행하고 있는데 여기에 대해서는 아래에서 자세히 이야기하도록 하겠다.

성북2구역

성북2구역은 성북구 전통의 부촌으로 불리던 성북동의 고급 주택지
가 즐비한 곳을 내려다보고 높은 구릉지에 있는, 낡은 주거지를 재개발
하는 곳이다. 한양도성 성곽이 둘러싼 곳에 위치하여 서울에서 흔치 않
은 멋진 경관을 자랑하는 구역으로 개별정비지구와 공동정비지구로
나뉘어 개발계획이 진행 중이다. 개별정비지구에는 단독주택과 한옥의
콘셉트로 지어지는 주택이 들어서고, 공동정비지구는 테라스 하우스로
예정되어 있다.

이곳은 앞서 언급하였다시피 신월곡1구역과 결합재개발을 진행 중
인데 그 이유는 한양도성 경관규제로 인한 층수제한으로 기본 용적률
의 170퍼센트 가운데 90퍼센트만 사용하기 때문이다. 여기서 남는 잔
여 용적률 80퍼센트를 신월곡1구역에게 넘겨주면서 신월곡1구역은 기
존 600퍼센트에서 680퍼센트의 용적률로 더 높은 건물을 지어올릴 수

성북2구역 위치와 정비지구 조감도

출처: 아실, 성북2구역 주택재개발정비사업 조합 홈페이지

있게 되었고 더 많은 분양세대를 가져갈 수 있게 된 것이다. 이렇게 늘어난 세대수 가운데 201세대를 다시 성북2구역 조합원에게 돌려주는 방식으로 결합재개발이 이루어졌다.

따라서 성북2구역 조합원 가운데 201명은 신월곡1구역을 분양 신청할 수 있는 자격을 얻게 되었다. 여기서 중요한 포인트가 있다. 먼저 84타입 이상의 평형은 전체 201세대 가운데 104세대만 구성되었고, 59타입은 64세대, 28타입 이하는 33세대로 배정되었다. 그러므로 성북2구역의 조합원들 가운데 자기 물건의 감정평가액의 순위가 너무 낮으면 신월곡1구역의 84타입을 신청해서 배정받기가 매우 어려울 수 있음을 유념해야 한다. 그럼에도 신월곡1구역의 매가가 높은 상가주택과 같은 매물들보다 좀 더 저렴한 실투금액으로 도전을 해볼 수 있다는 장점이 있다.

성북2구역은 해당 구역 자체로도 매우 훌륭한 가치를 지니고 있다. 예를 들어 개별정비지구에 들어서는 대형 단독주택이나 한옥주택은 성북동 대사관로 주변의 고급 대형주택 가격의 8할 이상은 따라갈 것이라고 조심스럽지만 예상해본다. 기존의 대형 주택들은 많이 노후화되었고 관리도 스스로 해야 한다는 단점이 있지만, 성북2구역의 개별정비지구는 한양도성 성곽을 등 뒤에 두고 아래로 성북동을 내려다보며 적절한 공동주택의 관리나 조경, 도로 정비와 같은 여러 혜택도 누릴 수 있다는 장점이 있기 때문이다. 공동정비구역에 조성되는 테라스하우스도 바로 길 건너 2010년에 들어선 61세대의 3층짜리 외교관 사택단지 아파트의 가격을 많이 따라갈 것이라 예상된다는 점에서 가격 상승을 기대해볼 수도 있다.

장위 뉴타운

다음으로 성북구에서 또 하나의 거대 정비사업장, 장위 뉴타운을 살펴보도록 하자.

장위 뉴타운은 가격과 입지 탓에 동대문구 이문·휘경 뉴타운과 많이 비교가 되는 곳이다. 그러나 사실 그 둘은 아주 극단적인 가격 차이를 보이지는 않는다. 시세에 있어 앞서거니 뒷서거니 할 가능성이 높고 북

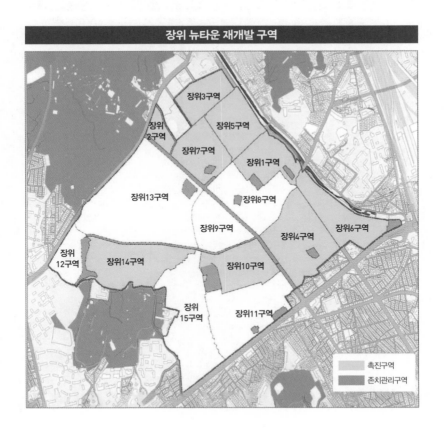

장위 뉴타운 재개발 구역

장위1구역	장위2구역	장위3구역	장위4구역	장위5구역
(민간재개발)	(민간재개발)	(민간재개발)	(민간재개발)	(민간재개발)
래미안장위포레카운티	꿈의숲코오롱하늘채	조합설립인가	장위자이레디언트	래미안장위퍼스트하이
장위6구역	장위7구역	장위8구역	장위9구역	장위10구역
(민간재개발)	(민간재개발)	(공공재개발)	(공공재개발)	(민간재개발)
라디우스파크푸르지오	꿈의숲아이파크	2차 후보지 선정	2차 후보지 선정	착공 (시공사 대우건설)
장위11구역	장위12구역	장위13구역	장위14구역	장위15구역
해제구역	(도심공공복합주택) 6차 후보지 선정	해제구역	(민간재개발) 조합설립인가 (시공사 SK에코플랜트, HDC현대산업개발)	(민간재개발) 조합설립인가

장위 뉴타운 재개발사업 현황

구역	진행 단계	단지명	세대수
1구역	2019년 입주	래미안장위포레카운티	939
2구역	2017년 입주	꿈의숲코오롱하늘채	513
3구역	2019년 조합설립인가	미정	1,078 (평지) (조합원 512 / 임대 184)
4구역	일반분양	장위자이레디언트	2,840
5구역	2019년 입주	래미안장위퍼스트하이	1,592
6구역	착공	라디우스파크푸르지오	1,637
7구역	2020년 입주	꿈의숲아이파크	1,711
8구역	공공재개발 2차 후보지 선정		2,587
9구역	공공재개발 2차 후보지 선정		2,300
10구역	착공	(시공사 대우건설)	1,968
11구역	해제구역 (신통기획 탈락)		–
12구역	2021년 8월 도심공공복합주택 6차 후보지 선정		1,188
13구역	해제구역 (신통기획 탈락)		–

186

14구역	2010년 조합설립인가	(시공사 SK에코플랜트, HDC현대산업개발)	2,370 (경사) (조합원 1,417 / 임대 396)
15구역	2022년 조합설립인가 / 촉진계획 변경 중	미정	2,464 (조합원 1,719 / 임대 420)

서울꿈의숲을 끼고 있는 꿈의숲아이파크(장위7구역)나 래미안장위퍼스트하이(장위5구역)와 같은 단지들이 당분간은 시세를 선도할 가능성이 높다. 석계역과 GTX광운대역에 가까운 장위6구역도 향후 좋은 가격을 받을 수 있는 입지다. 이처럼 장위 뉴타운은 이후 전체적으로 완성되면 거대한 아파트 신축 벨트를 형성하여 서로 가격 상승의 시너지효과를 누릴 수 있을 것이다. 모 교회의 몽니로 사업이 꽤 오랜 시간 지체되었던 장위10구역은 결국 교회를 구역에서 제척하는 것으로 가닥을 잡고 다시 출항을 시작하려고 한다. 해제구역인 11구역은 여러 단위로 나뉘어 가로주택 정비사업을 추진 중이고, 13구역은 신속통합기획 사업에 꾸준히 도전 중에 있다. 8구역과 9구역은 공공재개발 2차 후보지에 선정되었고, 12구역은 공공직접시행 후보지로 선정되면서 뉴타운의 빠져나간 이빨들이 다시 채워지고 있다.

은평구

은평구 진관동에 뉴타운이 조성된 지 이제 15년 차에 접어들었다. 다소 불편한 교통과 서울의 끝자락에 위치했다는 뭇사람들의 편견과 달리 은평 뉴타운은 쾌적한 주거환경을 제공하는 곳으로 실거주 만족도가 높은 편이다. 이마저도 GTX-A가 연신내역에 정차하면서 교통의 아쉬움에 대한 불만이 종식될 가능성이 크다.

불광5구역

은평구의 정비사업은 현재 주목할 만한 곳만 언급하자면 먼저 불광5구역을 들여다보아야 할 것이다. 2010년 조합설립인가를 받고 2021년 사업시행인가를 얻으면서 꽤 오랜 시간이 정체되었던 곳이지

은평 뉴타운 구역

출처: 아실

만, 조합원 분양신청을 완료하고 사업은 계속되고 있다.

북한산자이더프레스티지라는 단지명으로 총 2,387세대로 준비 중이다. 전체 조합원은 1,508명, 임대 374세대, 일반분양은 505세대로 예정되어 있고, 84타입 조합원분양가는 7억 200만 원으로 책정되었다. 3호선과 6호선 더블역세권 불광역세권에 자리하고 있으며, 불광역은 GTX-A연신내역과 단 한 정거장의 거리다. 불광역에는 서북권의 코엑스라 불리는 서울혁신파크 부지가 있어 호재와 발전 가능성이 강한 곳이라 하겠다. 결국 도시는 낡은 곳과 개발이 덜 된 곳에서 더 큰 기대감이 생겨나기 마련이다.

대조1구역

다음은 대조1구역으로 불광5구역과 비슷한 시기인 2011년에 조합 설립이 된 이후 2019년 관리처분인가를 받고 2023년 현재 착공 단계에 있는 곳이다. 조합원은 1,500여 명이며 임대 368세대와 일반분양 483세대를 포함한 전체 세대수는 2,451세대로 내놓을 예정이다.

대조1구역은 공사 중에 유골이 나오기도 하고, 조합장의 직무정지 소송, 공사비 상승과 같은 여러 내홍과 이슈, 갈등이 있었던 곳이고 비례율 91퍼센트로 하락이 예상되어 많은 우려를 낳은 곳이다. 거기에 지난 1월에는 공사비 1,800억 원 미지급을 이유로 공사중단 사태가 있기도 했다.

그러나 은평구에서 불광5구역과 함께 GTX의 수혜를 직접적으로 얻게 될 신축 대단지로서 추후 시세를 리딩할 곳이라는 점은 누구도 부정하기 어려울 것이다.

갈현1구역

은평구의 대형 정비사업구역인 갈현1구역은 2012년에 조합설립인가를 통해 사업을 추진해오면서 2022년 관리처분인가를 얻고 이주 중이다. 숲세권이라는 장점에 언덕이 좀 심하다는 부정적인 평도 있지만, 은평 뉴타운에서 멀지 않은 곳에 위치한 신축 초대단지(4,000세대 이상)라는 측면에서 풍부한 수요를 얻게 될 곳이며, 연신내역에서도 거리가 멀지 않다. 조합원이 2,678명으로 많고 일반분양이 전체 세대수 대비 적은 점(555세대)이 아쉬움으로 남는다.

초등학교를 신설하려고 했으나 여러 이유 때문에 불발되면서 조합원들 가운데 실망한 분들도 있다는 후문이지만 학령기 아이들이 줄어가는 시대적 상황에서 어쩔 수 없는 일이라는 의견도 있다.

여의도·목동
유니버스

여의도

애초에 여의도는 섬이었다. 하지만 이제는 서강대교, 마포대교, 원효대교 3개의 한강 다리와 9호선과 5호선, 개통 예정인 신안산선까지 놓여 단순히 섬이라고 하기엔 이미 서울의 대표 핵심지로 꼽힌다.

여의도는 여의대로를 기준으로 서여의도와 동여의도로 나뉜다. 서쪽으론 여의도공원과 국회의사당을 비롯해 KBS방송국 등이 있다. 동여의도에는 금융감독원, 전국경제인연합회 회관, 한국거래소를 위시하여 여러 금융회사들이 즐비한, 그야말로 금융업무지구로서의 성격이 짙은 곳이다.

그런데 재밌는 점은 여의도에는 빌라나 주택이 하나도 없다는 것이

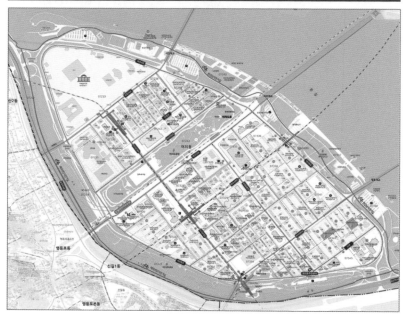

출처: 영등포구청 홈페이지, 영등포구 전도

다. 서울에 이러한 곳이 몇 군데 있기는 하다. 반포의 반포본동이나 반포2동, 압구정동 등이다. 그렇게 여의도에는 오직 아파트만 세워졌고, 이제 그 아파트들은 모두 재건축 연한을 넘겼다.

정권이 바뀔 때마다, 서울시장이 바뀔 때마다 여의도의 개발계획은 늘 그렇게 새롭고도 달라졌다. 한때 군용 공항으로 쓰이기도 하였던 여의도는 처음 개발이 시작됐을 때부터 계획도시 성격이 강했다. 철저하게 필지를 네모반듯하게 쪼개어 업무지구를 조성했고 그 사이마다 아파트 택지를 끼워 넣었던 것이다.

여의도 금융·아파트지구 지구단위계획

구역	단지명	결정사유
특별계획구역1	목화·삼부	공공시설용지 조성 및 주거환경개선
특별계획구역2	화랑·장미·대교	공공시설용지 조성 및 주거환경개선
특별계획구역3	한양	금융중심 특별개발진흥지구 연접부로 상업업무 지원기능 유도
특별계획구역4	시범	공공시설용지 조성 및 주거환경개선
특별계획구역5	삼익	금융중심 특별개발진흥지구 연접부로 상업업무 지원기능 유도
특별계획구역6	은하	금융중심 특별개발진흥지구 연접부로 상업업무 지원기능 유도
특별계획구역7	광장 3·5~11동	금융중심 특별개발진흥지구 연접부로 상업업무 지원기능 유도
특별계획구역8	광장 1·2동	금융중심 특별개발진흥지구 연접부로 상업업무 지원기능 유도
특별계획구역9	미성	여의도 역세권으로 도심기능 강화 및 개발수요 충족

출처: 서울시 홈페이지 보도자료

여의도 단지별 통합 재건축은 가능할까?

서울시는 지난해 4월 '여의도 아파트지구 지구단위계획 결정안'을 통해 11개 아파트 단지를 9개의 특별계획구역으로 나누어 진행하겠다고 밝혔다. 재건축 추진 시 높이 200미터, 용적률을 최고 800퍼센트까지 활용할 수 있도록 했다. 여의도 특별계획구역으로 지정하면서 기존의 제3종 주거지역까지 일반상업지로 2단계 종상향을 하였다. 다만 여의도중·고교와 같은 학교 인근의 장미·화랑·대교 아파트(특별계획구역 2구역)와 시범 아파트(4구역)는 준주거지역으로 종상향하여 최대 용적률 500퍼센트를 적용받을 수 있게 했다.

서울시에서 발표한 지구단위계획 중 우선 블록화 개발 내용이 눈에 띈다. 그러나 결론부터 말하자면 단지별 통합 재건축은 쉽지만은 않다. 광장 아파트는 한 단지조차 통합되지 못하고 분리되어 재건축을 진행하고 있는 마당에 여러 단지가 블록으로 진행을 한다는 것이 여간 어려운 일이 아니라는 것도 간과해선 안 될 것이다.

TIP

지구단위계획이란?

지구단위계획은 특정 지역을 어떻게 개발하고 관리할지 알려주는 일종의 가이드라인이다. 미래의 개발수요를 어느 정도 미리 고려하여 기반시설계획을 수립하고, 개발이 예상되는 지역을 체계적으로 관리하고자 하는 것이다. 도로나 공원은 어떻게 어디에 지을 것인지, 아파트는 어느 정도의 높이로 지을 것인가에 대한 내용 등이 포함된다. 도시를 보다 체계적으로 설계하고 그에 걸맞은 개발을 위해 건축물의 용도나 종류, 규모 등을 제한하기도 하고 유도하기도 한다. 따라서 그에 따른 용적률이나 건폐율, 최고 층수나 높이의 제한에 대한 기준이 조정되기도 한다.

여의도의 재건축 아파트 단지들

여의도에서 가장 높은 가격을 형성하고 있고 앞으로도 그럴 가능성이 농후한 단지, 그러니까 소위 대장이라 불릴 수 있는 단지는 서울 아파트다. 이 아파트는 현재도 일반상업지인데다가 300가구 미만, 전용 297제곱미터 미만이라는 전국의 유일무이한 건축법 적용 가능 재건축 아파트다. 때문에 지구단위계획 이전에 이미 용적률 800퍼센트, 77층 건립 계획을 갖고 있었다. 물론 지구단위계획이 발표되면서 그 계획에 더 힘이 실리게 된 것이다.

서울 아파트는 여의도 아파트 중에서도 입지적 장점이 큰 곳이다. 5호선 여의나루역 초역세권에 한강공원을 앞마당처럼 쓸 수 있고 영구적인 한강뷰를 누릴 수 있다. 사업성으로도 차고 넘치게 좋은 데다가 기존 평형이 50평대 이상의 대형으로만 구성된 곳으로 서울시 아파트 가운데 최고층 아파트로 그에 걸맞은 명성을 얻을 것이다. 그래서 얼마나 고급스럽고 얼마나 특별하게 재건축을 완성하느냐에 대한 고민이 향후 여의도 최고의 아파트로서 짊어져야 할 왕관의 무게라 하겠다. 2000년대 초부터 77층 재건축을 추진해오던 곳으로 비로소 사업 밑그림이 그려지고 단추가 하나둘씩 채워져 가는 것을 보며 소유주들은 얼마나 마음이 설렐 것인가.

이 외에도 여의도에는 서울 아파트 못지않게 입지적 장점을 가진 재건축 아파트들이 연이어 재탄생을 준비하고 있다.

여의도 재건축 아파트 단지

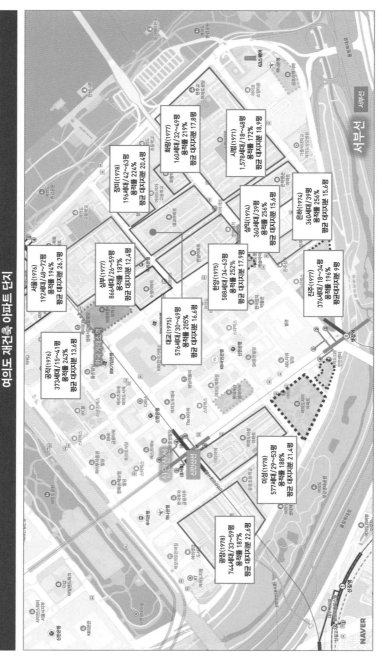

공작(1976)
373세대/15~41평
용적률 243%
평균 대지지분 13.6평

서울(1976)
192세대/48~72평
용적률 194%
평균 대지지분 26.7평

삼부(1977)
866세대/26~59평
용적률 187%
평균 대지지분 12.4평

정아(1978)
196세대/42~63평
용적률 224%
평균 대지지분 20.4평

화랑(1977)
160세대/32~48평
용적률 219%
평균 대지지분 17.8평

시범(1971)
1,578세대/18~48평
용적률 172%
평균 대지지분 18.9평

삼익(1974)
360세대/39평
용적률 256%
평균 대지지분 15.6평

은하(1974)
360세대/39평
용적률 256%
평균 대지지분 15.6평

대교(1975)
576세대/30~49평
용적률 205%
평균 대지지분 16.6평

한양(1975)
588세대/34~63평
용적률 252%
평균 대지지분 17.9평

진주(1977)
376세대/18~34평
용적률 196%
평균대지지분 9평

미성(1978)
577세대/29~53평
용적률 188%
평균 대지지분 21.4평

광장(1978)
744세대/33~59평
용적률 187%
평균 대지지분 22.6평

서부선

NAVER

공작

서울 아파트 바로 뒤에 공작 아파트는 2022년 정비구역지정 고시가 완료되면서 여의도 아파트 가운데 가장 빠른 속도를 (현재까지는) 내고 있다. 28평과 38평으로 구성된 아파트에서 소형보다는 중대형 구성 비율을 높이는 쪽으로 건축 계획을 준비 중에 있다.

삼부

삼부 아파트는 시범 아파트 다음가는 대단지다. 과거에도 목화 아파트와 통합 재건축을 추진하려는 시도가 여러 번 있었는데, 목화 아파트는 한강 영구 조망이 가능한 위치이므로 한강 조망권에 대한 여러 갈등의 씨앗이 남아 있다. 목화 아파트 부지를 공원화하는 쪽으로 계획을 잡았던 적도 있었지만 향후 어떻게 진행될지는 두고 볼 일이다. 어쨌든 여의도 지구단위계획에서 특별계획구역으로 삼부와 목화는 1구역으로 묶여 있다.

한양

한양 아파트는 용적률 600퍼센트 적용으로 국내 최초 금융특화단지를 구성하는 것을 골자로 하였다. 특이하게 기부채납을 공공시설로 짓거나 공원 등으로 활용하는 것이 아니라 오피스 업무시설로 한다. 이렇게 기부채납을 받은 사무실들은 서울시에서 서울 핀테크랩이나 서울 국제금융오피스로 공공차원의 임대를 놓겠다는 것이 현재까지 밝혀진 계획이다.

화랑·장미·대교

화랑, 장미 그리고 대교 아파트는 '화·장·대'라고 앞글자만 따서 별칭이 붙었을 정도로 애초부터 통합 재건축을 추진해왔다. 하지만 무산되었다. 화랑과 장미는 기존의 한강 조망권을 포기할 수 없기 때문에 조망권에 대한 이해관계, 조합원들 간의 동호수 배정과 관련된 내홍이 불 보듯 뻔하여 잘 진행되지 못한 것이다. 그러나 여의도 특별계획구역 2구역으로 또다시 한 몸이 되었다. 앞서 말했듯 학교를 끼고 있다는 장점도 있지만 덕분에 시범 아파트와 더불어 준주거지역으로의 종상향으로 만족해야 하는 아쉬움은 있다. 그렇다고 사업성이 결코 아쉬울 것도 없으니 소유주들은 재건축이 원안대로 잘 진행되기만을 바라고 있을 것이다.

진주

진주 아파트는 샛강을 내려다보는 뷰를 특정 라인에서 누릴 수 있다는 장점이 있다. 이전의 계획은 용적률 469퍼센트를 적용한 58층, 563세대였으나 이는 좀 더 늘어날 수도 있게 된 셈이다.

삼익·은하

삼익과 은하 아파트는 놀랍도록 두 단지가 똑같이 생겼다. 쌍둥이 아파트라 해도 과언이 아닐 정도로 연식과 평형, 실평수와 대지지분까지 동일하다. 심지어 내부구조까지 유사하다. 처음에는 각각 안전진단을 실시하면서 분리재건축을 할 것 같은 분위기였지만 삼익이 먼저 안전진단을 통과한 뒤, 은하 아파트 역시 2022년 11월 안전진단을 통과하면서 이제는 통합 재건축으로 갈 수 있게 되었다. 앞서 언급한 대로 두 아파트는 차이가 거의 없다. 한 아파트 단지 내에서도 동별로 이해관계가 달라지면 재건축 진행이 어려워 분리되는 경우도 있는데, 2개의 단지가 거의 모든 것이 동일한 조건이라면 그 어떤 아파트들보다 통합 재건축은 수월하게 이루어질 가능성이 높다.

시범

다음은 여의도에서 가장 오래된 맏형 시범 아파트다. 1971년에 지어진 아파트로 일찌감치 쉰 살을 넘긴 여의도 아파트군에서 최고참이라 할 수 있다.

시범 아파트는 독특하게 U자 스카이라인을 계획하고 있다. 왼쪽의 학교 인근으로는 저층을 배치하고 우측의 업무빌딩 근처로는 최대 65층까지 지어 올릴 계획을 내세웠다. 현재 최고 1,578세대에서 2,500세대로 지어질 예정이며 기부채납 공공기여분은 한강변 공원을 옆에 두고 문화공원을 조성하는 것으로 되어 있다. 또한 한강공원까지 입체 보행교를 설치하기로 되어 있다. 앞으로 지어지는 신축 아파트들은 현재의 '4세대 신축'(2010년대 중반 이후부터 지어진 아파트)이 가지고 있는 커뮤니티의 한계점을 넘어 공원과 문화공간까지 넘보고 있다는 점에서 기대가 되지 않을 수 없다. 다만 시범 아파트 단지 내 상가의 산정비율을 당초 0.1로 하려고 했으나, 총회에서 부결이 나면서 소송전으로 이어지며 사업에 다소 내홍이 있는 상황이다. 재건축 상가에 대해서는 뒤에서 자세히 다루도록 하겠다.

광장

다음으로 광장 아파트를 보겠다. 이곳은 분리재건축을 실시하려는 중이다. 1·2동과 3·5~11동(4동 없음)이 각각 나누어서 재건축을 진행 중이다. 그 이유는 무엇일까? 바로 확연히 차이나는 용적률 때문에 두 단지 간의 이해관계가 양립하기 어려운 탓이다. 1·2동의 용적률은 243퍼센트, 3·5~11동은 199퍼센트로 사업성에 있어 1·2동이 다소 불리한 상황이다. 때문에 3·5~11동에서 먼저 분리를 원했고 영등포구청에서 사업시행자 승인을 얻어냈다. 이에 1·2동 소유자들이 소송을 냈고 대법원까지 가게 된 뒤에 패소하여 결국 분리재건축을 하게 된 셈이다. 이번에 발표된 지구단위계획에서도 특별구역이 각각 분리되어 있다. 3·5~11동은 신탁방식과 신속통합기획을 채택하였고, 1·2동은 조합설립을 추진하고 안전진단을 준비 중이다.

미성

마지막으로 미성 아파트는 2009년에 재건축 추진위원회가 설립되었지만, 안전진단은 2022년 10월에야 통과하면서 시간이 좀 지체되었다. 과거의 지구단위계획에서는 광장과 통합되어 진행하는 것으로 되어 있었지만, 금번 지구단위계획에서는 독립적으로 진행하는 것으로 되어 있다. 윤중초등학교와 윤중중학교, 그리고 여의도역을 초역세권으로 끼고 있어 입지적 가치가 아주 좋다.

목동

목동은 서울의 대표 학군지로 평가받는 여러 지역 가운데 학원가를 기준으로 대치동에 이어 'TOP 2'에 꼽힌다. 대치동에는 총 1,060여 개의 학원이 있고, 목동에는 600여 개의 학원이 있는 것으로 알려져 있다. 참고로 경기도의 최고 학군지로 평가받는 분당(판교 제외)에는 총 530여 개의 학원이 있다. 2023년 서울대 진학결과에서 목동의 고등학교 가운데 명덕외국어고등학교는 전체 29위(수시 14명/정시 3명/합 17명), 강서고등학교는 49위(수시 0명/정시 12명/합 12명)를 기록했다.

수도권 서남부 권역은 평촌이라는 학군지가 있고, 서울의 서남부 권역에서 목동이 독보적인 학군지를 담당하고 있다. 따라서 학령기의 부모들 중 학군을 중요시하는 이들에게 본인의 직장이 서남부쪽(여의도, 마포 인근)이라면 대체로 목동을 주거지로 선택하는 경향이 매우 높은 것은 바로 이러한 이유 때문이다.

목동의 아파트 단지는 행정구역상 목동과 신정동으로 나뉘는 것을 기준으로 앞단지와 뒷단지로 나누어 말하곤 한다. 앞단지는 7단지까지 해당하며, 신정동에 속하는 뒷단지는 8단지부터 14단지까지 일컫는다.

목동 1~7단지

현재 목동 1·2·3단지는 모두 제2종 일반주거지역으로 제3종 종상향을 추진 중에 있다. 그런데 서울시에서는 추가 공급되는 5,100세대 중 임대 비율을 20퍼센트 배정할 것을 조건으로 내세웠다. 하지만 소유주

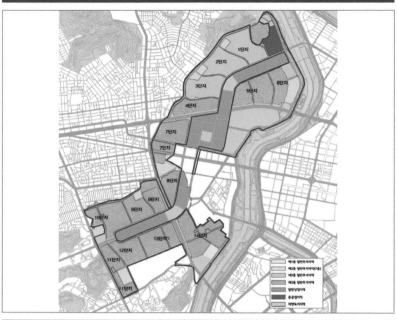

목동 아파트 단지 구역 및 재건축 추진 현황

단지	준공 연도	세대수	용적률(%)	평균 대지지분(평)	진행 단계
1	1985	1,882	123	26.2	안전진단 통과
2	1986	1,640	124	28.6	안전진단 통과
3	1986	1,588	122	27.9	안전진단 통과
4	1986	1,382	125	22.2	안전진단 통과
5	1986	1,848	116	29.2	안전진단 통과
6	1986	1,362	139	20.9	안전진단 통과(신통기획 선정)
7	1986	2,550	125	21.5	안전진단 통과(신탁방식)
8	1987	1,352	156	16.0	안전진단 통과
9	1987	2,030	133	24.9	안전진단 재도전
10	1987	2,160	123	24.6	안전진단 통과
11	1988	1,595	120	19.7	안전진단 재도전
12	1988	1,860	119	19.8	안전진단 통과
13	1987	2,280	159	21.5	안전진단 통과
14	1987	3,100	146	21.0	안전진단 통과(신탁방식)

출처: 양천구청 홈페이지

들은 조건 없는 종상향을 원하고 있는 상황이다. 모두 2023년 초 안전진단을 통과하였다.

4단지는 백화점, 마트를 비롯해 중심 상권을 끼고 있다. 아울러 국회대로 지하화를 통해 공원을 조성하여 4단지부터 7단지까지 '그레이트 필드'를 마련하는 계획이 발표되었다. 규모는 목동 단지들 가운데 가장 작지만 입지가 좋아 선호도가 높은 편이다.

5단지는 목동선 경전철 예정역 초역세권에 위치하며 중대형 평형이 많다. 때문에 사업성이 전체 목동 단지들 가운데 가장 좋은 것으로 평가받는다(용적률 116퍼센트, 세대당 평균 대지지분 29.2평).

6단지는 2020년 6월에 안전진단을 통과하고 2022년 11월 신속통합기획에 선정된 곳으로 목동 재건축 단지들 가운데 가장 먼저 스타트를 끊었다. 이대 목동병원과 경인초등학교를 끼고 있다.

7단지는 소위 앞단지로 불리는 곳들 중에서 가장 규모가 크다. 목동 전체 가운데 가장 선호도가 높은 단지로 대장 단지로 손꼽히는 곳이다. 백화점과 마트를 지척에 두고 있으며 목동 내 학원 밀집도가 높은 곳에 인접한 단지라는 점, 5호선 목동역 초역세권이며 목동 내 가장 선호 중학교로 일컫는 목운중학교 배정단지라는 점 등을 그 이유로 꼽는다.

목동 8~14단지

8단지는 7단지와 마찬가지로 목동역과 오목교역 사이의 늘어선 가장 큰 규모의 학원가를 인접한 단지다. 중소형 위주로 구성되어 대지지분이 다소 적은 편이 아쉬움으로 지적된다(세대당 평균 16평).

목동 아파트 사업성에 대한 대략적 계산		
구분	7단지 27평 → 신축 34평(84타입)	7단지 35평A타입 → 신축 45평(113타입)
대지지분	19.15평	A타입 29.1평/B타입 25.6평
신축 필요 대지지분 (제3종 최고 용적률 300% 적용)	−11.3평	−15평
기부채납(15%)	−2.87평	−4.37평(A타입) −3.84평(B타입)
일반분양 기여 대지지분	4.98평	9.73평(A타입) 6.76평(B타입)

조합원 아파트 사업비(공사비+기타사업비) 타입별 원가
−(평당 일반분양 분양이익×기여 대지지분 금액)=추가분담금

9단지는 2020년에 안전진단에 탈락하고, 재도전을 준비 중에 있다. 서울남부지방법원을 끼고 있으며 신서초등학교 초품아 단지로 평가받는다.

10단지는 신정네거리역 역세권이며 중대형 평형구성으로 세대당 평균 대지지분이 24.6평으로 높은 편이다. 2023년 1월 안전진단을 통과하였다.

11단지는 9단지와 마찬가지로 2021년에 안전진단에 탈락한 뒤에 다시 준비 중에 있다. 뒷단지 학원가가 9·10·12·13단지 가운데 끼어 있는데 그곳에 인접했다는 장점이 있고, 소형 평형 위주로 구성되어 있지만 같은 평형 대비 대지지분이 넓어 사업성이 괜찮다는 평가를 받고 있다. 참고로 같은 22평이라 해도 A타입은 대지지분이 16.62평, B타입은 19.14평으로 상이하다는 것에 유의하자.

12단지는 양천구청역 역세권이며 2023년 1월 안전진단을 통과하였다. 22평의 대지지분은 15.3평이다.

　13단지는 12단지와 함께 양천구청역 역세권으로 기존 용적률이 목동 단지들 가운데 가장 높은 159퍼센트이다. 주력 평형으로 꼽히는 27평의 대지지분은 16.07평이다.

　마지막으로 14단지는 목동 전체 아파트 단지 가운데 3,100세대로 가장 많은 세대수의 대규모를 자랑한다. 기존 용적률이 146퍼센트로 목동 재건축 아파트 단지 치고는 높은 편으로 평가받는다. 신목초등학교, 목일중학교, 신목고등학교를 모두 곁에 두고 있어 초·중·고를 끼고 있는 아파트이며, 위치에 따라 안양천변의 훌륭한 조망권을 자랑한다.

경기도
유니버스

성남시

경기도 재개발 구역 가운데 가장 뜨거운 곳으로 꼽을 수 있는 곳은 성남시다. 분당과 판교를 품고 있는 성남시는 상대적으로 낙후된 구도심에 대한 지자체의 정비사업 의지가 강하고 매우 협조적이며 계획적이라 할 수 있다.

성남시는 경기도의 여러 지자체 가운데 유일하게 서울의 서초구와 강남구에만 맞닿아 있는 행정구역으로, 그중 구도심은 시 안에서도 강남에 가장 가까운 위치다. 심지어 과천시마저도 서초구 일부와 관악구를 인접해 있는 것과 비교하면, 그만큼 경기도에서 강남 접근성이 뛰어난 곳이면서 분당 정자동 일대와 판교테크노밸리의 수많은 대기업과

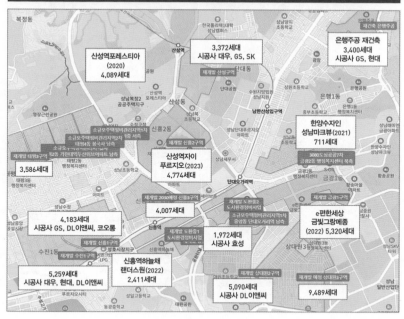

성남 구도심 주요 재개발사업 현황

복정동

한국폴리텍1대학
성남캠퍼스

성남양지
초등학교

산성역

산성역포레스티아
(2020)
4,089세대

3,372세대
시공사 대우, GS, SK

재개발 산성구역

은행주공 재건축
3,400세대
시공사 GS, 현대

수원지방법원
성남지원

삼원초등학교

은행1동

성남복정2
공공주택지구

산성역
포레스티아

산성동

남한산성입구역

중부초등학교

은행1동
행정복지센터

한양수자인
성남마크뷰(2021)
711세대

재개발 태평3구역

소규모주택정비관리지역1차
재개발 신흥3구역

산성초등학교

성남단대푸르지오
아파트

3080도심공공7차
금광2동 행정복지센터 북측

소규모주택정비관리지역2차

3,586세대

소규모주택정비관리지역1종 서측

소규모주택건개우산�위브아파트 남측

산성역자이
푸르지오(2023)
4,774세대

성남세무서

금광1동

재개발 금광1구역

황송공원

성남수진

아파트

단대오거리역

재개발 2030예정 신흥3구역 세이브존

재개발 신흥1구역

4,007세대

재개발 도환중2
도시환경정비사업

e편한세상
금빛그랑메종
(2022) 5,320세대

4,183세대
시공사 GS, DL이앤씨, 코오롱

재개발 도환중1
도시환경정비사업

소규모주택정비관리지역1차
중앙동 단대오거리역 남측

성남중앙
오일시장

재개발 신흥1구역

신흥역

1,972세대
시공사 효성

상대원3

성남SKV
타워

5,259세대
시공사 대우, 현대, DL이앤씨

신흥역하늘채
랜더스원(2022)
2,411세대

재개발 상대원1구역

재개발 상대원2구역

상일고등학교

5,090세대
시공사 DL이앤씨

재개발 예정 상대원3구역

9,489세대

푸르지오시티

동광중학교

대원공원

출처: 아실

기업체들의 배후수요를 기대해봐도 좋은 곳이다. 물론 현재로서는 옛

성남의 이미지와 학군에 대한 아쉬움으로 기업 종사자들 가운데 학령

기 자녀를 둔 부모들은 다소 덜 선호하는 경향이 있다.

　그러나 신혼부부들과 비학령기 아이들의 부모들은 옛 성남의 신축

아파트를 매수하거나 임차인으로 전입하는 경우가 상당히 많다. 대부

분 강남이나 분당, 판교의 기업체에 종사하는 이들이 많다. 또한 8호선

판교역 연장이 아직은 가시화되지 않았으나, 실현된다면 판교역과 직

결되는 성남 구도심의 접근성이 수요자들을 더 크게 자극할 것이 분명

하다. 현재도 버스나 자차를 이용하면 판교테크노밸리에서 구 성남의

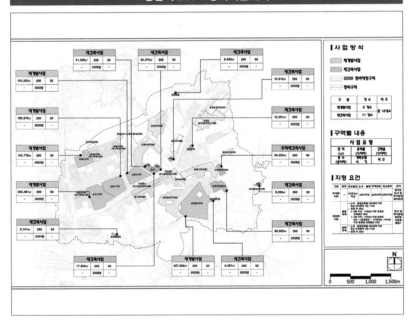

성남시 2030 정비기본계획

산성대로까지 10~20분이면 진입할 수 있다.

　성남시의 재개발은 다른 지자체의 재개발과 달리 단계를 나누어 진행되는 순환재개발 방식을 취하고 있다. 정비사업 내에 거주하는 거주민들의 이주수요를 분산시켜 보호하고자 하는 것이 주목적이다. 성남시는 현재까지 '성남시 2030 도시 및 주거환경정비기본계획'에 따라 재개발사업을 3단계로 나눠 지정하여 구역별로 진행 중이다.

1단계 재개발: 단대구역, 중동3구역

성남시의 재개발은 1단계 순환재개발부터 거슬러 올라가서 살펴볼

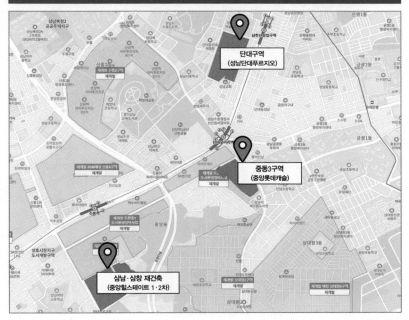

성남시 1단계 순환재개발 구역

단대구역
(성남단대푸르지오)

중동3구역
(중앙롯데캐슬)

삼남·삼창 재건축
(중앙힐스테이트 1·2차)

출처: 아실

필요가 있다. 부동산 사이클과 정비사업의 관계를 이해할 수 있는 아주 좋은 참고 역할을 하기 때문이다. 성남시 1단계 재개발은 단대구역과 중동3구역으로 각각 성남단대푸르지오(2012년 입주, 1,015세대)와 중앙롯데캐슬(2012년 입주, 545세대)로 완성되었다. 삼남·삼창 아파트 재건축 현장이었던 구역도 중앙힐스테이트 1차(356세대), 2차(751세대)로 각각 2012년과 2014년에 입주하였다.

대부분 2005년, 2006년에 정비구역을 지정받고 2008년에 관리처분인가 후 2009년에 착공을 하게 되었는데, 이때 미국 서브프라임 모기지론 사태 후 부동산 시장이 급격하게 침체기를 겪으면서 일반분양분에서 미분양이 대거 발생하는 위기를 겪는다. 성남시의 재개발은 LH가 시행을 맡는 방식으로 민관합동 방식의 재개발을 추진해왔는데, 이때 LH는 미분양의 악몽에 시달리며 2단계 순환재개발 구역들의 사업이 일제히 정지되다시피 하였다.

2단계 재개발: 금광1구역, 중1구역, 신흥2구역

2단계 구역들은 금광1구역(e편한세상금빛그랑메종, 2022년 11월 입주, 5,320세대)과 중1구역(신흥역하늘채랜더스원, 2022년 9월 입주, 2,411세대) 그리고 신흥2구역(산성역자이푸르지오, 2023년 10월 입주, 4,774세대)로 각각 완성되었다. 2008년에 모두 정비구역을 지정받고 2009년에 똑같이 사업시행인가를 받았지만, 부동산의 냉각기간 동안 사업은 모두 정체되어 2016년, 2017년에 각각 관리처분인가를 비로소 받게 되었다. 재밌는 사실은 사업시행을 맡은 LH에서 1단계 순환재개발의 미분양 악몽을 재현하기 싫었는지 모두 저렴한 조합원분양가와 일반분양가를 자랑하였다. 덕분에 사업성이 뛰어나기로 유명한 성남 재개발 가운데에서도 유난히 높은 비례율(신흥2구역의 경우 144퍼센트)을 기록하며 모두 무사히 일반분양을 비롯한 재개발사업을 잘 마무리하게 되었다.

이와 같이 정비사업이란 어쩌면 삶의 한 단면처럼 보이기도 한다. 좋지 않은 시기가 있으면 좋은 시기가 오고, 어둠이 있으면 밝음을 더 빛나게 하는 그 단순한 세상의 이치 말이다.

성남시 2단계 순환재개발 구역

신흥2구역
(산성역자이푸르지오)

금광1구역
(e편한세상금빛그랑메종)

중1구역
(신흥역하늘채랜더스원)

출처: 아실

3단계 재개발: 신흥1구역, 수진1구역, 태평3구역, 신흥3구역, 상대원3구역

이제 순환재개발 구역 가운데 한창 진행 중인 3단계 구역을 살펴보도록 하자.

신흥1구역

가장 먼저 볼 곳은 신흥1구역으로 전체 19만 제곱미터의 넓은 부지로서 전체 4,183세대가 예정되어 있다. 조합원은 약 2,200여 명. 2020년 정비구역을 지정받고 2022년 GS, DL이앤씨, 코오롱 건설의 컨소시엄으로 시공사를 선정하였다. 이곳은 수진역을 끼고 있는 역세권이면서 양 옆에 수진1구역과 신흥3구역과 함께 완성되면 약 1만 8,000세대 가까운 신축 아파트촌으로 바뀌어 구 성남 아파트촌의 판도를 뒤흔들 곳이라 할 수 있다. 특이점이 있다면 세대당 주차대수를 1.73대로 계획하여 구 성남 내에서 가장 좋은 주차환경을 표방하는 고급화를 전면에 내세웠다는 점이다.

수진1구역

다음으로는 수진1구역이다. 이곳은 지하철 8호선 수진역 초역세권이며 신흥1구역과 똑같은 시기에 정비구역을 지정받고 비슷한 시기에 시공사를 선정하였다. 대우와 현대건설, DL이앤씨의 컨소시엄으로 시공이 이루어진다. 전체 5,668세대가 예정되어 있고 조합원은 약 2,600여 명으로 알려졌다.

태평3구역 · 신흥3구역

태평3구역과 신흥3구역은 2023년 2월 정비구역지정 고시를 받아서 주민대표회의 구성 승인을 접수하였다. 주민대표회의는 일반 민간조합 재개발사업과 달리 민관 합동방식에 해당하는 성남시 재개발에서 사업시행자가 LH이므로 주민들은 조합을 구성하는 것이 아니라 주민대표회의를 구성하여 사업에 참여하게 된다. 태평3구역은 3,586세대, 신흥3구역은 4,007세대를 예정에 두고 있다. 모두 조합원의 숫자가 예정 세대수의 절반이 되지 않는 곳으로 사업성이 좋다는 평가를 받고 있다.

상대원3구역

마지막으로 상대원3구역은 성남의 정비사업장 가운데 가장 넓은 부지에 가장 큰 규모를 자랑하는 곳이다. 계획된 세대수가 9,489세대로 조합원의 숫자만 5,500여 명에 달한다. 본래 2030 성남 도시정비 기본계획 하에서는 태평3구역, 신흥3구역과 함께 정비구역지정을 받는 것으로 되어 있었으나, 유치원 용지와 관련하여 교육청의 교육환경평가 선행을 우선하는 탓에 뒤로 조금 밀렸다. 이미 관리처분인가를 받고 이주를 거의 마무리한 상대원2구역과 인접한 곳으로 향후 새로운 미니신도시급 신축 주거타운을 형성하는 시너지를 기대하고 있다.

출처: 아실

민영 재개발·재건축

성남시에는 민영 재개발·재건축이 함께 진행되었고 여전히 진행 중이기도 하다. 신흥주공아파트 재건축은 2020년 산성역포레스티아 (4,089세대)로 재탄생되었고, 은행주공 1·2단지는 2022년 사업시행인가 후 관리처분인가를 준비 중이다.

이곳은 조합원분양가가 전용 84타입 기준 10억 원에 육박하는 것으로 한동안 이슈가 되었다. 근래에는 이렇게 조합원분양가를 높게 책정하고 감정평가를 높게 해주는 곳들이 서울 핵심지 재개발이나 재건축 구역에서부터 많이 나타나고 있다.

TIP

조합원분양가가 높고, 감정평가를 높게 주는 곳에서는 무허가 건축물 또는 일반 주택(빌라) 중에 무엇이 유리할까?

정답은 당연히 후자다. 무허가 건축물은 감정평가액이 거의 없다시피 하기 때문에 조합원분양가가 높은 현장에서는 상대적 불이익을 얻을 수 있다. 또한 앞서 밝혔듯이 물건의 가격이 가볍고, 주택 수에 포함되지도 않기 때문에 일반 주거상품 대비 무허가 건축물(지상권)은 프리미엄이 더 높은 편이다. 따라서 쉽게 사고팔기 위해 가벼운 물건을 매수하는 것도 좋지만, 길게 가져가면서 신축을 얻을 목적이라면 높은 조합원분양가와 높은 감정평가를 주는 현장에서는 적합하지 않을 수 있음을 유의하자.

산성구역

2014년 정비구역을 지정받고, 2019년 사업시행인가 후 2020년 9월 관리처분인가를 득한 뒤 철거를 마친 산성구역을 먼저 이야기하고자 한다. 이곳은 조합원분양 1,966세대, 임대 426세대, 일반분양 1,096세대 등 총 3,488세대로, 철거를 마치고 착공을 앞두고 있다. 공사비 상향

과 관련하여 기존의 시공단과 계약해지를 강행한 뒤에 다시 본 시공단과 공사비 협상을 통해 재계약을 마무리지었다.

당초 관리처분인가 당시의 공사비는 평당 445만 원이었으나, 시공단과의 협상으로 결정된 공사비는 평당 629만 원으로 41퍼센트의 상승을 부담하게 되었다. 하지만 일반분양의 숫자가 전체 세대수의 1/3에 해당할 정도로 사업성이 뛰어난 곳이라는 점이 공사비 상승의 리스크를 헷지할 수 있는 요소가 되었다. 조합원 분양가는 평당 1,746만 원에서 1,783만 원으로 2퍼센트 상승시켰고, 비례율은 127.7퍼센트에서 120.04퍼센트로 7퍼센트 남짓 하락했다. 이는 공사비 41퍼센트 상승 대비 상당한 선방이라 할 수 있다. 민영 재개발임에도 불구하고 뛰어난 사업성을 자랑하는 곳이니만큼 공사비 상승의 사업비 부담을 일반분양가 상승분으로 만회한 것이다.

관리처분인가 당시의 일반분양가 추정액은 평당 2,285만 원이었으나 2024년에 예정된 일반분양가를 평당 3,400만 원선으로 올리게 되었다. 전체 3,500여 세대 가운데 일반분양 물량이 1,095세대인 산성구역은 결국 일반분양가를 얼마로 하느냐, 그리고 성공리에 분양을 마무리하느냐에 사업비와 그에 따른 조합원 권리가의 비례율 등이 보전되는 것이다.

정비사업의 리스크에서 공사비 상승과 관련한 우려를 여기저기서 성토하는 요즘, 일반분양 물량이 사업성의 담보를 얼마나 제공하는가를 되새겨볼 수 있는 사례의 구역이다.

도환중1구역

도환중1구역은 도시환경정비사업으로 진행되는 곳이다. 상업지의 땅에 들어선 많은 상가와 상가주택 등을 허물고 주상복합 아파트(1,972세대)와 오피스텔(240호실)을 계획 중이다. 2009년에 정비구역을 지정받고 2021년 관리처분인가 후 2023년 현재 이주와 철거 작업이 완료됐다.

상대원2구역

상대원2구역은 2014년 정비구역을 지정받고, 2021년 관리처분인가 후 이주가 거의 마무리되고 있다. 전체 5,090세대로 엄청난 규모를 자랑하며 조합원분양 2,375세대, 임대 620세대, 일반분양 2,082세대로 마찬가지로 사업성이 매우 뛰어난 곳이다. 관리처분인가 당시 확정된 비례율은 130퍼센트였다. 이곳도 시공사(DL이앤씨)와 계약 당시 평당 470만 원으로 시공비가 낮은 편이지만, 일반분양가의 상승 여력이 있는 곳이므로 아주 큰 사업비 손실은 일어나지 않을 가능성이 있다. 물론 사업이 지체되거나 기타 다른 이유로 발생하는 사업비 손실은 논외로 한다.

광명시

광명시는 서울 서남부의 금천구와 구로구에 맞닿은 곳으로 경기도에서 가장 서울과 심리적 거리감이 가까운 두 곳 중 하나다. 바로 과천시와 광명시인데 전화번호 앞자리에 지역번호 031이 아닌 02를 쓰는 것부터 그 반증이다. 서울의 직장인들이 과거부터 많이 거주하는 곳으로 유명하다.

가산디지털단지와 구로디지털단지 및 여의도, 지하철 7호선이 뚫리면서 강남까지도 배후수요를 가지고 있는 지역이다. KTX광명역과 곧 개통될 신안산선 역시 용산, 여의도 수요를 좀 더 끌어들이고 있다. 서부간선도로를 이용한 북쪽 접근성도 뛰어나며 강남까지의 심리적인 거리감을 좁혀주는 강남순환도로 역시 가깝게 맞닿아 있다.

광명 뉴타운

광명 뉴타운은 2007년 광명동과 철산동 일대를 재정비촉진지구로 지정 고시하면서 출발하였다. 총 11개 구역에서 2만 5,000여 세대를 신축하게 되는 정비사업이 진행 중이며 서울과 다름없는 곳이라는 인식이 강해 투자수요와 실수요자들의 관심과 사랑을 많이 받는 사업지다. 게다가 철산주공 아파트 재건축까지 함께 진행 중이어서 도시의 판도가 급격하게 탈바꿈하는, 가장 급진적이고 혁신적인 정비사업지다.

광명시의 기축 아파트 가운데 가장 가격이 높은 곳은 현재까지는 KTX광명역이 있는 일직동의 신축 아파트들이라 할 수 있다. 그다음으로 철산동의 아파트들이 가장 선호되는데, 이유는 7호선 접근성과 양호한 학군, 상업시설과 인프라, 학원가 등을 끼고 있는 입지 때문이다. 현재의 판세가 좀 더 북쪽에 자리한 광명사거리역 인근의 뉴타운 중심으로 옮겨갈지, 철산주공 재건축의 신축으로 옮겨갈지는 아직 미지수다. 어차피 그들만의 리그 안에서 엎치락뒤치락하는 순위논쟁에 빠져들 필요는 없다. 우리는 정비사업을 통해 도시 전체가 변화하고 부동산시장의 가격에 태동을 일으키는 논리와 이유를 주목하면 된다.

광명 뉴타운 가운데 가장 먼저 입주를 마친 곳은 광명16구역(광명아크포레자이위브)이다. 전체 2,104세대로 2020년 11월에 준공하였고, 2023년 9월 입주한 14구역(광명푸르지오포레나, 1,187세대)과 2022년 10월에 입주를 마친 15구역(광명푸르지오센트베르, 1,335세대)에 인접해 있다.

광명 뉴타운 재개발·철산 재건축사업 구역 및 현황

광명 뉴타운		철산 재건축	
구역	추진 현황	구역	추진 현황
1	착공	4단지	준공(2021.03)
2	착공		
4	착공	7단지	준공(2022.03)
5	착공		
9	철거 중	8·9단지	착공
10	착공		
11	이주 중	10·11단지	착공
12	이주 중		
14	준공(2023.09)	12·13단지	정비구역지정 예정
15	준공(2022.10)		
16	준공(2020.11)		

출처: 광명시 홈페이지

광명1·2·4·5구역

광명1구역(광명자이더샵포레나, 3,585세대)과 2구역(트리우스광명, 3,344세대)은 목감천을 끼고 있는 곳으로 1구역의 경우는 1호선 개봉역에서 매우 가깝다. 1구역은 2023년 상반기에 일반분양을 성공리에 마쳤고, 2구역 또한 2023년 10월 일반분양을 했다.

광명 뉴타운의 중심에 있으면서 광명사거리역에 가까운 평지로 평가받는 광명4구역(광명센트럴아이파크, 1,957세대) 역시 2023년 7월에 일반분양을 단행했는데, 전용 84타입의 분양가가 12억 원을 넘어서 시장에 큰 반향을 불러일으켰다. 5구역(광명자이힐스테이트SK뷰, 2,733세대)도 2023년 12월 말에 일반분양을 실시했다.

광명9·10구역

10구역과 맞닿아 있는 광명9구역은 2023년 말 기준 철거 중에 있으며 시공사는 롯데로 선정하였다. 광명10구역(광명호반써밋그랜드에비뉴, 1,051세대)은 2022년 12월 일반분양을 하였고, 당시 부동산 시장이 잠시 침체기를 맞으며 선착순 분양을 통해 완판을 이루어냈다.

광명11·12구역

11구역은 광명 뉴타운 가운데 가장 큰 규모를 자랑하는 곳으로 현대건설과 현대산업개발의 컨소시엄으로 진행 중이다. 전체 4,291세대가 마련되었는데 광명 뉴타운 전체 2만 5,000여 세대 가운데 17퍼센트 이상을 차지한다. 광명사거리역과 인접해 있으며 단지에 따라 철산역을 가깝게 도보로 이용할 수 있는 곳도 있으므로 높은 선호도를 보일 것으로 예상된다. 일반분양은 600세대 정도가 준비되어 있으나 대체로 59타입 위주(약 400세대)로 구성되어 있고, 2023년 10월 기준 이주 중이다.

12구역은 철산역에 가장 가까운 구역으로 현재로서는 뉴타운에서 가장 높은 프리미엄을 자랑하고 있다. 전체 2,097세대로 GS건설에서 시공을 맡았다. 2023년 10월 기준 이주 마무리 단계이며 곧 철거에 들어갈 예정이다.

여기서 한 가지 주목해야 할 점은 이들 단지들의 준공과 입주 예정시기가 대부분 2024년 하반기(2구역과 10구역)부터 2025년까지 단기간에 집중되어 있다는 것이다. 앞서 성남의 순환재개발과 달리 한 번에 도시 전체가 탈바꿈하는 광명 뉴타운의 폭발적인 시너지를 기대해볼 수 있다는 장점이 있지만, 투자자들로서는 입주장의 임차수요가 분산되어 낮은 전세가격을 형성할 수 있다는 점을 염두에 두어야 할 것이다.

철산주공 재건축

철산역에 밀접한 철산주공 재건축 중에서 가장 입지가 좋은 곳으로 평가받는 12·13단지는 이제 정비구역지정을 준비하고 있는 곳이다. 그 외 4단지(철산센트럴푸르지오, 798세대)와 7단지(철산역 롯데캐슬&SK뷰클래스티지, 1,313세대)는 입주를 완료했고, 8·9단지(철산자이더헤리티지, 3,804세대), 10·11단지(철산자이브리에르, 393세대)는 착공에 들어간 상태지만 규모나 입지가 광명 뉴타운 12구역 대비 아쉬움이 있을 수 있다. 그러나 7호선 철산역 역세권이라는 점은 교통과 인프라 측면에서 많은 이점과 거주수요를 얻어갈 수 있는 포인트라 하겠다. 향후 미래의 시세는 결국 광명12구역과 철산주공 12·13단지가 이끌어갈 테지만, 한동안은 광명12구역이 혼자 그 선두에 있을 가능성이 매우 높다.

하안주공 재건축

광명시의 또 다른 택지지구 아파트촌인 하안주공 아파트(1~13단지, 총 23,495세대) 역시 재건축을 준비하고 있다. 이제 걸음마 단계이지만 광명시 지자체 내에서도 재건축 지원을 위한 철산·하안 택지지구 지구단위계획수립을 위해서 전략환경영향평가를 2023년 5월에 발표하였다.

출처: 광명시 시보 제3331호

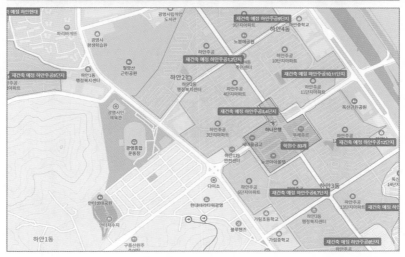

하안주공 재건축 구역

출처: 아실

 지난 2015년 발표된 하안동·철산동 재건축 예정단지 정비기본지침의 계획에 따르면 이미 철산주공 12·13단지는 입주까지 마쳤어야 했다. 지자체의 지구단위계획이나 정비사업에 대한 계획은 말 그대로 '계획'일 뿐이다. 우리가 초등학교 시절 방학 생활 계획표를 작성하지만 그대로 이루어지지 않는 것처럼 계획은 커다란 밑그림일 뿐 실현까지는 언제나 여러 정체 요소가 있을 수 있음을 알고 투자하는 것도 매우 중요한 포인트다.

 어쨌든 하안동까지 재건축이 가시화된다면 마찬가지로 기존 2만 세대가 훌쩍 넘는 이주수요가 발생하게 된다는 점, 여유 용적률과 대지지분을 고려하여 사업이 진행될 수밖에 없다는 점에 유의하여 투자의 방향을 잡아야 할 것이다.

제주도
유니버스

제주도

지금까지 서울과 경기도권의 대표 정비구역들을 알아보았다. 이제는 제주도의 정비구역을 살펴보려고 한다. 수도권 아래 다른 도시에도 정비구역이 많지만, 대한민국 가장 남쪽의 제주도를 다룬 이유는 두 가지로 정리할 수 있다. 첫째는 다른 지방에 대한 자료는 많지만 제주도를 다룬 책은 거의 보지 못했기에 독자들에게 조금이나마 차별화된 도움이 될까 하는 생각에서다. 둘째는 제주도라는 지역의 특수한 상황에 대한 이해를 바탕으로 정비사업을 조금 다르게 바라보는 시각도 필요하다는 취지에서 선정하였다.

　제주도의 노후·불량 건축물은 전체 16만 7,000개 동 가운데 9만 개

동이 넘어 54.19퍼센트에 달한다. 우리나라 노후·불량 건축물의 비중은 전국의 41퍼센트, 서울은 54.3퍼센트에 해당한다. 우선 제주도의 수치가 결코 낮은 비율이 아니라는 점에 주목하자.

다만, 제주도는 도의 특성상 재개발 구역은 존재하지 않는다. 정비기반시설이 열악한 곳이 없어서라기보다 일정 규모 이상의 노후 주거촌만 따로 존재하기 어려운 특성 때문이다. 따라서 노후·불량 건축물이 과도하게 밀집한 지역의 주거환경을 개선하거나 단독 및 다세대주택이 밀집한 곳에 정비기반 시설이나 공동이용시설 등을 확충하는 '주거환경개선사업'이 대부분이다. 이는 투자자들이 접근하기에는 의미가 없는 정비사업에 해당한다.

하지만 노후된 공동주택의 경우는 재건축을 나름 적극적으로 시행하고 있다. 현재 진행 중인 제주도의 재건축 단지는 3곳이다.

이도주공 1단지

- 위치: 제주시 이도이동 888번지 일원
- 면적: 46,043.3제곱미터
- 계획세대수: 899세대 (기존 480세대)

이도주공 1단지는 1985년에 건축되어 곧 40년 차에 이른다. 기존 용적률이 65퍼센트에 불과하고 가장 작은 평수인 13평의 대지지분은 21평이며, 전체 세대 평균 대지지분은 26.3평에 이른다. 제주지방합동

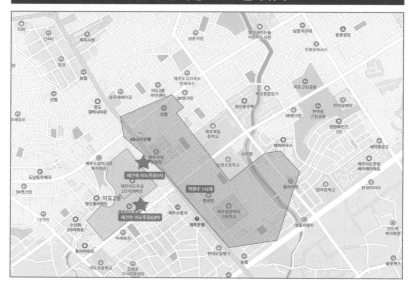

청사, 제주지방검찰청, 제주시청 등과 같은 주요 관공서들이 인근에 있으며 아파트 단지 바로 앞에 제주에서 가장 규모가 큰 학원가가 형성돼 있는, 제주 도심의 인프라가 풍부한 핵심지라 할 수 있다.

기존은 모두 소형 평형으로 구성되어 13평부터 20평까지 있으며, 주 구성 평형은 16평과 19평이다. 2013년 안전진단을 통과한 뒤 2019년 조합설립인가 후 시공사를 포스코로 선정하고 현재 도시계획 심의(2021년) 후 정비계획변경안이 통과되었다.

16평 기준 최고가는 2021년 8월 7억 9,500만 원을 기록했고, 가장 직전 실거래는 2023년 8월 5억 8,100만 원에 거래되었다. 현재 호가는 최저 5.9억~6억 원 중반까지 형성되어 있으며 전세는 대략 1억 원 이하에 형성되어 있다고 보면 된다. 제2종 일반주거지역이면서 고도지구(공원, 녹지대 등 경관 차단을 방지하기 위해 시·군 관리계획으로 정하는 높이를 초과하는 건축물을 지을 수 없다)에 해당하는 곳이라 사업성이 부족할 것 같지만, 여유 용적률과 대지지분이 워낙 좋아 사업성도 뛰어나다.

이도주공 2·3단지와 함께 높이 제한도 42미터로 완화되어 최대 지상 14층까지 지을 수 있게 되었다. 덕분에 계획 세대수도 795세대에서 890세대로 늘어난다. 주차대수는 세대당 약 2대로 계획되어 명실상부 제주시 최고의 고급 아파트 대단지로 거듭날 곳으로 주목받고 있다.

제주도는 자가운전 비율이 높은 지역으로 주차장 확보가 매우 중요하다. 또한 대단지 신축 아파트가 전무하다. 제주도 내에서 제주시는 전국 기준으로 보면 수도권이나 서울과 같은 핵심지로 선호되는 곳이지만, 대단위 택지지구나 전면 재개발이 이루어지지 못한 탓으로 대단지 신축이 없기 때문이다. 이러한 곳에 이도주공 1단지는 2·3단지와 더불어 대규모 신축단지로서 명실상부 제주도의 대장 아파트로 군림할 가능성이 매우 높다.

이도주공 2·3단지

- 위치: 제주시 이도이동 777번지 일원
- 면적: 43,307제곱미터
- 계획세대수: 871세대(기존 760세대)

이도주공 1단지보다 3년 늦은 1988년에 건축되었지만 사업 속도는 조금 더 빠른 편이다. 세대당 평균 대지지분이 16.5평, 기존 용적률은 86퍼센트로 1단지에 비해 사업성이 다소 부족하다는 평가가 있기는 하다. 가장 큰 세대인 17평의 대지지분이 19평인데, 이도주공 1단지는 가장 작은 13평의 대지지분이 21평으로 이를 뛰어넘는 것만 봐도 알 수 있다. 2013년 안전진단 후 1단지보다 2년 빨리 조합설립인가를 이루어냈고 2022년 5월에 사업시행인가를 받았다. 시공사는 현대건설로 2020년 선정되었다.

조합에서는 2025년 준공을 목표로 한다 했지만 지금으로서는 어려워 보이고 상가와의 갈등이 다소 있는 것으로 알려져 있다. 그럼에도 제주시에서 핵심 입지를 자랑하는 대단지 아파트의 선두주자로 가장 빠른 진행을 보이는 탓에 가격도 만만치 않다. 14평(전용 39제곱미터)의 최고 실거래가는 2021년 8월 6억 5,000만 원에 거래되었고 최근에는 거래가 없다. 다만 15평(전용 46제곱미터)의 2023년 5월 실거래가가 6억 3,000만 원에 마크되었고, 해당 면적의 최고 실거래가는 2021년 10월 8억 원에 육박했다.

참고로 제주도에서 가장 비싸게 팔린 거래는 구축 중에선 연동의 대림e편한세상 2차 35평(전용 85제곱미터) 매물이 2021년 10월 10억 원에 팔린 적이 있고, 신축은 e편한세상연동센트럴파크 1단지 32평(전용 85제곱미터)이 10억 5,000만 원선이었다. 이를 바탕으로 제주시 이도주공 1단지와 2·3단지 재건축 투자를 고려한다면 가격은 어떻게 예상할 수 있을까. 앞서 언급한 연동 대림e편한세상 2차는 구축(2022년 준공)

이고, 신축 e편한세상연동센트럴파크는 1·2단지를 합쳐도 204세대의 소단지다.

그에 비해 규모와 연식 모두 뛰어난 이도주공 아파트는 84타입 기준 최소 12억 원은 넘어간다고 보고 접근해도 무방할 것이다. 물론 구도심과 신도심이라는 차이가 있겠으나 구 제주로 불리는 이도이동이라 해도 생활 인프라나 행정시설, 우수한 직장 등이 풍부한 제주의 핵심지로서 충분하기 때문이다.

제원 1·2·3차

- 위치: 제주시 연동 251-38번지 일원
- 면적: 35,181.6제곱미터
- 계획세대수: 745세대 (기존 628세대)

제주도 제주시의 초 핵심지라 할 수 있는 연동 재건축 최대어 제원 1·2·3차는 1979년에 지어진 아주 오래된 아파트다. 2016년 9월 안전진단을 통과한 후 2021년 11월 정비구역지정 고시를 받았다. 소형 위주로 구성된 1차의 경우 세대당 평균 대지지분이 11.2평이나, 2차는 중형이상 평형으로 세대당 평균 대지지분이 21.7평으로 높은 편이다. 19평과 24평으로 구성된 제원 3차의 경우에는 평균 대지지분이 13.7평이다.

다만, 아쉬운 점이 있다면 사진에 보이는 아파트 중간의 도로가 모두 사도私道가 아닌 시유지 공도公道이기에 폐도廢道를 시키지 못하는 것으

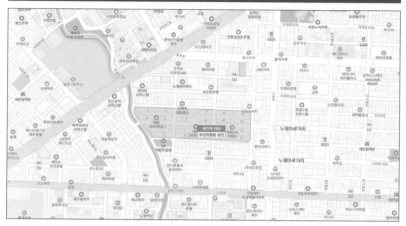

출처: 아실

단지 내 도로

단지 내 상가

로 결정되어 신축 아파트가 완공되더라도 단지 중간을 가로지를 수밖에 없다는 것이다. 이는 사업성 측면에서 마이너스 요인이면서 하나의 큰 단지라는 인식이 다소 부족할 수 있다는 것도 지적된다. 앞서 얘기한 e편한세상연동센트럴파크가 단지 가운데 도로가 지나는 것의 형상이므로 참고하여 보면 좋을 것이다.

제주시의 아파트들은 신축 기준으로는 대단지가 없다고 봐도 될 정도로 건축에 있어 어려움이 크다. 제원 아파트의 경우도 1·2·3차가 모두 통합하여 하나의 단지로 중간 도로 역시 폐도하여 진행됐다면 대단지 신축의 프리미엄을 제대로 누릴 수 있었을 것이다.

참고로 제원 아파트 한가운데에는 아파트 단지 내 상가가 존재한다. 그러나 조합 설립 당시 추진위원회에서는 설립에 걸림돌이 되는 상가동이 과반수 동의를 해주지 않자 사업에서 제척하기로 결정하고 토지 분할소송을 제기하면서 이와 동시에 제주도 건축위원회에 상가동을 제외시킨 건축계획심의를 요청했다.

'도정법'에 따르면 재건축사업을 추진할 때 주택 단지 안의 일부 토지의 분할을 청구할 수 있다. 이때 토지 분할이 완료되지 않고 동의 요건에 미달되더라도 건축위원회심의를 거쳐 조합설립인가와 사업시행계획인가를 받을 수 있다는 점을 들어 먼저 건축계획심의를 받았고, 조합설립까지 이루어내겠다는 것이 조합 측의 의지다.

제원 3차 19평(대지지분 약 11평)의 최고 실거래가는 2021년 2월에 4억 1,000만 원이었으며, 가장 최근 실거래가는 2023년 1월에 3억 9,200만 원이 마크되어 있다. 제원 1차의 경우 15평의 최고 실거래가는 2022년 1월 4억 5,000만 원이었고, 가장 직전 거래는 2023년 6월 3억 4,700만 원에 이루어졌다. 중형 위주의 2차는 대지지분에 있어 유리하지만 매가가 높아 실투금이 많이 들어간다는 단점이 있다.

제주도의 재건축 예정단지

제주시 및 서귀포시 원도심 내 200세대 이상 공동주택단지 가운데, 지은 지 25년 이상인 곳이 27개로 전체 51개 중 절반 이상을 차지한다.

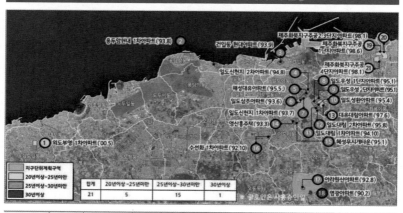

제주시 정비예정구역지정 가능 공동주택 현황

합계	20년이상~25년미만	25년이상~30년미만	30년이상
21	5	15	1

단지명	세대수/ 면적(㎡)	사용승인일 (경과 연수)	용도/지역	건폐율 (%)	용적률 (%)	높이	고도 지구	지구단위계획 건폐율 (%)	용적률 (%)	높이
외도부영 1차 아파트	1,012/ 29,943	2000.05.22 (20년 7개월)	제2종 일반 주거지역	27.01	229.73	11층	35m 이하	–	–	–
용두암 현대 1차 아파트	238/ 15,403	1993.08.30 (27년 4개월)	제2종 일반 주거지역	29.39	174.24	7층	20m 이하	–	–	–
건입동 현대아파트	448/ 28,756	1993.09.01 (27년 3개월)	제2종 일반 주거지역	29.99	162.85	7층	30m 이하	–	–	–
일도신천지 2차 아파트	228/ 14,038	1994.08.05 (26년 4개월)	제2종 일반주거지역 (지구단위 계획구역)	21.19	121.29	6층	–	60 이하	120 이하	6층 이하
혜성대유 아파트	204/ 11,850	1995.05.11 (25년 7개월)	제2종 일반주거지역 (지구단위 계획구역)	27.11	127.47	6층	–	60 이하	120 이하	6층 이하
일도삼주 아파트	180/ 10,599	1993.06.26 (27년 6개월)	제2종 일반주거지역 (지구단위 계획구역)	27.07	129.45	6층	–	60 이하	120 이하	6층 이하

단지명	세대수/ 면적(㎡)	사용승인일 (경과 연수)	용도/지역	건폐율 (%)	용적률 (%)	높이	고도 지구	지구단위계획		
								건폐율 (%)	용적률 (%)	높이
일도신천지 1차 아파트	420 / 27,439	1993.07.10 (27년 5개월)	제2종 일반주거지역 (지구단위 계획구역)	27.18	124.68	6층	–	60 이하	120 이하	6층 이하
일도우성 1단지 아파트	360 / 24,713	1995.01.28 (25년11개월)	제2종 일반주거지역 (지구단위 계획구역)	28.91	110.58	5층	–	60 이하	110.1 이하	5층 이하
일도우성 2단지 아파트	170 / 15,551	1995.01.28 (25년11개월)	제2종 일반주거지역 (지구단위 계획구역)	22.75	110.74	5층	–	60 이하	110.1 이하	5층 이하
일도성환 아파트	189 / 13,090	1995.04.14 (25년 8개월)	제2종 일반주거지역 (지구단위 계획구역)	30.78	116.16	5층	–	60 이하	110.1 이하	5층 이하
일도대림 1차 아파트	168 / 13,065	1994.10.01 (26년 2개 월)	제2종 일반주거지역 (지구단위 계획구역)	28.59	110.89	5층	–	60 이하	110 이하	5층 이하
일도대림 2차 아파트	179 / 13,730	1995.08.24 (25년 4개월)	제2종 일반주거지역 (지구단위 계획구역)	22.72	110.38	5층	–	60 이하	110 이하	5층 이하
대유대림 아파트	600 / 50,468	1997.06.27 (23년 6개월)	제2종 일반주거지역 (지구단위 계획구역)	30.11	152.17	5층	–	60 이하	110 이하	5층 이하
영산홍주택	312 / 21,298	1993.03.24 (27년 9개월)	제2종 일반주거지역 (지구단위 계획구역)	28.19	97.38	4층	–	60 이하	95.6 이하	4층 이하
혜성 무지개타운	272 / 16,010	1995.01.23 (25년 11개월)	제2종 일반주거지역 (지구단위 계획구역)	36.14	105.59	4층	–	60 이하	95.8 이하	4층 이하

제3장 서울부터 제주까지 대한민국 정비사업 유니버스　　　233

수선화 1차 아파트	200/8,080	1992.10.02 (28년 2개월)	제2종 일반주거지역	30.67	147.03	5층	30m 이하	–	–	–
아라원신 아파트	168/10,661	1992.08.19 (28년 4개월)	제2종 일반주거지역 (지구단위 계획구역)	26.99	163.25	7층	–	40 이하	220 이하	7층 이하 (20m)
염광 아파트	350/13,727	1990.02.01 (30년 10개월)	제2종 일반주거지역 (지구단위 계획구역)	33.78	164.89	5층	–	40 이하	220 이하	7층 이하 (20m)
제주화북 지구 주공1단지 아파트	392/28,638	1998.06.18 (22년 6개월)	제2종 일반주거지역 (지구단위 계획구역)	25.24	134.89	7층	–	30 이하	170 이하	7층 이하
제주화북지구 주공2·3단지 아파트	1,160/58,599	1998.01.15 (22년 11개월)	제2종 일반주거지역 (지구단위 계획구역)	26.75	140.82	7층	–	30 이하	170 이하	7층 이하
제주화북지구 주공4단지 아파트	810/ 42,030	1998.01.10 (22년 11개월)	제2종일반주거지역 (지구단위 계획구역)	25.19	159.71	7층	–	30 이하	170 이하	7층 이하

출처: 제주특별자치도 홈페이지

서귀포시 정비예정구역지정 가능 공동주택 현황

단지명	세대수/면적(㎡)	사용승인일 (경과 연수)	용도/지역	건폐율 (%)	용적률 (%)	높이	고도지구	지구단위계획		
								건폐율 (%)	용적률 (%)	높이
성산연립주택	195/12,781	1995.01.27 (25년 11개월)	제2종일반주거지역 (지구단위계획구역)	36.57	87.81	3층	–	60 이하	250 이하	12m 이하
대림제주서호연립주택	252/23,972	1995.01.21 (25년 11개월)	제2종일반주거지역 (지구단위계획구역)	35.78	79.53	3층	–	60 이하	250 이하	12m 이하
민우빌라	284/12,706	1995.01.27 (25년 11개월)	제2종일반주거지역 (지구단위계획구역)	35.31	84.44	3층	–	60 이하	250 이하	12m 이하
삼주연립주택	272/18,446	1992.02.17 (28년 10개월)	제2종일반주거지역 (지구단위계획구역)	33.35	98.01	3층	–	60 이하	250 이하	12m 이하
동남서호연립주택	143/12,735	1995.01.18 (25년 11개월)	제2종일반주거지역 (지구단위계획구역)	32.18	95.31	3층	–	60 이하	250 이하	12m 이하
현대연립	156/16,431	1992.12.21 (28년)	제2종일반주거지역 (지구단위계획구역)	32.44	84.8	3층	–	60 이하	250 이하	12m 이하
동홍주공1단지아파트	310/16,452	1988.10.14 (32년 2개월)	제2종일반주거지역	22.38	89.75	5층	25m 이하	–	–	–
동홍주공2단지아파트	305/15,143	1990.12.17 (30년)	제2종일반주거지역	22.15	94.77	5층	25m 이하	–	–	–
동홍주공4단지아파트	320/17,265	1994.10.20 (26년 2개월)	제2종일반주거지역	26.24	109.29	5층	25m 이하	–	–	–

동홍주공 5단지 아파트	830 / 51,992	1999.04.16 (21년 8개월)	제2종 일반주거 지역	26.29	94.09	5층	25m 이하	–	–	–
삼아 아파트	239 / 17,023	1991.08.13 (29년 4개월)	제2종 일반주거 지역	32.70	158.03	5층	25m 이하	–	–	–
세기 아파트	170 / 10,516	1990.01.25. (30년 11개월)	제2종 일반주거 지역	33.92	164.05	5층	25m 이하	–	–	–

출처: 제주특별자치도 홈페이지

이에 따라 지자체에서도 '2030 제주특별자치도 도시주거환경정비기본계획'을 수립하고 노후 주거지에 대한 개선사업이 필요함을 역설하였다. 노후화된 주거지를 개선하면 제주도 원도심의 가장 시급한 과제로 지적되는 주차장 확보율도 개선할 수 있기 때문이다.

따라서 '2030 제주특별자치도 도시주거환경정비기본계획'에서는 정비예정구역지정 기준과 이에 따른 지정 가능한 공동주택 현황을 다음과 같이 발표하였다.

제주도 소규모 주택 정비사업

앞서도 언급하였듯, 제주도심에는 대단지 공동주택이 부족하다. 때문에 작은 규모의 공동주택을 정비하는 사업이 오히려 더 많이, 빠르게 진행되는 것이 사실이다. 하지만 이러한 소규모주택정비사업의 한계점은 명확하다. 투자를 고려하더라도 되도록 세대수가 적어도 100세대 이상으로 구성되는 곳들을 우선적으로 보는 것이 좋다.

제주시 소규모 정비사업 현황

단지명	위치	면적(㎡)	세대수	추진 현황	비고
삼덕연립주택	제주시 연동 267	3,463	96 (조합 84, 분양 12)	2019.03. 조합설립인가	소규모 재건축
정한빌라	제주시 연동 253-11	1,596	58 (조합 22, 분양 36)	2021.06. 사업시행인가 접수	소규모 재건축
탐라빌라	제주시 연동 265	3,338	100 (조합 78, 분양 22)	2019.6. 조합설립 인가	소규모 재건축
우주빌라	제주시 연동 253-20	2,201	84 (조합 41, 분양43)	2021.06. 사업시행인가 접수	소규모 재건축
인제아파트	제주시 일도이동 377-9	3,710	166 (조합 86, 분양 80)	2020.08. 조합설립인가	소규모 재건축
미림주택	제주시 연동 279	2,710	158 (조합 59, 분양99)	2021.02. 조합설립인가	소규모 재건축
공원·일우·정원빌라	제주시 연동 298-3외 2 필지	1,912.4	52 (조합 32, 분양 20)	2021.07. 조합설립인가 준비	가로주택 정비
일도이동 신산머루	제주시 일도이동 일원	6,693.4	165 (조합 41, 분양 114)	동의서 검인	가로주택 정비
연동삼무연립주택 일원	제주시 연동 280-3 일원	2,982.3	78 (조합 34, 분양 44)	동의서 검인 재신청	가로주택 정비

출처: 제주특별자치도 홈페이지

재건축 단지의 사업성을
분석해보자

- 대상지: 월계 미미삼 (미성·미륭·삼호) 아파트

  *전제사항: 시공비 계산은 공급면적이 아니라 계약면적을 기준으로 한다.

1. 먼저 해당 사업지의 기본 현황을 알아보자.

- 용적률: 131퍼센트

- 현 세대수: 3,930세대

- 세대당 평균 대지지분: 15.4평

- 대지면적: 60,457평

2. 이어서 우리가 이곳의 재건축 매물을 산다고 가정하고 사업성이 얼마나 되는지, 쉽게 말해 얼마가 들고 얼마나 남을지 계산해보자.

- 59타입(계약면적 40평) 비율은 60퍼센트, 84타입(계약면적 55평) 비율은 40퍼센트
- 평당 시공비: 600만 원(최근 현황 반영)
- 평당 일반분양가: 3,000만 원(예상)
- 평당 임대주택 건축비: 300만 원(통상 공사비의 50퍼센트)
- 기부채납: 13퍼센트(7,859평)
- 실면적: 52,598평
- 종후 용적률: 300퍼센트(임대 반영 시)
- 세대당 필요 대지지분(평균 9.32평): 59타입 8평, 84타입 11.3평
- 조합원 소요 대지면적: 36,627평
- 일반분양 및 임대 대지면적: 15,971평

3. 위를 바탕으로 세대수와 사업비, 건축원가를 예상해보자.

- 예상 일반분양+임대 세대수 1,714세대
  - 임대세대수: 947세대의 절반(제3종 용적률 상향분, 250퍼센트→300퍼센트, 증가분 50퍼센트의 절반)=473세대
  - 임대제외 일반 세대수: 1,241세대
- 예상 총 세대수 5,644세대: 59타입 3,386세대+84타입 2,258세대

(6:4)

- 건축비: 1,557,780,000,000원

- 기타사업비: 519,260,000,000원 (건축비의 1/3)

- 조합원 1인당 사업비: 132,127,226원

- 59타입 조합원 건축원가: 372,147,226원

- 84타입 조합원 건축원가: 462,127,226원

- 일반분양수익: ① 59타입/745세대 536,400,000,000원 + ② 84타입/496세대 505,920,000,000원 = 1,042,320,000,000원 (1조 423억 2,000만 원)

위의 합산에 따르면,

- 일반분양의 건축비 총합 = 342,480,000,000원 (임대 제외)

- 분양이익: 699,840,000,000원 (평당 43,819,423원)

- 대지 15.4평 소유자 기여 대지지분 (기부채납 제외): 13.4평 - 11.3평 (84타입) = 2.1평

- 일반분양 조합원 기여금액: 2.1평 × 43,819,423원 = 92,020,788원

- 84타입 조합원 건축원가 - 기여금액: 462,127,226원 - 92,020,788원 = 370,106,438원* 이 된다.

  *대지지분 15.4평 조합원이 84타입을 받는 데 필요한 예상 추가분담금

유의사항

임대주택 판매금액은 산입하지 않으며, 준주거지 종상향 고려하지 않는다. 그러나 시공비 상승 우려, 일반분양가 상승은 고려해야 한다.

제4장

아파트가 아니어도
돈이 되는 기타 정비사업과
부동산 투자

소규모주택
정비사업

일반적인 재개발과 재건축은 '도정법'에 따라 사업이 시행된다. 그에 반해 소규모주택 정비사업은 '빈집 및 소규모주택 정비에 관한 특례법' 에 정한 절차에 따라 노후·불량 건축물 가운데 일정 요건에 해당하는 지역 혹은 가로구역街路區域에서 시행하는 사업을 말한다. '가로'란 고속 도로를 제외한 일반적 시가지의 도로로 '차도'와 '보도'로 구분되어 있 다. 소규모주택 정비사업은 세부적으로 아래와 같이 구분할 수 있다.

- 자율주택 정비사업: 단독주택, 다세대주택 및 연립주택을 스스로 개량 또는 건설하기 위한 사업
- 가로주택 정비사업: 가로구역에서 종전의 가로를 유지하면서 소규모로 주 거환경을 개선하기 위한 사업

- 소규모 재건축사업: 정비기반시설이 양호한 지역에서 소규모로 공동주택을 재건축하기 위한 사업. 이 경우 도심 내 주택공급을 활성화하기 위하여 해당 요건을 모두 갖추어 시행하는 소규모 재건축사업을 '공공참여 소규모 재건축활성화사업'(이하 '공공소규모재건축사업')이라 한다.
- 소규모 재개발사업: 역세권 또는 준공업지역에서 소규모로 주거환경 또는 도시환경을 개선하기 위한 사업이다.

소규모주택 정비사업의 요건

구분		소규모주택 정비사업			
		자율주택 정비사업	가로주택 정비사업	소규모 재건축사업	소규모 재개발사업
대상 지역		정비구역 해제지역, 소규모 주택정비 관리지역 등 (기존 36세대 미만)	6m 이상 도로로 둘러싸인 1만 3,000㎡ 미만의 가로구역 (기존 20세대 이상)	사업면적 1만㎡ 미만 노후 연립, 아파트 (기존 200세대 미만)	사업면적 5,000㎡ 미만 역세권 350m 이내 준공업지역
시행 방식	단독	• 주민합의체 (토지등소유자 2명 이상)	• 조합 또는 주민합의체(토지등소유자 20명 미만인 경우) • 공공시행자(구청장, 공사), 지정개발자(신탁업자)		
	공동	• 구청장, 공사 • 건설업자(건설산업기본법), 등록사업자(주택법), 신탁업자(자본시장법), 부동산투자회사(부동산투자회사법)			
동의 요건		100%	토지등소유자의 8/10 이상 및 토지면적의 2/3 이상 동의	전체 구분소유자 3/4 이상 및 토지면적의 3/4 이상 동의	전체 구분소유자 3/4 이상 및 토지면적의 3/4 이상 동의
사업 기간		평균 1~2년	평균 2~4년	평균 2~4년	평균 2~4년

출처: 서울시 홈페이지

소규모주택 정비사업의 장단점

이러한 소규모주택 정비사업은 몇 가지 장점이 있다. 먼저, 전면 재개발·재건축사업 대비 속도가 빠르다. 정비계획수립, 추진위원회설립, 관리처분인가 계획 등의 인허가 절차 생략되기 때문이다. 두 번째로 조합원 수가 많지 않아 의견 취합이 쉽기에 이해다툼이나 갈등이 적은 편이다. 세 번째, 조경, 건폐율, 공지(피난 및 소화 등에 필요한 대지 안의 공간)의 기준, 부대시설 설치기준 등 건축 규제도 전면 정비사업 대비 다소 융통성이 있는 편이다. 네 번째, 전면 재개발 구역과 대비해 비슷한 입지라고 해도 투자금이 약간 적을 수 있다. 마지막 다섯 번째로 투기과열지구 내라고 할지라도 재당첨 제한이 미적용되고, 분양가상한제도 미적용 된다(일반분양 30세대 미만 또는 공공성 확보 요건 충족 시).

반대로 단점이라면 어떤 것이 있을까? 먼저 공급물량이 적어 사업성이 높지 않을 수 있으며, 소단지이므로 가격 상승의 한계가 있다는 단점이 있다. 아무래도 나홀로 아파트처럼 느껴지거나 부지가 작아 단지의 규모가 크지 않기 때문이다. 이에 따라 주차나 부대시설이 대단지 신축과 비교했을 때에는 당연히 좋지 않을 수밖에 없다. 또한 서울의 강남권을 제외하고는 메이저급 건설사들의 수주가 잘 없는 편이고, 소형 건설사의 자금 조달 등의 문제로 사업 추진이 어려워질 수 있다는 리스크도 있다. 브로커나 전문성이 부족한 영세시행업자들이 사업을 좌우하는 경우가 많다는 측면도 늘 문제로 지적된다.

소수의 인원만으로도 구청으로부터 연번을 부여받은 동의서(재개발

사전검토요청 동의서) 징구를 통해 사업을 진행하므로 정비사업을 부풀려 주민이나 투자자들을 현혹하기도 한다는 것도 유의해야 한다. 덧붙여 투기과열지구 내에서 소규모주택 정비사업의 조합원 지위양도가 2022년 1월 '빈집 및 소규모주택 정비에 관한 특례법 일부 개정법률안'에 따라 2022년 8월 4일부터 금지됐다는 것도 알아두는 것이 좋겠다.

가로주택 정비사업

도시계획도로 또는 폭 6미터 이상의 도로로 둘러싸인 1개 단위의 구역에 해당하며 해당 구역 내 폭 4미터의 통과도로가 설치되어 있지 않아야 하고, 사업시행구역의 가로구역 면적이 1만 제곱미터 미만이어야 사업이 가능하다. 하지만 가로구역 면적은 시·도 조례에 따라 1만 3,000제곱미터까지 가능하며 도시계획위원회 심의 시에는 2만 제곱미

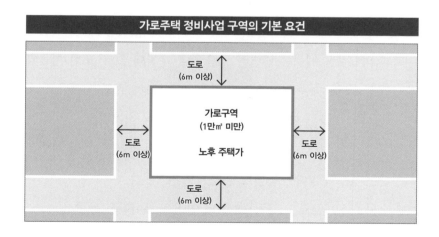

터까지 사업시행이 가능하다. 사업시행 면적 역시 공공성 여건을 충족하면 기존의 1만 제곱미터에서 2만 제곱미터까지 확대 적용 가능하다.

세대수로 따지면 약 250세대에서 500여 세대까지 늘어나는 셈이다. 노후·불량 건축물의 수가 전체 2/3 이상이어야 하고, 조합설립을 위한 동의에는 토지등소유자의 80퍼센트 이상, 토지면적의 2/3 이상의 동의가 필요하다. 공동주택이 있다면 각 동별 구분소유자의 과반수 이상 동의가 수반되며, 이외의 건축물은 건축물이 소재한 전체 토지면적의 1/2 이상의 토지등소유자 동의가 필요하다.

사례 1. 강남구 삼성동 98번지 일대

이곳의 가로주택 정비사업은 럭키금성, 지일빌라, 성신빌라, 한강빌라, 엔트빌이 사업에 참여하여 전체 부지 면적 5,848제곱미터에 해

출처: 아실

당한다. 전체 3개 동으로 총 118세대, 일반분양 27세대로 효성건설이

시공사업자로 참여하였다. 제2종 7층 제한구역이었지만 공공임대를

12세대(10퍼센트) 공급하면서 10층으로 지어질 수 있게 되었고 일반분

양 물량이 30세대 미만이어서 분양가상한제를 피해갔다.

사례 2. 서초구 서초동 1622번지 일대

서초동의 가로주택 정비사업지도 소개한다. 구역면적은 3,856제곱

미터이며 3개 동 67세대가 예정되어 있다. 현재 제2종 일반주거지역으

로서 용적률은 199퍼센트로 계획되었다. 2020년 6월에 조합설립인가

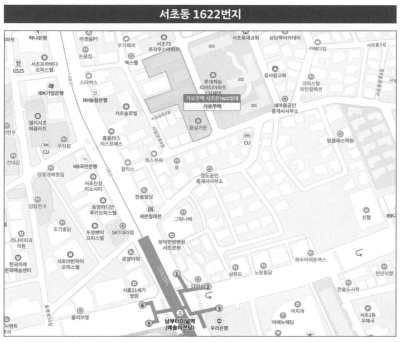

출처: 아실

를 받았고 시공사는 효성건설이다.

사례 3. 강남구 대치동 1031번지 일대

강남구 대치동 래미안대치팰리스 아파트 인근에 대치더클래스라는 곳이 있다. 이곳은 현대타운빌라 A동부터 G동까지 7개 동과 1개의 다가구주택을 포함하여 가로주택 정비사업을 진행한 곳이다. 2018년 6월에 조합설립인가를 득하고 2022년 7월에 완공을 마쳤으니 그만큼 소규모주택 정비사업의 속도가 빠르다는 반증이라 할 수 있다. 아파트 42세대 1동짜리이지만 지하 4층과 지상 11층의 그럴싸한 아파트로 재탄생하였다. 신축이 귀한 대치동에서 충분한 입주수요를 얻고 있는 곳이다.

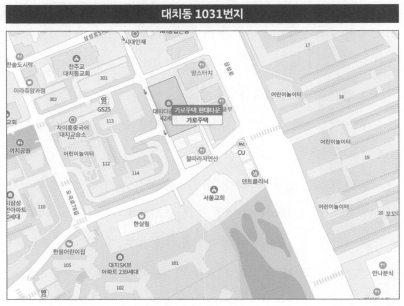

대치동 1031번지

출처: 아실

소규모 재건축사업

소규모 재건축사업은 면적 1만 제곱미터 이하, 세대수는 200세대 미만, 정비 기반 시설이 양호한 곳이어야 하고 준공 후 30년 이상이 지난 노후·불량 건축물이 2/3 이상이어야 사업을 진행할 수 있다. 일반 재건축사업에서는 안전진단, 정비구역지정 이후 추진위원회를 설립하여야 조합설립을 할 수 있지만, 소규모 재건축사업은 바로 조합설립 후 사업을 진행하게 되므로 사업 시간이 단축될 수밖에 없다.

또한 직접 시행도 가능한데 조합이 직접 시행을 하거나 토지등소유자가 20명 미만인 사업장에서는 토지등소유자가 직접 시행할 수 있다. 만약 조합 또는 토지등소유자 과반수의 동의를 받게 되면 시장이나 군수, 토지주택공사, 건설업자, 등록사업자, 신탁업자, 부동산투자회사 등과 다양하게 각각 공동으로 시행할 수도 있다는 장점이 있다.

사례. 강남구 개포우성 5차

소규모 재건축이 진행되는 대표적인 구역을 소개하자면 강남구 개포우성 5차 아파트가 있다.

1986년 10월에 입주한 이 아파트는 최고 9층, 4개 동 180세대의 소단지다. 전체 대지면적이 8,527제곱미터로서 1만 제곱미터 이하이기에 소규모 재건축으로 사업이 진행 중이며 기존 27평, 29평으로 구성되어 있고 평형별 대지지분은 각각 13.2평, 14.7평이다. 신축은 지하 2층, 지상 35층 206세대로 사업계획 중에 있다. 매봉역 초역세권에 위치한 곳

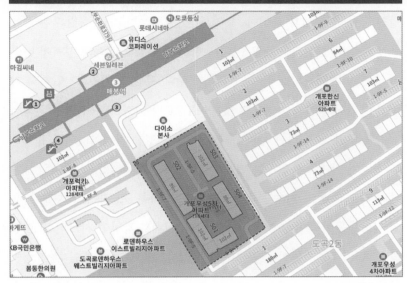

개포우성 5차 아파트 위치

출처: 디스코

이며 일반분양 세대가 26세대이므로 분양가상한제 적용 또한 받지 않고, 신축 이후 실거주 의무도 없다.

이 외에도 서초구의 아남, 신반포 22차, 신반포 26차 아파트, 잠원한 신그린, 광진구의 삼성 1차 등이 소규모 재건축을 계획 중에 있다.

소규모주택 정비사업도 결국 입지가 관건이다

여기서 우리가 꼭 알고 넘어가야 하는 포인트를 이야기하고자 한다. 소규모주택 정비사업은 부동산 사이클의 영향에 따라 사업이 진행되기도 하고 멈추기도 한다는 점에서는 일반 정비사업과 큰 차이는 없다. 당연히 주변 시세가 올라야 '우리도 한번 해보자'라는 욕망의 자극을 통해 사업이 진행되는 것은 어디나 마찬가지니까. 그런데 입지에 따라 이 욕망이 패배주의로 물드는 곳들이 많다. 무슨 의미일까? 입지적 가치가 아쉽거나 신축 아파트로 바꾸어도 '고작 이런 작은 소단지 신축이 경쟁력이 있겠어?'라는 패배주의로 빠질 수 있는 지역이라면 소유자들의 의지가 단단하지 않다는 것이다.

때문에 위에 소개한 구역이나 단지들도 대충 보더라도 대부분 서울의 강남권들이 많음을 눈치챘을 것이다. 실제로 강남권 지역의 많은 빌라 단지와 주택지들이 소규모주택 정비사업을 추진하고 있다. 그렇지 않은 지역들은 사업이 좌초되거나 정체되는 경우를 심심치 않게 볼 수 있다. 그러한 이유는 무엇일까?

사실 답은 아주 간단하다. 강남권에서는 작은 소규모 단지일지라도 신축이 귀한 대접을 받는 특성에 따라 그 가치가 아주 크게 평가절하되지 않는다는 강점이 있기 때문이다. 반대로 주변에 신축 대단지들이 많으면서 소규모 신축의 가치가 그에 비해 현저히 떨어지거나 외면받을 만한 입지라면 사업은 쉽게 진행되지 못할 가능성이 높다. 이 점을 꼭 유의하도록 하자.

모아타운

서울시와 국토부는 노후 저층 주거지의 새로운 정비방식을 추진한다. 이름하여 '모아타운'인데 기존의 '소규모주택 정비관리지역'의 서울시 버전이라고 이해하면 쉽다.

기존 블록 단위의 '모아주택'(가로주택정비나 소규모 재건축 등과 같은 소규모주택 정비사업 방식)의 개념을 확장시켜 10만 제곱미터 이내, 노후도 50퍼센트 이상 지역을 그룹으로 묶어서 노후주택정비와 그 지역 안에 필요한 기반시설(공영주차장, 공원) 등을 설치하는 대규모 지역단위 정비방식이다.

다음은 모아타운 내의 모아주택을 유형별로 알아보자.

대규모주택 정비사업과 모아주택 비교

재개발·재건축	모아주택
대규모 정비사업	**소규모주택 정비사업** 이웃해 있는 개별적인 다가구 다세대주택들을 블록 단위로 묶어 공동개발
8~10년 소요	**2~4년 소요** 정비계획수립, 추진위원회 승인, 관리처분계획 인가 절차 생략
모아타운 혜택	• 공영주차장, 공원, 어린이집 등 공공 기반시설 조성비 최대 375억 원 지원 • 아파트 단지처럼 통합 지하주차장 설치 지원 • 조건에 따라 제2종(7층) 이하 지역 층수 제한 최고 10층→15층 완화 • 지역 여건에 따라 일반주거지역의 용도지역 한 단계 상향 • 기본 설계 위해 공공건축가 및 5,000만 원 지원

모아타운 이해도

출처: 서울시 모아타운 홍보자료

자율주택형

단독주택, 다세대주택 및 연립주택을 스스로 개량 또는 건설하기 위한 사업이다. 토지등소유자가 합의해 정비사업 중 가장 작은 단위 사업장이 대상이 되며 1,500제곱미터 이상, 기존 36세대 미만을 기준으로 한다. 시행방식은 주민 합의체(토지등소유자 2명 이상), 공동시행 모두 가능하고 사업 요건은 노후·불량 건축물 전체 건축물 수의 57퍼센트 이상(경과연수 기준 20년)이다. 동의 요건은 토지등소유자 8/10 이상 및 토지면적 2/3 이상 확보해야 한다.

가로주택형

가로구역에서 종전의 가로를 유지하면서 소규모로 주거환경을 개선하기 위한 사업이다. 종전의 가로를 유지하며 자율주택정비사업보다 큰 규모의 사업을 대상으로 하고, 2만 제곱미터 미만의 가로구역(기존 20세대 이상)까지 가능하다. 시행방식은 조합 또는 주민합의체(토지등소유자 20명 미만), 공동시행이 가능하다. 노후·불량 건축물이 전체 건축물 수의 57퍼센트 이상(경과연수 기준 20년)의 노후도를 충족해야 하고 조합설립 시 토지등소유자의 8/10 이상 및 토지면적 2/3 이상(주민합의체의 경우 토지등소유자 100퍼센트)의 동의가 필요하다. 일반적인 사업절차는 '조합설립인가·주민합의체구성→통합심의→사업시행인가(관리처분계획 포함)→이주 및 착공'의 순서로 이루어진다.

소규모 재건축형

정비기반시설이 양호한 지역에서 소규모로 공동주택을 재건축하기 위한 사업으로 소규모 공동주택 재건축으로 안전진단 생략이 가능하다. 사업면적 1만 제곱미터 미만의 노후 연립, 아파트(기존 200세대 미만)를 대상지역으로 한다. 시행방식은 위와 동일하고, 노후·불량 건축물은 전체 건축물 수의 2/3 이상을 충족해야만 한다. 동의 요건은 조합설립 시 전체 구분소유자 3/4 이상 및 토지면적 3/4 이상(주민합의체의 경우 토지등소유자 100퍼센트)의 동의가 필요하다.

소규모 재개발형

역세권 또는 준공업지역에서 소규모로 주거 또는 도시환경을 개선하기 위한 사업으로 역세권, 준공업지역에서 제한적으로 시행하며 정비구역지정 등의 절차를 생략한다. 사업면적 5,000제곱미터 미만, 역세권 250미터 이내 또는 준공업지역을 대상으로 하고 사업 요건으로서는 노후·불량 건축물 전체 건축물 수의 2/3 이상이라는 조건이 전제된다. 토지등소유자의 8/10 이상 및 토지면적 2/3 이상의 동의가 필요하다.

여타 소규모주택 정비사업과 마찬가지로 사업기간은 보통 4년 정도 소요되는 것으로 알려졌다. 간단한 사업절차를 살펴보면 '예비구역→도시재생위원회사전지문→주민공람 구의회 의견청취→예정구역지정 및 고시→조합설립인가 주민합의체 구성→통합심의→사업시행인가(관리처분계획 포함)→이주 및 착공'의 순으로 이루어진다.

모아타운의 장점과 단점

지금까지의 내용을 정리하자면 기존의 소규모주택 정비사업의 한계점을 극복하기 위해 서울시에서 내세운 모아타운은 모아주택들을 모아타운 안에 적절히 배치하고 면적 1만 제곱미터 이내에서 지역 활성화와 공공지원을 통한 지역 내 공용시설부를 더 확보하는 것이 주목적이라 할 수 있다.

　모아타운의 장점은 소규모 주택정비의 단지형, 대단지 아파트의 효과를 꾀할 수 있다는 점이 가장 우선된다. 공동시공사 선정 시 협상력을 올릴 수 있으며 1군 브랜드도 얼마든지 사업에 참여할 가능성이 높아진다. 지하주차장이 있고 지하를 통해 각종 커뮤니티시설을 이용할 수 있게 하며, 지상부의 활용도를 향상시켜 외관을 개선할 수도 있다. 또한 최대 375억 원의 국비와 시비의 지원으로 도로, 주차장, 공원과 같은 시설을 확충할 수 있다는 장점이 있다.

　단점이라면 기존의 가로는 존재한다는 것과 모아주택별로 자동차

모아타운 사업의 장점

도로가 나뉜다는 것이다. 이는 최근 지어지는 신축 대단지의 트렌드와는 다른 모습이라 아쉬움이 남을 수밖에 없다. 지하주차장 공사는 통합한다고 해도, 모아타운 내의 모아주택 사업지별로 속도 차이는 불가피하다. 지하주차장 시공에 따른 사업비 상승과 분담금의 증가 우려도 분명 존재한다.

가로주택 정비사업방식의 모아주택은 동의율이 80퍼센트 이상이므로 이를 채우는 것도 보통 일은 아니다. 물론 채우고 나면 사업속도는 비교가 되지 않게 빠르겠지만, 다가구주택이 밀집한 구역은 기존 소유자들이 월세 소득을 포기하기 싫어서 동의를 해주지 않는 경우도 있을 수 있다.

가장 중요한 것은 모아타운 내의 개별사업지(모아주택) 간의 사업 진행의 차이, 이해관계의 차이로 인해 사업이 지연되거나 의견 조율이 어려울 수 있다는 점도 간과해서는 안 될 것이다.

모아타운 사업 지정 방식과 추진 현황

모아타운은 자치구의 공모나 주민제안을 통해 이루어진다. 자치구 공모는 자치구에서 대상지를 제출하고 서울시가 평가 후 대상지를 선정, 자치구가 관리계획을 수립하는 방식으로 지정된다. 이와 달리 주민제안은 조합이나 토지등소유자가 관리계획을 수립하여 제안하는 방법이다. 이때 토지등소유자가 가장 유의해야 할 것은 권리산정기준일이다.

권리산정기준일은 말 그대로 새로운 건축물을 분양받을 권리를 산정하기 위한 기준이 되는 날짜를 의미한다. 투기수요를 제한하고 소유자들의 권리를 보호하는 것을 목적으로 하는 권리산정일은 그날 이후 새롭게 지어지는 건축물을 소유하거나, 일부의 지분만을 쪼개어 넘겨받는 이들에게 분양의 권리를 주지 않는다. 1차 지정 모아타운 대상지들의 권리산정일은 2022년 1월 20일이고, 이후 2차와 3차, 앞으로 지정되는 모아타운 대상지들은 선정발표 이틀 뒤로 권리산정일이 명시되어 있다.

2026년까지 서울시에 3만 호의 공급을 목표로 처음 시작된 모아타운 사업은 오세훈 시장의 적극적으로 추진하는 정치적 숙원사업이기도 하다. 2023년 기준 3차 선정을 통해 총 24개의 자치구, 75개소가 선정되었다. 관리지역이 고시된 구역 10개소, 관리계획이 수립 중인 구역은 총 45개소다.

서울시 모아타운 대상지 현황

모아타운(소규모주택정비) 관리지역 대상지 현황

◆ 모아타운 대상지 (24개 자치구, 총 75개소 면적 5,031,344㎡)

연번	자치구	대표 지번	면적(㎡)	관리(산정)기준일	비 고
1	강북구	번동 429-114	55,572	22.1.20./개별개발(개발)	관리지역 고시 완료 (지역사업비)
2	중랑구	면목동 86-3	97,000	22.1.20.	관리지역 고시 완료 (시범사업)
3	강서구	화곡동 1087	60,616	22.1.20.	
4	강서구	화곡동 354	85,482	22.1.20.	관리계획 수립 중
5	강서구	화곡동 359	58,477	22.1.20.	
6	서초구	화곡동 424	54,767	22.1.20.	
7	서초구	방배동 977	27,190	22.1.20./22.12.29.[1]	관리계획 수립 중
8	중구	신당동 50-21	97,273	22.1.20.	
9	중구	신당동 122-3	63,085	22.1.20.	관리계획 수립 중
10	중구	신당동 156-4	77,311	22.1.20.	
11	강동구	둔촌동 77-41	15,833	22.1.20.	관리계획 수립 완료
12	금천구	시흥동 1005	86,705	22.6.23.	관리지역 고시 완료
13	금천구	시흥동 817	30,430	22.6.23.	관리지역 고시 완료
14	금천구	독산동 922-61	89,944	22.6.23.	관리지역 고시 완료
15	강서구	등촌동 516	97,430	22.6.23.	관리계획 수립 중
16	강서구	화곡동 1130-7	75,405	22.6.23.	관리계획 수립 중
17	중랑구	면목동 535-2	22,074	22.6.23.	관리계획 수립 완료 (선정철)
18	중랑구	중화동 44-6	76,525	22.6.23.	관리지역 고시 완료 (선정철)
19	중랑구	면목동 297-28	55,385	22.6.23.	관리지역 고시 완료 (선정철)
20	중랑구	중화1동 4-30	75,015	22.6.23.	관리지역 고시 완료 (선정철)
21	종로구	구기동 100-48	64,231	22.6.23.	관리계획 수립 중
22	서대문구	남가좌동 457	75,382	22.6.23.	관리계획 수립 중
23	성동구	사근동 190-2	66,264	22.6.23.	관리계획 수립 완료 (선정철)
24	중랑구	망우3동 427-5	98,171	22.6.23.	관리계획 수립 중
25	강서구	방화동 454-61	55,361	22.6.23.	관리지역 고시 완료
26	도봉구	쌍문동 524-87	82,630	22.6.23.	관리지역 고시 완료
27	도봉구	쌍문동 494-22	31,303	22.6.23.	관리지역 고시 완료
28	노원구	상계동 177-26	96,000	22.6.23.	관리지역 고시 완료
29	서대문구	천연동 8-16	24,466	22.6.23.	입안용역 중
30	마포구	성산동 160-4	83,265	22.6.23.	관리계획 수립 중
31	마포구	망원동 456-6	82,442	22.6.23.	관리계획 수립 중
32	영등포구	신길동 173	61,500	22.6.23.	관리계획 수립 중
33	양천구	신월동 102-33	75,000	22.6.23.	관리계획 수립 중
34	양천구	방화동 382	72,000	22.6.23.	관리계획 수립 중
35	구로구	고척동 241	78,700	22.6.23./22.9.23.[3]	관리지역 고시 완료
36	구로구	구로동 728	64,000	22.6.23.	관리지역 고시 완료
37	송파구	풍납동 483-10	43,339	22.6.23.	관리지역 고시 완료
38	송파구	거여동 555	12,813	22.6.23.	관리지역 고시 완료
39	용산구	원효로4가 71	24,962	22.6.23.	관리계획 수립 중
40	서대문구	홍은동 385	37,287	22.10.27.	관리계획 수립 중
41	은평구	자양사동 12-10	55,608	22.10.27.	관리계획 수립 중
42	중랑구	방학2동 323-38	88,040	22.10.27.	자치구 검토 중
43	중랑구	면목동 155-1	90,102	22.10.27.	관리계획 고시 완료 (선정철)
44	성북구	서천동 534-69	74,114	22.10.27.	관리지역 고시 완료 (선정철)
45	성북구	석관동 261-22	48,178	22.10.27.	관리지역 고시 완료 (선정철)
46	강서구	방화 411	79,218	22.10.27.	관리계획 수립 중
47	강북구	수유동 52-1	73,549	22.10.27.	관리계획 수립 중
48	노원구	월계동 500	85,105	22.10.27.	관리계획 수립 중
49	노원구	월계동 534	51,621	22.10.27.	관리계획 수립 중
50	은평구	불광동 170	51,520	22.10.27.	관리계획 수립 중
51	은평구	대조동 89	40,848	22.10.27.	관리계획 수립 중
52	마포구	합정동 369	90,243	22.10.27.	입촌조사 중
53	마포구	공덕동 78	70,515	22.10.27.	관리계획 수립 중
54	강서구	공항동 55-327	96,903	22.10.27.	관리계획 수립 중
55	강서구	화곡6동 657	96,165	22.10.27.	관리계획 수립 중
56	구로구	구로동 270-38	38,827	22.10.27.	관리계획 수립 중
57	금천구	시흥동 864	74,447	22.10.27.	관리계획 수립 중
58	금천구	시흥동 950	59,867	22.10.27.	자치구 검토 중
59	영등포구	도림동 247-48	92,057	22.10.27.	관리계획 수립 중
60	영등포구	신길동 785	24,064	22.10.27.	관리계획 고시 완료 (선정철)
61	동작구	노량진동 221-24	31,783	22.10.27.	관리계획 수립 중
62	동작구	사당동 202-29	84,311	22.10.27.	관리계획 수립 중
63	관악구	신림동 1535	62,871	22.10.27.	관리계획 수립 중
64	관악구	신호동 113-2	55,320	22.10.27.	관리계획 수립 중
65	강남구	일원동 619-641	90,962	22.10.27.	관리계획 수립 중
66	양천구	목4동 724-1	52,785	23.7.6.	관리계획 수립 중
67	양천구	신월동 1021	81,623	23.7.6.	관리계획 수립 중
68	성동구	송정동 97-3	31,165	23.8.31.	대상지 선정
69	중랑구	면목본동 354-2	66,389	23.8.31.	대상지 선정
70	중랑구	중랑2동 323-38	99,931	23.8.31.	대상지 선정
71	도봉구	방학동 618	97,864	23.9.27.	대상지 선정
72	도봉구	쌍문1동 460	81,141	23.9.27.	대상지 선정
73	관악구	은천동 655-540	99,699	23.9.27.	대상지 선정
74	관악구	은천동 908-5	74,797	23.9.27.	대상지 선정
75	동작구	상도동 242	62,000	23.9.27.	대상지 선정
	계		5,031,344		

출처: 서울시 홈페이지, 2023년 10월 4일 기준 자료

비주택
정비사업 투자

재개발·재건축 투자를 하면서 꼭 주택을 소유해야만 입주권을 얻어가는 것은 아니다. 주택을 매매하는 과정, 보유하고 있는 동안에도 다주택자들은 여전히 징벌적이라고까지 여겨지는 과세를 감당해야 한다.

그렇기 때문에 주택이 아닌 것들을 매수하고 이를 통해 입주권을 받아갈 수 있다면 다주택자들에게는 더할 나위 없이 좋은 선택지가 될 수 있다는 점에서 인기가 많다. 특히 다주택자에게 취등록세 중과, 보유세 중과, 양도세 중과가 심각하게 행해지는 시기라면 그 인기는 더욱 상승할 수밖에 없다.

지상권

'지상권'은 사유지 혹은 국공유지 위의 무허가 건축물의 점유권을 말하는데 속칭 '뚜껑'이라고 한다('특정무허가 건축물'이라고 칭하기도 한다). 솥의 뚜껑만 있는 것처럼 땅은 없고 지상권만 소유하고 있는 모습이라 그렇게 불리기 시작했다. 지상권 매물의 입주권 부여 기준은 서울시 조례 기준으로 각호에 하나만 해당하면 된다.

① 1981년 12월 31일 현재 무허가 건축물대장에 등재

② 1981년 제2차 촬영한 항공사진에 나타나 있는 무허가 건축물

③ 재산세 납부대장 등 공부상 1981년 12월 31일 이전 건축하였다는 확증이 있는 건축물

④ 1982년 4월 8일 이전에 건축된 연면적 85제곱미터 이하의 주거용 건축물로 위의 1982년 항공사진이나 공부상 그 건축일이 확증되어야 한다.

지상권 매물의 특징과 장점

가장 먼저 가벼운 실투금액을 들 수 있다. 감정평가 금액이 거의 없다시피 하기 때문에 매물의 가격이 곧 프리미엄만 반영되어 있는 것이므로 전체 가격 자체가 가볍다. 또한 취등록세는 4.4퍼센트 고정이므로 다주택자나 법인에게 해당하는 취등록세 중과에서 자유롭다. 게다가 종부세에 해당하지 않는다(단, 주택분 재산세 부과 시에는 합산한다).

또한 지상권 매물은 국·공유지의 경우에는 토지 불하(매수)를 받을

수가 있다. 보통 관리처분인가 전에 이루어지는데 불하를 받게 되면 내 매물의 감정평가액이 올라가므로 평형 신청에서 순위가 불리할 때 유리하게 작용시킬 수 있다는 장점이 있다. 아울러 조합원분양가를 올리고 감정평가를 높게 해주는 최근 재개발 시장 추세에서는 받는 것이 유리할 수도 있다.

비례율이 상승하면 '뚜껑'을 가진 소유주들에겐 불리하고, 비례율이 하락하면 '뚜껑'을 소유한 이는 쾌재를 부르는 것도 재밌는 특징이라 할 수 있다.

지상권 매수 시 유의할 점

무엇보다 1981년 12월 31일 이전, 항공사진 또는 무허가 확인원에 등재가 되었는지를 꼭 확인해야 한다. 서울시 기준으로는 용도가 주거용이어야만 하고, 재산세 과세 대장을 통해 공부상 건축 날짜를 체크하는 것이 좋다. 지상권 아래 사용하고 있는 토지는 사유지이건 국·공유지이건 토지 사용료를 지불해야 하기에 매매 시에 기존의 사용료가 납부되었는지 꼭 체크하는 것도 중요하다. 또 조합이 설립된 이후에 매수하는 것이라면 조합과 지자체 모두 입주권 여부를 크로스체크 하는 것이 매우 중요하다.

매수 계약서를 작성할 때에도 행정상의 착오, 기존 소유자의 착오로 입주권이 나오지 않게 되면 계약을 취소할 수 있다는 약관을 꼭 기입하여 피해를 최소화하는 것도 필요하다.

도로, 나대지 (토지)

집이나 건물이 아니라 토지만을 소유해도 입주권은 나온다. 지자체별로 기준은 상이한데 서울시 기준은 무조건 구역 내 90제곱미터 이상의 토지를 소유한 자에게 입주권 부여 자격이 발생한다. 30제곱미터 이상 90제곱미터 미만에 해당하는 토지 소유자는 입주권 부여기준이 까다로우므로 유의하는 것이 좋다. 사업시행인가 고시일부터 준공일까지 세대원 전원 무주택을 유지해야 하고, 나에게 판 매도자 역시 세대원 중 1명이라도 해당 기간 동안 무주택을 유지하지 않으면 청산된다. 따라서 애매한 사이즈의 필지를 가진 상황이면 비슷한 사이즈의 토지를 더 매수하여 90제곱미터를 넘겨두는 게 안전하다.

그런데 만약 여러 개의 토지를 가지고 있으면 입주권이 여러 개 나올까? 재개발 구역의 다물권자에게는 1개의 입주권만 부여된다는 것을 이미 이 책의 앞에서 다루었으니 내용을 참고하기 바란다. 이러한 토지 역시 주택 수에 미포함되므로 취등록세 4.6퍼센트 고정이며 자금조달계획서 작성 의무 또한 없다. 다만 개인의 소유 도로인 '사도'는 일반 나대지에 비해 감정평가액이 상대적으로 낮게 나오는 것을 염두에 두어야 한다.

구역에 따라 토지는 이주비 대출을 해주지 않는 곳들도 가끔 있다. 일반적으로 토지는 임차인이 존재하지 않는 경우가 대부분이라 임대보증금이 존재하지 않고 대출에 있어 다소 까다로운 편이라 실투금이 높아질 수 있다는 점도 유의하도록 하자.

정비사업
상가투자

흔히 '썩상'이라는 은어로 불리는 재건축 상가투자는 정비사업 투자의 하나로 각광받고 있다. 주택에 포함되지 않는 앞의 특수매물과 유사한 장점을 가지고 있지만, 입주권 부여 여부는 좀 더 까다롭고 사업장마다 현저히 다르기 때문에 상세히 알아두고 투자에 임하는 것이 좋다. 장점부터 살펴보자.

재건축 상가투자의 장단점

앞서 밝혔듯이 관리처분인가로 입주권이 되기 전까지 주택으로 취급받지 않는다. 또한, 자금조달계획서나 출처를 증빙할 필요도 없다. 다주택자나 법인의 대출이 주택 대비 자유로운 편이라 실투금액이 낮아진다는 장점도 있다. 양도세 중과 역시 해당이 없고 기존 주택의 양도시에도 영향이 없다. 주택이 아니기 때문이다. 다주택자와 법인에 해당하는 취등록세 중과도 당연히 없고 종부세 역시 해당이 없다. 약간의 월세 수입이 투자금을 일정 부분 보전해줄 수 있다는 것도 소소한 장점이라 하겠다.

그렇다면 단점은 무엇이 있을까? 역시 세금이다. 무주택자에겐 취등록세가 4퍼센트대 고정이라도 부담이 될 것이다. 매물이 많지 않다는 것도 단점이 될 수 있다. 또한 주택 규제의 풍선효과로 찾는 이들이 많았던 상품이기에 다시 주택에 대한 규제가 완화되면 앞서 살펴본 다른 비주택 투자상품과 동일하게 찬밥 신세가 될 수도 있다. 주택 대비 상대적으로 대지지분 평당가가 비싼 것들이 많다는 것도 아쉬움으로 남는다. 그리고 가장 큰 리스크는 아파트 입주권을 받지 못할 수도 있다는 것이다.

재건축에서 상가는 왜 쟁점이 될까?

은마 아파트는 대한민국 부동산 중에서도 가장 첨예한 곳이라 할 수 있다. 정비계획과 정비구역지정이 된 후 은마 아파트 재건축 조합설립 추진위원회는 그동안 쟁점이 가득했던 은마상가 추진협의회와 업무협약을 체결했다. 중요한 것은 결국 상가 소유주들의 조합설립 동의를 얻어내기 위함이었다.

'도정법' 제35조 제3항에는 "재건축사업의 추진위원회가 조합을 설립하려는 때에는 주택단지의 공동주택의 각 동별 구분소유자의 과반수 동의와 주택단지 전체 구분소유자의 3/4 이상 및 토지면적 3/4 이상의 토지소유자의 동의를 받아야 한다."고 명시되어 있다. 여기서 각 동별 구분소유자의 과반수가 쟁점인데, 부대복리시설의 경우에는 주택단지의 복리시설 전체를 하나의 동으로 본다. 상가는 이 부대복리시설에 포함되므로 상가 구분소유자의 과반의 동의가 필요하다고 보는 것이다. 사실 상가만 문제가 아니라, 부산 수안2구역 재건축에서처럼 아파트의 각 동별 과반수마저 채우기가 어려워 일몰제 적용으로 무산될 위기에 처한 곳도 있었다. 3세대의 찬성이 부족해서 무산될 뻔한 것이다.

또한 상가동 소유자의 산정 오류로 조합설립 자체가 취소된 예도 있다. 바로 2019년 11월 15일 신반포 12차 재건축 조합이 대법원에서 조합설립인가 취소 확정판결을 받았던 것인데, 당시 상가동 소유자 숫자를 잘못 산정했다는 이유다. 신반포 12차 상가는 1층이 오픈 상가다. 오픈 상가는 연식이 오래된 아파트에서 흔히 볼 수 있는데 칸막이만 대충 있고 상가 내부가 다 오픈되어 있다. 잠실주공 5단지에도 이런 상가가 즐비하고 분당이나 일산과 같은 1기 신도시 아파트에도 이런 오픈 상가들이 많다.

이들은 보통 등기부상 '공유지분제'로 되어 있다. 상가 건물 전체의 소유권이 '하나'이고 그것을 총 48명이 공동으로 소유한 형태였던 것이다. 그래서 이 소유자들을 모두 독립된 개체로 보아 '48명'으로 볼 것인지, '1명'으로 볼 것인지를 가지고 논란이 있었다. 실제로 조합설립인가 당시 신반포 12차 추진위원회는 1명으로 보고 진행한 것이고, 각 동

의 과반수를 넘겨야 하는 조건의 예외조건(5인 이하인 경우 미적용)을 따라 동의를 받지 않고 진행하고, 매도청구 대상으로 넘겨버린 것이다. 결국 소송전에 들어갔고 대법원에서는 등기가 구분되어 있지 않더라도 실질적인 물리적 이용상 완전히 구분된 호실별로 구분되어 있으므로 소유권의 객체를 인정하여 구분소유권으로 인정하게 된 사례다.

이처럼 각 동별 과반 동의가 필요한 탓에 상가 구분소유자의 절반 이상 동의가 없다면 상가를 제척하고 가지 않는 이상 재건축 조합설립이 불가능하다는 것이다. 그럼 은마 아파트 상가 소유주들은 왜 처음에 재건축 조합설립에 반대 입장이었을까.

결론을 말하자면 상가 말고 아파트를 달라는 것이다. 상가 소유주들의 생떼라는 생각이 들더라도 '도정법' 제35조 제3항의 조합설립에 대한 규정 탓에 이러지도 저러지도 못하는 것을 알고 있기 때문이다. 은마 아파트는 전체 4,424세대이며 상가 소유주는 현재 기준 410명이다. 그런데 등기기준 은마 아파트 상가는 490개다. 다물권자가 있기에 소유주가 적은 것처럼 보이는 것이다.

상가를 제척하고 진행하는 재건축사업은 어떨까?

제척除斥(배제하여 물리침)을 쉽게 하려면 일단 '도정법' 제67조 제4항에 의한 조합설립인가와 사업시행인가 시 토지분할 청구의 아래 두 가지 요건 및 절차를 이행해야 한다.

① 제척하려는 곳의 소유주가 1/10보다 적어야 한다.
② 건물이 분할선에 걸쳐 있으면 안 된다.

은마 아파트의 경우 소유주 1/10 조건은 충족할 것 같아 보인다. 410/4,424는 10퍼센트가 안 되는데 등기상 점포는 490개다. 제척하고 진행하려고 할 때 다물권자가 모든 상가를 구분등기하면 10퍼센트가 넘어가 버리게 되는 것이다. 결국 상가 제척을 위해 토지분할 소송으로 갈 수밖에 없는 것이다.

그런데 그에 시간과 비용이 또 발생한다. 물론 아파트 소유주와 재건축 추진위원회에서는 그렇게 시간을 버려서라도 본인들이 얻어가는 사업성이 매우 크다면 당연히 그렇게 하려고 했을 것이다. 하지만 은마 아파트 정비구역 전체 대지면적은 24만 3,442제곱미터다. 상가의 대지는 1만 7,700제곱미터로 전체의 약 8퍼센트에 해당하는 면적이다.

만약 상가의 구분등기가 모두 완료되고, 조합설립 이전에 극심한 쪼개기가 없다는 가정하에 490명의 상가 조합원이 편입되면 전체 조합원은 '4,424＋490＝4,914명'이다. 이 중에 조합설립에 동의하지 않는 일부가 매도청구 대상으로 빠져나간다고 해도 490명은 전체 4,900여 명의 10퍼센트라고 보면 될 것이다.

이러면 전체 대지의 비율로 보면 별 차이가 나지 않는다. 게다가 필지를 분할하기 위해서는 토지에서 약간의 손실이 각각 발생하게 된다. 결국 아주 치명적인 손해가 아니기에 재건축 추진위원회도 대승적인 차원에서 산정비율 제안을 할 수 있었던 것이다.

재건축 상가의 산정비율은 왜 중요한가?

그럼 여기서 이제 가장 중요한 산정비율 이야기를 해보도록 하자. 산정비율은 재건축 상가 투자의 핵심 포인트라고도 할 수 있다. '도정법' 시행령 제63조 제2항(시행 2023.08.22.)에 재건축사업에 있어 조합원 분양(관리처분) 방법에 대한 기준이 마련되어 있다. 제2항 제2호에는 "부대시설·복리시설(부속토지를 포함한다. 이하 이 호에서 같다)의 소유자에게는 부대시설·복리시설을 공급할 것. 다만, 다음 각 목의 어느 하나에 해당하는 경우에는 1주택을 공급할 수 있다."라고 명시되어 있다.

이렇게 세 가지로 기준이 나뉜다. 가장 먼저 가목에 해당하는 것을 설명해보자면, 쉽게 말해 재건축 시 상가를 새로 건설하지 않는 경우를 말하며 서울 강남구 개포주공 5단지가 이에 해당한다. 단지 바로 위에

㉮ 새로운 부대시설·복리시설을 건설하지 아니하는 경우로서 기존 부대시설·복리시설의 가액이 분양주택 중 최소분양단위규모의 추산액에 정관등으로 정하는 비율(정관등으로 정하지 아니하는 경우에는 1로 한다. 이하 나목에서 같다)을 곱한 가액보다 클 것

㉯ 기존 부대시설·복리시설의 가액에서 새로 공급받는 부대시설·복리시설의 추산액을 뺀 금액이 분양주택 중 최소분양단위규모의 추산액에 정관등으로 정하는 비율을 곱한 가액보다 클 것

㉰ 새로 건설한 부대시설·복리시설 중 최소분양단위규모의 추산액이 분양주택 중 최소분양단위규모의 추산액보다 클 것

개포시장이 아주 잘 형성돼 있으므로 상가를 건설하지 않기로 하였다. 이 경우에는 기존의 상가 권리가액이 재건축 분양아파트의 최소분양가액보다 높아야 한다. 여기서 산정비율을 곱해보자.

정무진의 상가 권리가액 8억 원 > 은마 최소분양가 15억 원
×0.1 (산정비율) = 1억 5,000만 원

이대로라면 정무진은 아파트 입주권을 신청할 수 있게 된다. 그런데 여기서 산정비율이 0.6이라면? 정무진의 '상가 권리가액 8억 원 < 은마 최소분양가 15억 원×0.6(산정비율) = 9억 원'이라고 한다면 입주권 신청이 불가능한 것이다. 그래서 산정비율을 0.1로 제시해서 '웬만하면 다 신청할 수 있게 해준다'는 미끼로 상가 소유주들의 조합설립 동의를 얻어낸 것이라고 보면 되는 것이다.

그럼 나목도 살펴보도록 하자. 나목은 "기존 부대시설·복리시설의

가액에서 새로 공급받는 부대시설·복리시설의 추산액을 뺀 금액이 분양주택 중 최소분양단위규모의 추산액에 정관등으로 정하는 비율을 곱한 가액보다 클 것"이다. 이번에도 쉽게 예를 들어보자.

> 정무진의 상가 권리가액(8억 원) − 재건축 후 분양상가 가격(6억 원) = 2억 원 > 은마 최소분양가 15억 원 × 0.1(산정비율) = 1억 5,000만 원

이렇게 되면 아파트 입주권 분양신청이 가능하게 되는 것이다.

마지막 다목은 새로이 공급받는 부대복리 시설의 추산액이 분양주택 최소분양규모 추산액보다 높아야 한다는 조건인데, 이건 말 그대로 신규 상가 최소분양가가 아파트 최소분양가보다 높아야 한다는 것이다.

어쨌든 가부터 다목 중 어느 하나에 해당하면 아파트 입주권이 나오는 것이고 중요한 것은 조합의 정관으로 산정비율을 정하여 이를 조정할 수 있다는 것이라 하겠다.

과거에는 서울의 아파트 재건축사업에서 상가에게 산정비율의 당근을 많이 주었다. 예컨대, 방배경남 아파트 재건축인 방배그랑자이는 0.2였고, 반포주공 2단지 재건축인 반포래미안퍼스티지는 0.18이었다. 신반포 3차·경남 아파트 재건축인 래미안원베일리는 0.1, 반포주공 1단지 3주구 재건축인 래미안트리니원은 0.7이기도 했다.

복합상가 정비사업 투자

아파트 재건축 단지 내 상가만 정비사업 상가투자에 해당하는 것은 아니다. 복합상가 정비사업도 존재하는데 시장정비사업, 도시정비사업으로 추진되는 복합상가나 시장상가를 매수하는 것이다. 말 그대로 상가로만 구성되어 있는 복합건물을 재건축하는 사업으로 답십리 자동차 부품상가와 같은 곳이 여기에 해당한다. 시흥 산업유통단지상가나 구로구 고척공구상가와 같은 준공업지나 길음시장 정비사업, 영등포 유통상가 등과 같은 다양한 투자 상품들이 존재한다.

성공 사례도 있다. 양평12구역 바로 아래 영등포기계상가를 재건축해서 주상복합 아파트로 지어진 영등포중흥S클래스와 같은 곳이다.

영등포중흥S클래스 정경

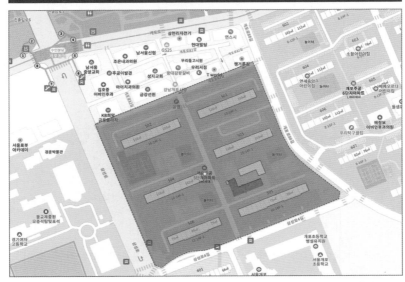

개포주공 5단지의 상가 위치

출처: 디스코

사실 아파트 재건축 상가 투자에 있어 입주권 미부여 리스크를 최소화시키려면 가장 손쉽게 제척의 가능성이 현저히 낮은 곳을 찾으면 된다. 예컨대, 주상복합 아파트가 재건축을 한다면 저층부 상가를 제척시킬 수는 없다. 그리고 단지 중앙에 떡하니 자리하고 있으면 아무래도 제척이 힘들어진다. 예를 들어 개포주공 5단지의 상가는 사진처럼 단지 한가운데 있다.

하지만 사실 제척이 되더라도 개포시영 재건축(개포래미안포레스트)의 경우처럼 개포시영 아파트 상가만 단독적으로 진행해 주상복합(개포자이르네)을 지어올리는 경우도 있다. 상가 소유주 60명이 '상가 68개 +아파트 28개'를 지어올리는 독자적인 재건축을 진행한 것이다.

여의도 시범 아파트 상가 정경

산정비율 0.1의 내용이 총회에서 부결된 여의도 시범 아파트는 아파트 저층부에 상가가 있다.

개포 자이르네 조감도

출처: 정비사업 정비몽땅 홈페이지

재건축 상가 매물 투자의 한계

하지만 이러한 상품의 한계점은 명확하다. 미니 소단지에 복도식 아파트로는 주변 대단지 개포 아파트 대비 환금성이나 투자가치가 많이 약한 편이기 때문이다. 실제로 전용 50제곱미터의 분양가가 11억 8,500만 원이었던 것이 마피(마이너스피) 2억 8,500만 원인 9억 원에 매물이 등장한 적이 있었고 실제로 거래도 되었다.

여기까지만 살펴보면 강남의 아파트 입주권은 꿈만 같은데 상가 하나 잘 사두면 입주권을 받을 수 있을 거라는 희망이 막 생겨날 수 있다. 실제로 몇몇 부동산 인플루언서나 강사들이 이러한 신기루와 같을 수 있는 상가투자를 통한 아파트 입주권을 아주 당연한 것처럼 꿈을 꾸게 하는 경우도 종종 보게 된다. 물론 일부에 해당하지만, 마치 확신에 찬 것처럼 말하거나 확정된 사실이 아닌데 사실인 것처럼 말하는 것은 유의해야 할 것이다.

특히 아직 입주권이 아닌데, 마치 입주권인 것처럼 호도하는 경우들도 볼 수 있다. 입주권이라면 관리처분인가 후 멸실까지 되어야만 입주권이다. 물론 소득세법상으로는 관리처분인가만 나더라도 입주권이라 할 수 있다. 그런데 이제 겨우 조합설립이 됐거나, 추진위원회 단계에 있거나, 하물며 정비구역도 지정이 되지 않은 아파트 상가를 보유하거나 사고파는 행위에 있어 '입주권'을 운운하는 것은 기망에 가깝다는 생각마저도 든다. 이러한 말에 현혹되어 상가를 별 생각 없이 매수하는 일은 없어야 한다는 차원에서 일부러 강한 어조로 얘기했다. 이에 대한

278

이야기, 매수·매도에 관한 포지션에 관해서는 뒤에 가서 좀 더 자세히 이야기하도록 하겠다.

상가와 재건축 아파트는 꼭 함께 가지 않는다

아파트 재건축과 상가의 관계에 대해 좀 더 이론적인 부분을 살펴보도록 하자. 먼저 상가와 아파트는 꼭 무조건 같이 하라는 법이 없다. 분리재건축을 할 수 있다는 것이다. 이를 두고 '획지 분리'라고도 칭한다. 용산구 이촌동의 래미안첼리투스, 반포의 대장 단지인 아크로리버파크, 래미안신반포팰리스, 강동구의 고덕자이도 모두 상가와 분리재건축을 실시한 곳이다. 이러한 곳들은 오래된 상가가 그대로 유지돼 있어서 독자적으로 재건축을 시행하거나 리모델링을 꾀하려는 움직임을 보이기도 한다.

함께 지어진 예도 찾아볼 수 있다. 통합재건축 방식이라고도 불리우며 대표적으로 잠실의 '엘·리·트·파·레' 5총사(잠실엘스, 리센츠, 트리지움, 파크리오, 레이크팰리스), 헬리오시티나 반포래미안퍼스티지 같은 곳들인데 그렇다고 무조건 전부 아파트 입주권을 받은 것은 아니다. 그냥 상가를 모두 포함시켜 재건축을 진행했다는 것일 뿐이므로 오해 없기를 바란다. 실제로 잠실주공 아파트 재건축인 '엘·리·트·파·레' 5총사 가운데 상가에 아파트 입주권 부여를 한 단지는 없었다고 한다.

다음으로 '독립정산제'(아파트와 상가를 분리하여 개발이익과 비용을 별도로 정산하는 것) 방식을 살펴보자. 은마 아파트도 이에 해당한다. 많은 아파트 재건축들이 이 방식으로 진행되며 아파트 재건축의 경우 아파트 조합은 조합으로서 기능하지만, 상가는 협의회로 구성된 단체로 운영이 된다.

각각 독립된 법인단체로서 감정평가, 분양신청, 관리처분인가를 독자적으로 진행한다. 따라서 조합의 임원이나 대의원 선출 시에 상가 소유주 일부를 의무적으로 할당하는 등의 방식으로 서로를 견제하도록 하는 장치를 마련하기도 한다. 사업이 진행되면서 잦은 다툼이 발생하거나 정보공개청구를 해야만 할 때, 혹은 감정평가에 있어 각자 선정한 감정평가법인을 적용하여 유리한 감정평가를 받고자 함이 목적이라 하겠다.

어쨌든 아파트와 상가 조합원들이 각각 분양신청을 하면서 교차 지원을 할 때(상가→아파트, 아파트→상가), 이전 상가와 아파트 조합원들의 분양신청이 완료된 후에 분양신청을 교차로 할 수 있게 된다. 이때 분양가는 사전에 조합과 협의회에서 서로 정한 분양가(조합원분양가를 따르기도 하지만, 일반분양가를 따르기도 한다)로 분양신청을 하는 방식이다. 정해진 룰은 없지만 통상 일반분양가로 받게 하는 것이 각각의 사업성을 훼손하지 않는다는 측면에서 선호된다. 일례로 신반포메이플자이의 경우에는 상가 조합원이 아파트를 분양받고자 할 때 59타입만, 일반분양가로만 받아갈 수 있도록 한정·협의하였다.

반대로 '통합산정제'도 있는데, 이러한 방식은 재건축 후 상가를 짓지 않는 경우에만 가능해서 흔치 않은 방식이다. 앞서 말한 개포주공

5단지가 이에 해당한다. 상가 필지를 분할시켜 제척하지 않기만 한다면 무조건 아파트로 받아갈 수 있는 것이다.

상가투자의 종류와 차이점 핵심 요약		
재건축 상가	재개발 상가	복합상가 정비사업
재건축 아파트의 상가를 매수, 아파트의 재건축과 궤를 같이함.	재개발 구역 내의 상가를 매수, 도정법 상 입주권 부여 기준 충족 요함.	시장정비사업, 도시정비사업으로 추진되는 복합 상가나 시장 상가를 매수
현재의 용적률과 여유 용적률, 재건축 아파트와 동일 필지, 제척될 위험이 현저히 낮은 곳	'분양신청자가 소유하고 있는 권리가액이 아파트 분양용 최소규모 공동주택 1구의 추산액 이상인 자'라는 조건을 충족해야 함.	아파트+오피스텔+상가의 형태나 주상복합으로 지어지는 경우가 많음.
• 감정평가X산정비율이 분양 최소면적의 조합원분양가보다 커야 입주권을 부여할 수 있음. • 이 전환율은 1을 기준으로, 원활한 사업진행을 위해 현저히 낮추는 경우가 있다. 예) 부산 해운대구 우동 삼호가든 재건축 산정비율 0.3(최소분양가 7억 원X0.3=2억 1,000만 원), 상가 최소 감정평가액 2억 1,000만 원 이상	• 상가 권리가액이 아파트 최소평형의 조합원분양가보다 높아야 아파트입주권으로 받을 수 있음. 재개발은 산정비율이 대부분 '1' • 조합 정관에 '모든 조합원들은 권리가액에 따른 구분 없이 아파트를 신청할 수 있음'이라는 내용이 합의하에 들어가 있다면 가능은 함. • 현황상 '주택'으로 쓰이는 '근생'매물은 유의해야 함, 무주택 조건이 붙는다.	구로구 고척공구상가, 구로기계공구상가, 시흥 산업유통단지상가 등의 준공업지나 길음시장 정비사업, 답십리 자동차 부품상가, 영등포 유통상가, 장한평 중고차 매매단지와 같은 유형의 다양한 투자처가 있다. 예) 영등포기계상가 재건축 →영등포중흥S클래스

아파트와 상가의 동상이몽, '상가 쪼개기'

뉴스에서 대대적으로 보도돼서 독자분들도 들어봤을 법한 이야기다. 부산 해운대구 대우마리나 1차 아파트의 지하상가 약 335평짜리 1개 호실을 통으로 사들인 A법인은 매수 직후 1개 호실을 전용 9제곱미터의 크기로 123개를 쪼개어 '재건축이 되면 아파트를 받을 수 있다'는 말로 상가 지분을 매도하기 시작했다. 그 때문에 과거 54개실 상가였던 대우마리나 1차 아파트의 상가는 176개실로 늘어나며 재건축의 사업성이 극도로 악화된 것이다. 해당 아파트의 조합원이라면 피를 토하는 심정일 것이다.

한편으론 A법인이 엄청난 투자의 귀재처럼 보일 수도 있다. 대우마리나 1차 상가 지하에 약 300평이 넘는 마트가 있었다. 이걸 A법인이 2022년 여름에 35억 원에 매수를 한 것이다. 그리고 이걸 123개로 개

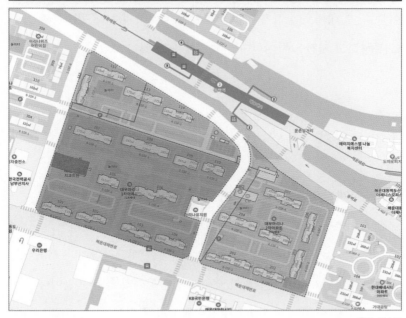

대우마리나 아파트 상가 위치

출처: 디스코

별 등기를 쪼개서 호실당 2억 2,000만 원 정도에 팔았던 것이고, 실제로 절반 넘게 팔렸다는 후문이다.

123호를 모두 다 팔면 수익이 거의 240억 원에 가까워진다. 엄청난 수익률인데 누군가에겐 '초대박'이지만 대우마리나 아파트 조합원들에겐 너무도 큰 사업성의 출혈이 되는 것이다. '옳다, 그르다'의 가치판단은 하지 않겠다. 개같이 벌어서 정승같이 쓰면 될 수도 있는 것이고 투자라는 것이 항상 옳은 길만을 가기도 어렵다는 것을 나 역시 잘 알고 있다. 그럼에도 가끔은 좀 과하다는 생각이 들 때가 있다. 사실 마리나 아파트 재건축 상가는 제척하더라도 큰 무리가 있는 곳은 아니다.

대우마리나 1·2차 아파트 단지 내 좌측 붉은 블록이 문제가 된 상가이다. 단지 내에도 상가가 있지만 상가를 제척하기 위해 필지분할 소송을 불사하고 시간을 투여한다면 제척할 수도 있어 보인다.

상가 쪼개기란 무엇이며, 왜 문제가 될까?

상가 쪼개기 이슈 1. 재건축 버전 '헤어질 결심'

강남 서초구의 진흥 아파트 재건축 경우에도 조합정관에서 당초 정했던 산정비율은 0.1이었다. 강남역 초역세권 대단지인데다 서초대로 지구단위 특별계획에 편입되어 준주거 종상향까지 얻어낸 곳이다.

이곳은 지난 2004년 5월에 추진위원회설립 승인 이후, 2020년 3월 조합설립인가를 얻었고 사업시행인가까지 진행됐다. 그런데 상가와 '헤어질 결심'을 하게 되었다. 서울시 주관 '신속통합기획'으로 재건축을 진행하던 곳인데 상가와의 갈등이 깊어지자 상가 토지를 '획지 분리'로 나누어 재건축하는 것을 작년 말 총회에 의결했고 통과되었다. 획지 분리 방식은 재건축 계획에서 묶여 있는 상가의 면적을 각각 별도의 용지로 나누는 것으로 결국 '다시는 보지 말자'라는 이별 선언과도 같다. 상가 소유주들이 지상권 추가보상을 요구했고 아파트 소유주들이 받아들이기 힘든 조건이라 서로의 이견으로 갈라서게 됐다.

그런데 여기서 쟁점이 발생했다. 상가 역시 '그래, 좋아. 우리도 그럼 따로 독자재건축 하겠어. 입지도 좋고, 종상향도 해주는데 뭐가 문제

284

진흥 아파트 상가 위치

출처: 디스코

야?'라고 대의원회 의결을 진행하려는데 땅이 문제가 된 것이다. 상가가 추진 중인 독자재건축의 면적은 2,366제곱미터인데 아파트가 추진 중인 상가 획지는 1,825제곱미터라 재건축 면적을 놓고 서로 의견이 갈린 것이다. 아파트 측에서는 "상가 소유주의 권리면적 합인 1,825제곱미터로 구역을 나눠야 한다."는 입장이지만, 상가 측은 "과거 합의서에 따라 상가 재건축 면적은 2,366제곱미터가 돼야 한다."고 맞섰고 결국 상가 소유주들이 소송을 진행했다. 때문에 사업은 지체되고 시간은 흘러만 가는 것이다.

강남권 아파트에서 앞서 살펴본 대로 과거에는 산정비율을 0.1~

0.5 수준으로 맞춰 진행하는 곳들도 많았다고 했지만, 반대로 '선제타격'으로 아예 선을 긋고 출발하는 단지도 있다. 개포우성 5차 아파트의 경우, 사업을 앞두고 상가와의 분리재건축을 위한 소송을 진행 중이다. 상가를 제척시키기 위해 공유물 분할소송을 먼저 진행해서 앞으로의 잡음을 원천 차단해버리고 가겠다는 입장을 고수한 것이다. 실제로 총회에서 87퍼센트의 찬성을 얻어 분리재건축을 추진하고 있고 소송에 대한 시간 소요는 어쩔 수 없다는 것이 아파트 측의 설명이다.

2003년 재건축 조합을 설립하고 이제야 일반분양을 준비 중인 청담삼익 아파트도 상가와의 아주 긴 소송을 치르고 분리재건축을 실시한 곳으로 유명하다. 압구정3구역은 추진위원회 설립 후에 '소유자 분할 등기'(속칭 '쪼개기')로 소유주가 20여 명 늘어나 잡음이 좀 있었고, 한보미도맨션에서도 그런 정황이 보인다고 한다. 그래서 강남구는 대치동 한보미도맨션·선경, 압구정동 미성, 개포동 개포현대 1차 아파트 등 7곳에서 '행위허가 및 개발행위허가 제한지역' 지정을 추진 중에 있다. 제한지역으로 지정되면 특별한 경우를 제외하고는 3년간 토지 분할 등이 제한된다. '쪼개기'가 불가능해지는 것이다. 한때 '둔촌주공 재건축'의 처음과 끝을 모두 공부하고 파보면, 대한민국 재건축사업의 전문가가 될 수 있다는 농담 아닌 농담이 있었다. 이곳은 심지어 조합설립 이후에도 상가 지분 쪼개기가 성행한 곳으로 유명했다.

이러한 일들이 반복되면서 아파트 재건축 조합원들은 상가에 대해 매우 예민해진 상태다. 과거엔 알게 모르게 쉬쉬하며 '서로 좋은 게 좋은 거'라는 말을 해가며 상가를 함께 끌어들여 사업을 빨리 진행시키고 아파트를 내주더라도 조용히 지나가는 경우가 많았는데, 요즘은 언론과 미디어에서 워낙 정보의 전달도 빠르고 시장 참여자들이 좀 더 영민해진 탓에 뭔가 '꼼수'를 바라기가 어려워진 상황이다. 항간에는 반포의 신축이나 재건축 아파트 소유주들이 상가에는 절대 아파트를 줘서는 안 된다고 강하게 성토한다고 한다.

상가 쪼개기 이슈 2. '상가면 다야?' 특혜 논란

최근 상가 문제로 회자되고 있는 잠원동 신반포 2차 아파트의 경우를 살펴보자.

출처: 디스코

신반포 2차 아파트의 입지는 너무나 좋다. 한강을 끼고 있고 래미안 원베일리를 마주 보고 있는 상급지라 할 수 있다. 이곳은 재건축 추진 위원회가 결성된 후 20년이 지났을 정도로 사업이 꽤 밀린 상태다. 그 동안은 아파트 전 세대의 30퍼센트가 넘는 20평대 소형평형 소유주들이 84타입을 원하면서 계속 밀렸다는 후문이다.

그런데 2023년 3월 조합에서 주민 동의를 받아 서울시의 신속통합 기획 대상자로 선정되어 공유지를 일부 정비구역에 편입시키면서 대지면적이 늘어났고, 조합원들의 향후 전용면적을 넓혀줄 수 있는 기회가 생기면서 사업의 진척이 보이기 시작했다.

심지어 이곳은 조합에서 산정비율을 0.1로 하여 상가도 아파트 입주

신반포 2차 단지 내 상가 정경

권을 받아갈 수 있는 확률이 매우 높았다(평형수나 분양가는 미정, 메이플 자이를 따라갈 확률도 적진 않았던 게 애초에 84타입 이상 비율이 높지 못했다). 어쨌든 이렇게 순항하던 재건축사업에서 문제가 생겼는데 당초 77개였던 상가가 111개로 늘어난 것이다. 불법은 아니었지만, 아파트 소유주들이 문제를 제기하기 시작했다. 조합에선 애초에 상가 소유주들의 동의를 빨리 얻어서 재건축사업에 추진력을 붙이고 싶었던 건데, 상가 측에 너무 과도한 특혜라는 주장들이 나오기 시작했다.

문제가 된 것은 2022년 2월 22일 정기총회다. 이때 바로 상가 조합원들에 대한 산정비율 0.1이 안건으로 올라왔고 정관의 변경을 위해 투표를 진행하여 가결되었다. 서초구청에서도 승인까지 해준 것이라 문제가 없어 보였는데 문제는 동의에 대한 비율이다. 당시 총회의 투표 결과로 찬성은 전체 조합원 수의 과반을 넘었지만, 전체 조합원 수의 54퍼센트이므로 2/3의 동의를 얻지 못했다는 것이다. 이에 '상가 추산비율 무효소송'을 진행 중인 '신반포 2차 TF팀' 관계자는 상가 소유주에게 너무 과도한 특혜를 주는 산정비율 0.1이 조합원들에게 분담금 폭탄으로 돌아오기 때문에 소송을 하게 됐다고 밝혔다.

이들의 주장은 이렇다. 원래 조합의 정관을 변경할 때는 '도정법' 제40조에 따르면 조합원의 과반 동의를 얻으면 상관없이 변경할 수 있다. 그런데 여기서 붉은색으로 표시된 부분은 '경미한 변경'이 아니라 '중대한 변경사안'이라고 하여 '도정법' 제40조 제3항에 따라 '2/3 이상의 찬성'이 전제되어야 함을 문제로 삼게 된 것이다.

이들의 주장에 따르면 상가 조합원들의 권리가액 산정비율 변경 절

제40조(정관의 기재사항 등) ① 조합의 정관에는 다음 각 호의 사항이 포함되어야 한다.

1. 조합의 명칭 및 사무소의 소재지
2. 조합원의 자격
3. 조합원의 제명·탈퇴 및 교체
4. 정비구역의 위치 및 면적
5. 제41조에 따른 조합의 임원(이하 "조합임원"이라 한다)의 수 및 업무의 범위
6. 조합임원의 권리·의무·보수·선임방법·변경 및 해임
7. 대의원의 수, 선임방법, 선임절차 및 대의원회의 의결방법
8. 조합의 비용부담 및 조합의 회계
9. 정비사업의 시행연도 및 시행방법
10. 총회의 소집 절차·시기 및 의결방법
11. 총회의 개최 및 조합원의 총회소집 요구
12. 제73조제3항에 따른 이자 지급
13. 정비사업비의 부담 시기 및 절차
14. 정비사업이 종결된 때의 청산절차
15. 청산금의 징수·지급의 방법 및 절차
16. 시공자·설계자의 선정 및 계약서에 포함될 내용
17. 정관의 변경절차
18. 그 밖에 정비사업의 추진 및 조합의 운영을 위하여 필요한 사항으로서 대통령령으로 정하는 사항

차는 '조합원 자격과 비용부담'에 해당하므로, 2번과 8번에 해당하는 중대한 변경이라는 것이다. 신반포 2차 아파트 상가를 소유한 투자자 분들은 이를 두고 '비대위의 모략'이라고 주장하고 있다. 결국 입장이 다를 것이고 상가투자로 아파트 입주권을 받고자 하는 욕망 대 사업성, 소형평형을 줄여서 가치를 높이고자 하는 욕망의 충돌이라고 볼 수 있는 것이다.

이쯤 되니 머리가 복잡해지지 않는가? 흡사 현실판 〈오징어 게임〉과

같은 이 전장에서 살아남아 아파트 입주권을 받아갈 수 있을까. 은마 아파트라고 안전하게 받아갈 수 있다는 보장은 없다. 조합이 설립되고 산정비율이 결정되어 사업이 진행되면서 얼마든지 이야기가 바뀐다는 것은 앞서 서초 진흥의 사례에서도 발견할 수 있다.

'서로의 욕망을 조금씩 양보하고 가면 순탄하게 갈 수도 있을 텐데'라는 아쉬움은 제3자의 관조적인 시선이므로 가치판단을 미뤄두더라도, 결국은 소중한 자산이 걸린 문제이므로 무엇이 옳다, 그르다라고 말하기는 힘들다.

산정비율을 낮추어 아파트 입주권을 부여받을 수 있더라도 메이플 자이의 선례와 같이 일반분양가로 59타입 이하만 부여하는 등 제한을 건다면 좀 더 대승적인 차원에서 빠른 사업 진행을 꾀할 수 있지 않나는 것이 나의 개인적인 의견이다.

필지가 하나라면 제척되지 않을까?

여기서 상가가 아파트 단지 내 한가운데 있으니까, 필지가 하나니까 괜찮다는 말도 소용없는 경우를 살펴보자. 제주도 제주시의 제원 아파트 재건축 단지 경우다.

제원 아파트는 2016년 안전진단을 통과하고 2021년 정비구역으로 지정 고시되었다. 조합설립을 위해 동의를 구했지만 특혜를 주지 않았거나 이해관계의 충돌로 인해 상가동의 과반수 동의를 얻지 못해 결국

제원 아파트 상가 위치

제척해 버리기로 결정했다. 이에 추진위원회 측은 필지 분할 소송을 제기했고 제주도 건축위원회에 건축계획 심의를 요청해서 원안동의를 얻어낸 것이다. 1979년 준공된 최고 5층의 저층 아파트로 656세대에서 최고 15층, 745세대로 계획 중이라고 하는데, 재밌는 것은 이 제원 아파트 상가가 단지 한가운데 있다는 사실이다.

'단지 내 한가운데니까 제척 불가능'이라는 말이 통하지 않는 것이다. 자꾸 억지를 부리면 결국 이런 결과를 낳게 되는 것이라는 교훈을 남기는 사례가 아닐까. 성북구 장위10구역의 모 교회 사례와 비슷하다고 봐야 한다. 정당한 권리를 주장하는 것은 옳다. 그러나 과도한 쪼개기를 하거나, 너무 작은 대지지분을 가졌음에도 아파트 재건축사업을 방해하며 입주권을 무조건 달라고 하는 것은 장위10구역의 교회와 다를 바 없다. 재건축 아파트 조합원들의 사업성을 훼손하고 다수의 자산을 침해하는 행위로 평가받는 투자는 유의할 필요가 있는 것이다.

재건축 상가투자를 하고자 마음먹었다면

어차피 부동산 투자라는 것은 다른 자산 투자와 마찬가지로 싸게 사서 비싸게 팔면 되는 것이다. 상가를 사서 아파트를 받아야만 투자수익을 내는 것은 아닐 것이다. 결국 상가도 대지지분이라는 땅의 가치를 품고 있고, 토지가격과 임대료의 상승에 따라서도 가격은 오른다.

중요한 포인트는 '현혹되지 말아야 한다'는 것이다. 앞서 서두에 밝혔듯, 주상복합 아파트라서 아래층 상가를 날려버리듯이 이별할 수 없는 곳이 아니라면 언제든 리스크는 존재한다는 사실을 잊지 말아야 한다. 심지어 주상복합 아파트라도 산정비율을 낮추어주지 않으면 상가 소유주도 낮은 감정평가액으로는 아파트를 받아갈 수 없다. 이러할 때에는 상가를 여러 개 소유하는 것 외에는 방법이 없는 것이다.

상가를 투자하겠다고 마음먹었다면 단순히 내가 부동산 투자의 여러 수단 중의 하나에 투자한 것이라고 생각하면 되는 것이다. 꼭 아파트 입주권을 받아서 잭팟을 노리겠다는 마음을 조금 내려놓으면 어떨까. 물론 가능성이 높은 곳을 선택한다면 내 투자의 꽃에 열매를 맺어

줄 후발 투자자 꿀벌이 나타날 확률은 높아지긴 할 것이다. 하지만 그렇다 하여 무조건 입주권을 받아야 한다는 강박에 사로잡히면 오히려 그게 나의 발목을 잡는 경우가 생길 수 있다는 점을 명심하고 토지의 가치에 투자한다는 마음으로 접근하길 권한다.

또한 되도록 남들보다 저렴하게 사서 적당한 시기에 매도를 통해 수익을 끊어 챙기는 방법도 나쁜 것은 아니라는 점을 다시 한번 강조하고 싶다. 다시 원점이지만, 나의 결론은 '함부로 가능성만 믿고 들어가는 우를 범하지 말자'이다. 이는 꼭 재건축 상가 투자에만 해당하는 것이 아니다. 책의 서두에서 밝혔듯이 구역지정도 되지 않은 초기 재개발 투자에도 당연히 적용되는 이야기다. 요컨대 내가 꽃인지, 아니면 누군가의 꿀벌인지 잘 생각해봐야 한다.

상가투자의 가치평가 방법

이쯤에서 정비사업 상가투자의 손쉬운 가치평가 방법을 하나 공유하고자 한다. 물론 이는 주장하는 분들마다 조금씩 다를 수 있고, 현장마다 다르기도 하므로 근사치로만 적용하길 바란다.

동일 단지 아파트 대지지분과 비교해보자
아파트 단지 내 상가를 투자할 때에는 앞서 언급한 여러 제척의 위험이 낮은 곳을 선택하는 것도 중요하고 대지지분 대비 적정가를 따져

보는 것도 중요하다. 이때 동일 단지 아파트 대지지분과 비교하는 것이다. 보통 단지 내 상가 2층은 아파트 대지지분 평당가와 비슷한 가치를 가진다. 단지 내 상가 1층은 아파트 대지지분 평당가의 1.8배 정도로 계산하면 쉽다. 3배를 주장하는 이들도 있지만, 이는 특정 단지에서나 가능해 보인다. 그러나 아파트의 감정평가가 항상 대지지분만으로 결정되는 것은 아니라는 점을 명심하자. 동의 위치와 층에 따라 미시적으로 나뉠 수 있다는 것도 유념하여야 한다.

소유주들의 욕망을 자극하는 곳인지 살펴보자

당연한 말이지만, 재건축 상가투자를 하려면 되도록 재건축 가능성이 높은 단지를 선정해야 한다. 정비사업 투자에 항상 사업성만을 생각하고 접근하는 이들이 많다. 그보다 더 중요한 것은 가능성과 소유주들의 의지다. 사업성이 아무리 미친 듯이 뛰어난 곳이라도 사람의 의지가 없으면 되질 않는다.

그 의지는 어디서부터 출발할까. 바로 주변 가격의 상승이다. 신축 가격이 현재의 가격대비 기하급수적으로 상승하는 모습을 봐야만 분담금을 내고, 이주의 귀찮음을 감수하고도 사업을 진행하고자 하는 욕망이 발현되는 것이다. 그러니 개발 이후의 가격 상승을 크게 기대할 수 있는 곳이어야 한다. 신축으로 바꾸는 비용을 일반분양으로 모두 희석시킬 수 있는, 사업성이 아무리 뛰어난 곳이라도 소유주들의 욕망이 자극되지 못하는 지역이라면 쉽지 않다는 것을 잊지 말자.

상승장에는 숭어가 뛰니까 망둥어도 뛴다고, 전국 각지에 오르지 않는 곳이 없어서 그 욕망이 잠시 불타오르는 경우가 많다. 결국 그러다 가도 냉각기나 침체기와 조정장에서는 타고 남은 장작의 불씨에 기름을 부어도 타지 않는 곳들이 부지기수다. 이 점을 잘 유념하고 항상 모든 정비사업에 투자하기를 바라는 마음으로 다시 한번 당부드린다.

리모델링

낡은 아파트를 신축 아파트로 바꾸는 방법에는 재건축 외에도 길이 있다. 재건축은 아파트의 연한이 30년이 넘어야 하고 대지지분과 여유 용적률에 따른 사업성이 담보되지 않으면 진행에 어려움이 있다. 이러한 기본 요건들로부터 다소 자유로운 정비사업의 또 다른 유형에 '리모델링'이 있다.

리모델링은 중층 이상의 아파트 가운데 고도제한이 있거나 더 이상 여유 용적률이 크게 남아 있지 않거나, 세대당 대지지분이 턱없이 부족하여 재건축으로는 사업성이 안 좋거나, 연한이 다소 부족하더라도 신축을 꿈꾸는 단지에게 아주 훌륭한 사업이다. 재건축 시 사업 절차보다 훨씬 간단하고 진행 속도 또한 상대적으로 빠르다. 재건축 연한 30년 대비 리모델링의 연한은 15년이기에 근래의 많은 아파트들이 리모델링 사업을 추진 중에 있다. 특히나 입지적 가치가 뛰어나 신축으로 변경될 경우, 가치 상승의 기대감이 높은 곳일수록 리모델링에 대한 의지가 매우 강하다.

리모델링과 재건축의 차이점

재건축과 리모델링은 어떤 차이가 있을까. 재건축은 모든 것을 새로 시작한다. 건축물을 모두 허물고, 대지 위에 신축을 지어올린다. 그러나 리모델링은 기존 건축물의 골조(뼈대)는 살려두고 그 위나 옆으로 건물을 증축하는 것이다. 위로 증축하는 것은 수직증축이고, 옆으로 증측하

수직증축과 수평증축

- 15층 이상: 최대 3개 층까지 증축
- 14층 이하: 최대 2개 층까지 증축

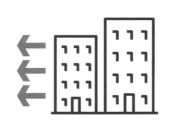

- 85㎡ 미만: 전용면적 40% 이내
- 85㎡ 이상: 전용면적 30% 이내

리모델링과 재건축사업 절차 비교

리모델링	재건축
리모델링 기본계획 수립	정비기본계획수립
	안전진단
	정비구역지정
추진위원회 · 입주자 대표회의	추진위원회 구성
조합설립인가	조합설립인가
안전진단(1차)	
건축 · 도시계획심의	건축심의
권리변동계획수립	
사업계획(행위허가)승인	사업시행인가
분담금 확정 총회	관리처분계획
이주	이주 및 철거
안전진단(2차)	
착공	착공
준공(사업검사)	준공인가
준공 후 입주 및 청산	준공 후 입주 및 청산

2차 안전진단은 수직증축만 해당된다./출처: 한국 리모델링 협회

는 것은 수평증축에 해당한다. 또한 기존 대지 위에 별동을 지을 수 있는 공간이 있을 때에는 아예 신축 동을 추가로 짓는 '별동증축'도 함께 가능하다.

요컨대 리모델링은 재건축보다 절차도 간단하고 그에 따라 속도도 빠를 수밖에 없다. 리모델링은 정비구역지정의 절차도 필요 없고 조합설립이전 예비안전진단이나 정밀 안전진단도 하지 않으며, 조합설립 이후 리모델링의 종류에 따라 안전진단을 나누어 실시한다. 게다가 그

리모델링	구분	재건축
리모델링과 재건축의 기준 비교		
주택법	법적 근거	도시 및 주거환경정비법
수직증축 B등급 이상 수평증축 C등급 이상	안전진단	최소 D등급 이하(D, E)
준공 후 15년 이상	최소 연한	준공 후 30년 이상
대수선 또는 부분철거 후 증축	공사방식	전면 철거 후 신축
기존 전용면적의 30~40% 이내	증축범위	허용 용적률 범위 내
법적 상한 초과 (건축심의로 결정)	용적률	법정 상한 이하 (제3종 일반주거지역 300%)
건폐율, 용적률, 높이제한, 조경 등	건축기준완화	없음
기존의 15% 이내 (15% 이상일 경우 분양가상한제 적용)	가구 수 증가	제한 없음
기존 구조를 보수·보강하여 현행기준에 맞는 내진설계 기준 적용	구조	현행 기준에 적합하게 설계 및 시공
없음	기부채납	도로, 공원, 녹지 등 제공
없음	임대주택의무	인센티브 용적률의 50%
해당 없음	초과이익 환수제	해당됨

안전진단의 기준도 재건축보다 까다롭지 않다. 수직증축의 경우에는
B등급, 수평증축은 C등급 이하를 받으면 가능하다. 아울러 리모델링은
기존 세대의 자리에 그대로 신축이 들어서는 것이므로 동호수 추첨도
필요하지 않고 기부채납이라던지 임대주택 관련 의무 등에서도 자유
로운 편이다.

재건축 대비 리모델링의 결정적 장점

재건축과 비교하자면 무엇보다 시간 싸움에서 유리하다. 리모델링은 조합 설립 후 시공사를 선정한 뒤에 안전진단을 실시한다. 재건축보다 훨씬 간단한 절차로 진행되며 수직증축에 비해 수평증축은 좀 더 많은 단계가 생략되어 있다. 가장 큰 차이는 수평증축과 달리 수직증축에만 있는 2차 안전진단이다. 이주 및 철거가 모두 완료된 뒤에 이루어지는 2차 안전진단은 수직증축을 해도 건물 안전에 위험이 없는지를 체크하는 단계라고 생각하면 쉽다.

리모델링은 보통 공사 기간도 짧은 편이다. 송파구 오금동 아남 아파트 리모델링(송파더플래티넘)의 경우 2021년 4월 착공신고 후 2023년 12월 사용검사 승인을 얻으면서 3년이 채 걸리지 않았다. 마찬가지로 송파구의 성지 아파트도 잠실더샵루벤으로 리모델링 사업을 진행하면서 2022년 1월 착공신고를 마친 뒤 2024년 10월 사용검사 승인이 예정되어 있다. 심지어 성지 아파트는 국내 1호 3개 층 수직증축 아파트로서 성공적인 사업의 예로 남게 될 것이다. 현재 송파구에서는 14개 단지 8,500여 가구가 리모델링 사업을 진행 중이다.

주로 1980년대 후반에서 1990년대 지어진 중·고층 단지들로 당시 법적상한 용적률에 가깝게 지어진 만큼 연한을 채워도 재건축사업 수익성이 크지는 못하다. 하지만 리모델링은 재건축 대비 상대적으로 분담금이 적은 편이고 증축을 통한 일반분양 수익도 없지 않기에, 공사비를 일부 충당할 수 있다는 이점이 있다.

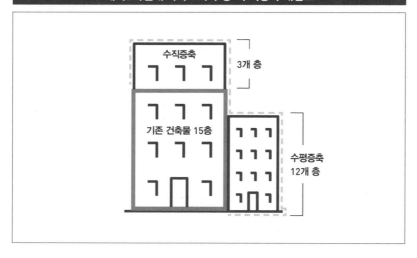

대치1차현대 아파트의 수평·수직증축 개념도

수직증축

3개 층

기존 건축물 15층

수평증축
12개 층

　강남구 대치동의 대치1차현대 아파트도 수직증축 2차 안정성 검토를 통과하였다. 기존 세대수는 1개동 120세대이고 1990년에 사용승인이 난 곳이다. 기존의 용적률이 243퍼센트이므로 재건축을 하기엔 사업성이 부족하고, 주차대수도 세대당 0.45대여서 생활여건도 좋지 못했다. 이곳은 2008년 리모델링 조합설립인가를 받고 2020년 건축심의를 통과한 뒤에 2022년 10월 리모델링 수직증축 2차 안전성 심사를 통과했다. 성지 아파트에 이어 3개 층을 수직증축하고, 이에 더해 12개 층을 수평증축으로 진행될 예정이다. 이에 따라 현 120세대에서 수직증축을 통해 늘어나는 18세대를 일반분양하게 되어 총 138세대로 계획 중이다.

주목할 만한 리모델링 예정지

리모델링은 서울 송파구와 강남구 대치동, 개포동, 삼성동, 청담동, 용산구 동부이촌동 등에서 활발하게 사업이 진행 중이다. 또한 1기 신도시의 여유 용적률이 부족하거나 대지지분이 넉넉하지 못한 아파트에서도 리모델링 사업이 추진되거나 추진 계획을 세우고 있다. 일례로 입지적 가치가 뛰어난 것으로 평가받는 분당의 느티마을 3·4단지는 대규모 리모델링 사업을 진행 중이다. 2023년에 이주가 완료되었고, 향후 신축 대단지로 탈바꿈한다면 정자동 인근의 가격을 선도할 수 있을 것으로 예상된다. 3단지는 770가구에서 873가구로 늘어나게 되며, 4단지는 리모델링을 통해 기존 16개 동, 1,006가구에서 17개 동, 1,149가구로 재탄생한다. 모두 수평증축, 별동증축으로 진행 중이다.

리모델링은 처음 부동산 시장에서 다소 냉소적인 시선을 받은 것이 사실이다. 재건축에 비해 과연 신축의 가치를 온전히 누릴 수 있는가에 대한 참여자들의 의문은 리모델링 관련 건축기술의 발달과 사업성, 시간에서의 이점을 등에 업고 순항 중이다. 기존의 입지적 가치가 충분한 곳인데 재건축이 회의적인 곳이라면 리모델링을 통해 세대당 2~3억 원 정도의 추가분담금을 지불하고서라도 그 이상의 시세 상승을 예상할 수 있다. 투자자와 소유주 모두 재건축과 재개발만 관심을 두고 목표를 세울 것이 아니라 리모델링에 대해서도 높은 관심도 학습이 필요한 시점이다.

리모델링 단지의 사업성과
투자 수익을 분석해보자

- 대상지: 경기도 성남시 분당구 느티마을 3단지 리모델링 사업

바로 앞에서 언급한 느티마을 3단지 리모델링은 성남시 리모델링 시범단지 가운데 하나로 뛰어난 입지와 대규모 단지의 장점을 갖고 있어 선호도와 투자가치가 높은 곳으로 꼽힌다. 기존 770가구에서 873가구로 늘어나며, 수평증축과 별동증축 방식으로 진행한다. 기존 용적률 178퍼센트에서 266.9퍼센트로 늘어나며 세대당 주차대수도 1.7대로 대폭 늘어나는 것으로 밝혀졌다.

기존 58A타입은 74타입으로, 기존 66·67타입은 84타입으로 바뀌며 66A나 74A형은 옵션으로 선택은 가능하다. 신축 별동의 선택은 소멸 세대 우선권과 84타입 신청자 안에서 신축을 고른 사람 등으로 배분하

304

기로 되어 있다. 평당 공사비는 3단지 기준 평당 약 670만 원선으로 계획되어 진행 중이다. 물론 신축 별동이 기존 리모델링 세대보다 층고도 높아 선호도는 몰릴 수도 있지만 추가분담금 차이가 1억 가까이 나서 자신의 기존 아파트 동호수의 위치가 나쁘지 않은 조합원은 굳이 선택하지 않을 확률이 높다.

- 권리변동 상세내역 및 사업비 추산액을 통한 조합원의 분담금 예상

  예) 기존 67타입(2bay) → 84A1타입(3bay) 선택 시 분담금 2억 9,600만 원

  신축동 84A4 - 1타입 선택 시 분담금은 3억 8,400만 원

느티마을 3단지 매물을 사기 위해 필요한 실투금액은?

느티마을 3단지는 기존 67타입(29평)의 실거래가를 보면 2021년 7월과 2022년 5월 14억 5,000만 원의 최고가를 기록했다. 한때 부동산 냉각기에는 이주를 앞두고 있었음에도 불구하고 11억 원선까지 가격이 내려왔다가 2023년 10월에는 13억 2,000만 원으로 회복했다. 현재 호가는 평형 신청과 동호수 위치에 따라 13억 5,000만 원~15억 원선에 나와 있다.

평균 감정평가액은 대략 13억 5,000만 원선이라 보고, 3억 원 정도의 분담금을 합산하면 신축에 들어가는 총비용은 16억~17억 원선으로 예상된다. 여기에 이주비 대출은 금리 5퍼센트대를 예상하여 7억 원 정도의 이주비 대출을 받고, 이주공사기간 48개월을 합산하면 대략 1억

4,400만~1억 8,800만 원의 이자가 들 것으로 예상된다. 결국 최고가 14억 5,000만 원에 매수하였다고 하여도 19억 원이 넘지는 않는다는 결론이다.

현재는 이주를 완료하여 전세보증금으로 투자금을 줄일 수는 없다. 그러나 이주비를 모두 받은 물건이라면 매매가에서 이주비(67타입 기준 평균 7억 원선)를 빼면 실투금이 된다. 13억 5,000만 원의 매물을 실투금 6억 5,000만 원으로 매수할 수 있다는 단순 계산이 도출되는 것이다.

리모델링 후 미래 가치는 얼마일까?

분당 내에서 정자동의 입지는 독보적이다. 뛰어난 교통과 탄천의 자연환경, 생활 인프라와 분당 최고 수준의 학원가, 주상복합 단지들의 위용 등 판교를 제외하고는 대적할 곳이 없다. 이러한 분당 내의 유일한 신축이라면 수내역 인근의 2동짜리 소규모 주상복합인 지웰푸르지오만이 있다.

신분당선과 수인분당선 더블역세권인 정자역이 도보 2~3분 거리에 위치하는 대단지 신축으로서 느티마을의 리모델링 후의 가치는 얼마나 될까.

판교의 준 신축 가격과 정자동의 주상복합 대단지 아파트 파크뷰의 가치는 엎치락뒤치락한다. 정자동 파크뷰의 32평(전용 84.99제곱미터) 최고가는 19억 8,000만 원에서 냉각기에 17억 원선까지 내려왔다가 2023년 9월 18억 3,000만 원에 거래됐다. 이 지역의 전세가는 크게 흔들리지 않는 곳으로 유명하여 늘 10억 원선을 유지하거나 그 이상을 받는 경우도 많다.

향후 느티마을 3단지와 4단지의 대단지 신축은 이러한 파크뷰의 가격을 앞지를 가능성이 매우 높다. 생활 인프라와 학원가 등이 정자동 주상복합 단지와 카페거리에 집중되어 있는 것은 사실이므로 아주 큰 차이로 벌어지진 못할 것이나 신축의 가치가 귀한 분당에서 독보적인 위치로 군림할 것은 불 보듯 뻔하다. 20억 원은 우습게 넘어 판교의 대장 푸르지오그랑블(이 단지에는 전용 84제곱미터가 없다)의 전용 84제곱미터 환산 가격 수준도 넘볼 것으로 판단된다.

냉각기 때 감정평가액보다 마이너스 프리미엄으로 거래가 되던 당시라면 모를까, 현재의 매매 호가로는 큰 수익을 내기는 어려워 보일 수는 있다. 그러나 보수적이고 안전한 투자를 지향하거나 분당에서 신축을 누구보다 빨리 선점하여 훗날 노후도시 특별계획에 의한 분당 내 재건축과 리모델링 사업이 박차를 가하는 시기의 태동을 모두 향유할 수 있다는 장점은 간과할 수 없다. 주변에서 재건축과 리모델링이 시작되면 이주수요, 특히나 신축의 전세수요의 가치는 대폭 상승하게 될 것이 뻔하기 때문이다.

분당의 재건축이 완성되기까지 수십 년의 시간이 소요될 수도 있겠지만 이미 신축을 가지고 있는 사람이라면 새롭게 생겨나는 신축으로 얼마든지 원하는 구간에 갈아타기가 수월하다는 것도 안전하게 투자하며 실거주의 만족도를 높일 수 있는 투자처로서의 장점이라 하겠다.

서울시·경기도 주요 리모델링
추진 단지와 진행 상황

서울시 주요 리모델링 추진 단지 리스트			
지역	단지명	시공사	추진 단계
강남구	개포 우성9차	포스코	입주
강남구	대치 현대1차	현대산업개발	사업계획승인 완료
강남구	청담건영	GS	사업계획승인 완료
강남구	개포 성원 대치2차	현대엔지니어링	2차 안정성 검토
강남구	개포 대청	포스코	허가준비
강남구	청담 신동아	롯데	건축심의 신청
강남구	대치 현대	GS	도시계획심의 통과
강남구	청담 삼성공원	–	조합설립 준비 중
강동구	둔촌 현대	포스코	착공
강동구	둔촌 현대2차	효성	사업계획승인 완료

강동구	둔촌 현대3차	효성	권리변동 계획수립
강동구	선사 현대	롯데, 현대	심의 준비
강동구	고덕 배재 현대	대우	심의 준비
강동구	고덕 아남	삼성	심의 준비
강동구	길동 우성2차	–	심의 준비, 시공사 재선정중
강동구	명일 현대	쌍용	안전진단 통과
강동구	명일 중앙하이츠	포스코	안전진단 진행 중
강서구	등촌 부영	포스코	건축심의 신청
광진구	광장 상록타워	DL이앤씨	사업계획승인 완료
광진구	자양 우성1차	포스코	도시 환경 교통 심의
구로구	신도림 우성1차	GS	건축심의 신청
구로구	신도림 우성2차	GS	건축심의 신청
구로구	신도림 우성3, 5차	포스코	심의 준비
동대문구	신답 극동	쌍용	착공
동작구	사당 우성 2,3차, 극동	–	조합창립 총회
마포구	서강 GS	GS	건축심의 신청
마포구	현석 밤섬 현대	GS	심의 준비
서대문구	북아현 두산	–	조합창립 총회 예정
서초구	잠원 훼미리	포스코	사업계획승인 완료
서초구	잠원 한신로얄	현대산업개발	2차 안정성 검토
서초구	반포 엠브이	현대	1차 안정성 검토
서초구	잠원 동아	현대	심의 준비
서초구	잠원 롯데갤럭시1차	현대	심의 준비
서초구	잠원 현대 훼밀리	쌍용	안전진단 진행 중
서초구	잠원 미주파스텔	–	시공사 선정 중

서초구	반포 푸르지오	–	시공사 선정 중
서초구	잠원 신화	–	조합설립인가
서초구	잠원 강변	–	조합창립 총회
서초구	반포 현대 동궁	–	조합창립 총회
성동구	옥수 극동	쌍용	건축심의 신청
성동구	금호 벽산	현대, 삼성	도시계획 심의
성동구	응봉 신동아	–	시공사 선정중
송파구	송파 성지	포스코	착공
송파구	송파 아남	쌍용	착공
송파구	가락쌍용1차	컨소시엄	1차 안정성 검토
송파구	문정 건영	GS	도시계획심의 통과
송파구	문정 시영	포스코	심의 준비
송파구	삼전 현대	GS	심의 준비
송파구	잠실동 현대	포스코	심의 준비
송파구	가락 상아2차	삼성	안전진단 진행 중
송파구	가락 금호	GS	안전진단 진행 중
송파구	문정 현대	쌍용	안전진단 진행 중
송파구	거여4단지	–	시공사 선정 중
송파구	가락 쌍용2차	–	시공사 선정 중
송파구	강변 현대	–	시공사 선정 중
송파구	송파 현대	–	조합창립 총회
양천구	신정 쌍용	포스코	권리변동 계획수립
양천구	목동 우성2차	롯데	도시 환경 교통 심의
양천구	목동 우성	GS	교통영향평가 통과
영등포구	문래 현대3차	–	조합설립인가

영등포구	문래 현대5차	–	조합창립 총회
용산구	이촌 현대	롯데	착공
용산구	이촌 코오롱	삼성	심의 준비
용산구	이촌 강촌	현대	심의 준비
용산구	이촌 한가람	GS, 현대엔지니어링	안전진단 진행 중
용산구	이촌 우성	–	시공사 선정 중
용산구	이촌 코스모스	–	조합설립인가
중구	남산타운	–	조합설립 준비 중

경기도 주요 리모델링 추진 단지 리스트

지역	단지명	시공사	추진 단계
고양시	일산 문촌16	포스코	안전진단 진행 중
고양시	일산 강선14	현대	안전진단 진행 중
광명시	철산 한신	쌍용, 현대엔지니어링	건축심의 신청
광명시	중앙하이츠1차	–	조합창립총회 개최
군포시	산본 우륵7	DL이앤씨	건축심의 준비
군포시	산본 율곡3	DL이앤씨	도시계획, 경관 심의 중
군포시	산본 무궁화주공1	현대	교통영향평가 통과
군포시	산본 개나리13	포스코, 현대	교통영향평가 통과
군포시	산본 설악주공8	–	시공사 선정 중
군포시	산본 퇴계주공3	–	조합설립인가 완료
부천시	산동 한아름1	–	시공사 선정 중
성남시	분당 무지개4	포스코	이주완료
성남시	분당 느티3	포스코	이주 중
성남시	분당 느티4	포스코	이주 중
성남시	분당 매화1	포스코	사업계획승인 완료

성남시	분당 정자한솔5	포스코	사업계획승인 완료
성남시	분당 매화2	–	시공사 해지
수원시	영통 삼성태영	포스코	건축 경관심의 통과
수원시	영통 신명동보	현대	건축 경관심의 통과
수원시	영통 신성신안쌍용진흥	DL이앤씨, 현대엔지니어링	건축심의 신청
수원시	영통 매탄동남	효성	심의준비
수원시	권선 삼천리2	롯데	심의준비
수원시	영통 5주공	GS	심의준비
수원시	영통 두산우성한신	대우	심의준비
수원시	영통 8주공	포스코	안전진단 진행 중
안양시	평촌 목련2	효성	사업계획승인 완료
안양시	평촌 목련3	효성	사업계획승인 반려
안양시	평촌 한가람신라	포스코	안전진단 진행 중
안양시	평촌 초원한양6	대우	안전진단 진행 중
안양시	평촌 향촌현대4	포스코	시공사 선정
안양시	평촌 향촌롯데	포스코	시공사 선정
안양시	평촌 초원세경8	포스코	시공사 선정
안양시	평촌 한가람세경	–	조합설립인가 완료
안양시	평촌 공작부영	–	조합창립총회 개최
용인시	상현마을 현대	포스코	건축심의 신청
용인시	수지 한국	KCC	건축심의 신청
용인시	수지 동부	포스코	건축심의 신청
용인시	수지 보원	포스코	건축심의 신청
용인시	수지 신정9	현대	건축심의 신청
용인시	수지 초입마을	포스코	건축심의 신청
용인시	수지 죽전뜨리에체	SK	도시, 환경, 교통 심의신청

용인시	수지 동보2	포스코	심의 준비
용인시	수지 서원 현대홈타운	DL이앤씨	심의준비
용인시	수지 삼성1차	현대엔지니어링	안전진단 진행 중
용인시	수지 풍산	–	조합설립인가 완료
용인시	수지 신정1	–	조합창립총회 개최

제5장

실투금액대별로 접근하는
핫한 재개발 투자처와 입지 분석

인서울을 꿈꾸는 투자자들이여, 고개를 들어 노원구·성북구·은평구를 보라!

노원구 상계 뉴타운

극초기 정비사업지를 제외하고 서울 내에서 가장 적은 실투금으로 접근할 수 있는 재개발 구역은 상계뉴타운이다. 한때 4억~5억 원대 실투금이 있어야 가능했던 곳이 가격 조정을 받으면서 2억 원대의 실투금으로 투자할 수 있게 된 것이다. 서울뿐 아니라 모든 정비사업장 전체적으로 부동산 시장이 침체장을 겪으면서 프리미엄이 내린 탓도 있다. 그러나 더 직접적인 이유는 높게 책정된 조합원분양가 때문이라는 의견이 많다.

실투금액 2억~4억 원대 주요 매물과 시세

(단위: 억 원)

지역	구역	종류/감평	매가/전세	피	실투금액	총매가	전용	단계	비고
노원구	상계5	아파트 28평 공시지가 3.21	5.0/2.0	–	3.0	–	–	촉진계획 변경 시공사 선정중	현재 공실
노원구	상계2	감평 2.65	3.5/1.4	0.85	2.1	8.9(74)	74 가능	관처준비중	–
노원구	상계1	감평 1.32	2.82/0.4 (월세 10만)	1.5	2.42	–	59	분양신청 완료	–
노원구	백사마을	감정가 0.796	2.9	2.11	2.9	7.86	74	관처신청	GS 1,953세대
도봉구	도봉 2구역	멸실입주권	3.468/이주비 0.627	1.9	2.841	7.286	84	일반분양예정	금호건설 299세대
성북구	장위 15구역	빌라 전용 12평	4.1/1.1	–	3.0	–	–	조합설립인가	–
성북구	성북2	단독주택 대지 9평	4.2/0.6	–	3.6	–	–	시공사 선정 완료	–
성북구	돈암6	빌라 전용 11.5평	4.6/1.2	–	3.4	–	–	사업시행인가 신청예정	–
성북구	동선2	권리가 1.198	4.9/0.48 (이주비)	3.7	4.42	9.848	84A 타입	이주완료, 철거중	26년 입주예상
성북구	정릉골	무허가 권리가 0.107	2.8	2.69	2.8	9.32	59 테라스	관처 신청완료	포스코 1,411세대
은평구	불광5	감평 1.53	4.38/0.6 (월세 10만)	2.85	3.78	8.38	59 타입	분양신청완료	–
은평구	증산5	감평 1.1	4.95/0.8	3.85	4.15	10.15	84 신청	관처대기중	–
동대문구	이문4	권리가 1.431	4.8/0.12	3.368	4.68	9.8	59	관처신청 준비중	롯데 현대 3,628세대
관악구	신림1	무허가	3.1/0.1	–	3.0	–	–	건축심의통과	–
관악구	신림2	감평 1.05	3.95	2.9	3.95	7.16	59	철거중	25년 착공
은평구	갈현1	감평 1.4	3.8/0.56	2.4	3.24	7.22	59	철거중	부분철거
은평구	대조1	권리가 1.17	4.17	3.0	4.17	8.01	59	착공	GTX

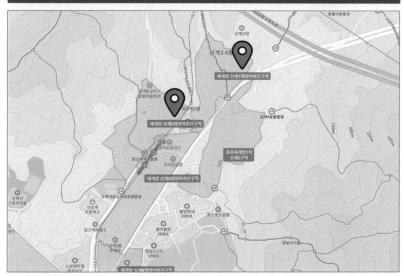

노원구 상계 뉴타운 1·2구역

출처: 아실

상계1구역은 84타입 기준 조합원분양가 7억 2,000만 원, 상계2구역의 경우 전용 84타입 조합원분양가가 7억 6,000만~7억 7,000만 원으로 책정함에 따라 프리미엄이 1억 원대로 내려온 것이다. 상계재정비촉진구역 주택재개발사업을 통해 지어진 노원센트럴푸르지오(2020년 2월 입주, 810세대)의 실거래 최고가는 12억 1,000만 원(2021년 11월)이었고, 최근 실거래가는 10억 1,000만 원(2023년 7월)이다. 이를 통해 상계 뉴타운 가격을 가늠해본다면, 현재 프리미엄 1억 5,000만 원 정도에서 매수하게 되면 상계2구역의 경우 9억 원선에 매수하게 된다는 단순한 계산을 통해 미래 수익을 예상해 봄직하다. 여기서 프리미엄이 더 상승하기 위해서는 주변 신축단지의 가격들이 12억 원 이상으로 올라

가 주어야 가능해진다는 셈까지 더해져 현재 프리미엄의 시세가 형성
된 것이라 볼 수 있다.

성북구 동선2구역

이어서 눈여겨볼 만한 구역은 동선2구역이다. 2023년 하반기 현재 이
주를 마치고 철거를 진행 중이며 곧 신축으로 변모할 시기가 멀지 않
은, 다시 말하면 사업 리스크가 대부분 지워진 상태라 하겠다. 그럼에
도 과거 가장 높았던 시기 대비 2억 원 정도 저렴하게 형성된 시세로 다

출처: 아실

주택자에게도 이주비대출이 나오는 터라 실투금을 줄일 수 있다. 84타입 기준 총매수가 10억 원 이하라는 매력적인 가격이 가장 큰 장점이다. 인근의 구축 돈암브라운스톤(2004년, 1,074세대)의 84타입 최고 실거래가는 10억 9,500만 원(2021년 8월), 최근 실거래가는 8억 원선이다.

이 가격이 동선2구역 신축 가격의 하단을 지지해준다고 볼 때 부동산 시장이 다시 깊은 침체로 빠지지 않는 이상 가격이 이보다 쉽게 더 내려갈 확률은 극히 적다고 볼 수 있다. 다만 공사비 상승이나 여러 이유로 추가분담금이 올라갈 수도 있겠지만, 일반분양가가 꾸준히 상승하고 있는 현재의 기조라면 굳이 부정적인 생각으로만 접근할 이유는 없다.

은평구 대조1구역

마지막으로 은평구 정비사업구역 가운데 가장 핵심입지로 손꼽히는 대조1구역은 이미 2019년 관리처분인가를 받고 2022년에 착공했다가 내홍을 겪으며 사업이 다소 지체되었지만, 다시 탄력을 받고 진행 중에 있다. 2024년 일반분양을 계획 중에 있으며 GTX-A연신내역으로부터 800미터의 거리를 둔 단지로서 수혜를 기대해도 좋을 곳이다.

연신내역에서 한 정거장 아래 불광역은 300미터로 도보 5분 거리다. 불광5구역과 함께 좋은 입지를 자랑하면서 보다 더 빠른 사업 진행이라는 장점이 있다. 덕분에 한때 84타입 신청 매물의 프리미엄이 7억 원

은평구 대조1구역

출처: 아실

을 훌쩍 넘겼던 곳이었다. 그러나 부동산 시장이 가라앉음과 동시에 사업의 내홍이 겹치면서 프리미엄이 하락하였다가, 2023년 초 다시 거래가 늘어나기 시작하여 급매는 대부분 소진되고 시세가 안착하는 중이다. 그럼에도 경기도 상급지의 일반분양가보다 GTX-A를 탈 수 있는 서울의 신축 가격이 저렴할 이유도 없다는 점도 불광5구역과 함께 눈여겨볼 만하다.

강남이 코앞, 거여·마천 뉴타운의
미래 가치에 주목하라!

마포구 북아현3구역

가격의 범위가 넓어 보이지만, 대체로 실투 6억 원대 매물들이 많다. 그 중에 눈여겨볼 곳은 먼저 북아현3구역이다. 앞서 제3장에서 북아현 3구역에 대해 언급한 부분을 참고하여 가격을 고려해보면 좋을 것이다.

송파구 마천4구역

또한 마천4구역을 들여다보자. 거여·마천 뉴타운은 2005년 12월 정비사업지구로 지정되었다. 현재 거여2-1구역은 송파 시그니처롯데캐

실투금액 5억~9억 원대 주요 매물과 시세

(단위: 억 원)

지역	구역	종류/감평	매가/전세	피	실투금액	총매가	전용	단계	비고
성동구	금호16	감평 1.2	7.0/0.8	5.8	6.2	13.58	73	관처 예정	–
성북구	삼선5	권리가 1.98	7.48/ 이주비 0.93	5.5	6.55	10.96	84	착공	2027년 1월 준공 예정
동대문구	청량리8	단독주택대지 20평	8.0/1.2 (월 10만)	–	6.8	–	–	공동사업시행자 선정(롯데)	시공사 선정
중구	신당8	권리가 3.4	9.3/1.1	5.9	8.2	–	84	관처준비중	시공사 포스코
중구	신당9	빌라대지 8.43평	6.0/0.85	–	5.15	–	–	조합설립인가	–
동대문구	청량리7	권리가 1.6	6.6/이주비 0.7	5.0	5.9	8.8	59	이주 및 철거	–
관악구	봉천 -1-2	권리가 3.0	7.0/이주비 1.4	4.0	5.6	11	84A	일반분양	동호수 추첨완료 (103동 중층)
마포구	북아현3	감평가 0.15	6.39	6.24	6.39	–	–	사업시행인가	지상권
마포구	북아현2	감평가 1.05	7.25/500만 (30만 월세)	6.2	7.3	–	59	조합원 분양신청	–
동대문	이문1	1.21	7.21	6.0	7.21	11.43	74	착공	2025년 1월 입주
동대문	제기6	감평가 4.27	7.5/2.1	3.22	5.29	–	71	사시인가 후 조합원 분양신청	–
영등포구	신길2	빌라대지 7.8평	6.5	–	6.5	–	–	조합설립인가	–
동작구	노량진5	권리가 6.15	14.0/5.0	7.85	9.0	–	84	관리처분인가	–
동작구	노량진7	감평 2.88	9.5/1.8	6.695	6.7	–	84	관처인가 접수중	–
송파구	마천1	빌라대지 7평	5.7/1.05	–	4.65	–	–	조합설립 완료	사업계획승인 준비중
송파구	마천4	권리가 2.08	6.4/0.2	4.32	6.2	14.15	84	관처 총회	디에이치 클라우드

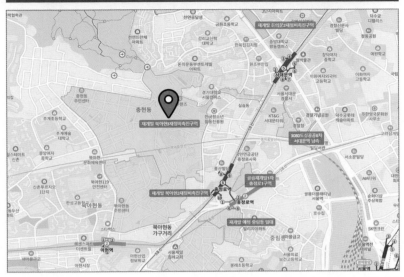

마포구 북아현3구역

충현동

재개발 북아현3재정비촉진구역

출처: 아실

슬(2022년 1월, 1,945세대), 거여 2-2구역은 e편한세상송파파크센트럴 (2020년 6월, 1,199세대)로 신축되었다. 특히 e편한세상송파파크센트럴 은 2021년 최고 실거래가 17억 5,000만 원을 기록했고, 2023년에 14억 원까지 회복했다.

현재 마천1~4구역 가운데 가장 속도가 빠른 4구역은 관리처분인 가를 앞두고 있다. 현대건설의 고급브랜드인 디에이치가 들어서고 1,372세대가 예정되어 있다. 조합원 물량 599세대, 일반분양 466세대, 임대 175세대 및 장기전세 132세대로 구성되었다. 2021년 시공사 계 약 당시 평당 공사비가 587만 원이었는데, 현재로서는 시공비 상승이 불가피하므로 평당 공사비가 10퍼센트 상승한다고 보고 과거 조합원

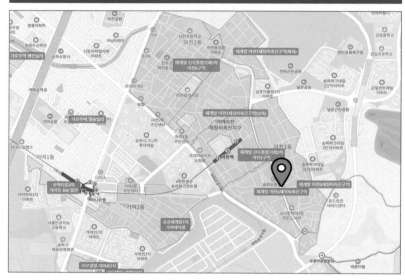

송파구 거여·마천 뉴타운

출처: 아실

분양신청 당시의 비례율이 118퍼센트였지만 관리처분인가를 위한 공람의 목적으로 통보된 개별통지서에는 109.76퍼센트로 수정되어 반영되었음을 알 수 있다.

일반분양가는 평당 3,800만 원 정도로 예상했으나 평당 4,000만 원까지 올라갈 가능성도 있다. 현재의 분위기로 인근의 시그니처롯데캐슬이나 e편한세상송파파크센트럴의 실거래가나 호가의 움직임이 반영될 것이고, 이는 84타입 기준 14억 원에 분양하더라도 충분히 가능성이 있음을 예견할 수 있는 요인이 된다. 어쨌든 당초 평당 3,800만 원의 일반분양가보다 좀 더 높게 분양가를 책정한다면 공사비 상승으로 인한 비례율 감소를 어느 정도 막을 수 있는 여지도 있다는 점도 고무

적이다.

거여·마천 뉴타운은 완성되려면 아직도 많은 시간이 더 소요될 것이다. 그러나 이 구역들이 모두 완성된다면 향후 고덕의 신축 아파트촌의 아성을 위협하는 가격을 형성할 수 있다. 그 이유는 여러 가지가 있다. 첫째, 고덕 대비 강남에 물리적으로 가깝다는 점이다. 교통이 다소 불편할 수는 있지만, 어쨌든 전철역 역세권에 몰려 있고 거리상 강남에 가까울수록 가격이 상승하는 동남권, 특히 송파구와 강동구의 특성상 그 장점이 작용하는 시점이 올 것이다. 두 번째로 거여·마천 뉴타운이 완성될 즈음에는 고덕의 신축 아파트촌이 입주 10년이 넘어가는 시기다. 보통 신축의 힘은 10년 정도로 보는데 그 이상 넘어가면 거여·마천 뉴타운이 좀 더 나은 대접을 받을 수도 있다.

셋째로 '잘난 형'의 발전된 모습을 기대해볼 수 있다는 점이다. 송파구 거여·마천 뉴타운의 바로 윗형은 가락동에 있는 구축 아파트들이다. 이들은 현재 재건축과 리모델링을 진행 중이고 거여·마천 뉴타운의 완성 시기에 함께 맞물린다면 지금은 구닥다리처럼 보이던 형이 다시 잘난 모습으로 변모하여 동생을 잘 이끌어주며 가격을 선도해줄 것이다. 이는 가격의 상방에 또 다른 물꼬를 열어준다는 의미로 받아들이면 될 것이다.

물론 고덕의 장점이라고 한다면 하남과 미사 신도시의 거주자들이 상급지 갈아타기로 실거주 배후수요를 든든하게 품고 있다는 점이다. 고덕도 마찬가지로 둔촌이나 명일동이 새롭게 가격의 상방을 열어주긴 하겠지만 말이다.

하지만 결코 간과해서는 안 되는 것이 있다. '고덕이 낫다, 거여·마천 뉴타운이 낫다' 등 지엽적인 사고에 빠져서는 곤란하다. 무엇이 무엇보다 가치가 있고 가치 비교에 따른 가격 차이와 불균형, 그 틈을 파고들어 매수하는 것이 부동산 투자의 핵심이긴 하다. 그러나 단순히 고덕보다 거여·마천 뉴타운의 거주성이나 상품성에 대해 무엇이 무엇보다 낫다고 지역 카페나 소유자들의 이야기만 듣고 판단할 것이 아니라 향후 개발에 따른 미래 가치 그리고 주변의 인접한 지역들의 가격 흐름을 예상해보고 무엇이 상대적으로 저평가인지를 판단하여 매수가격의 정당성을 스스로 체크해보는 것이 훨씬 발전적인 사고라 할 수 있다. 다른 집 아이보다 우리 아이가 더 공부를 잘하는가에만 빠져서 생각하다 보면 아이는 정작 넓은 시야로 지적 성장을 위한 공부와 성취감을 잃기 십상인 것과 마찬가지다.

부동산 투자에 있어 가장 중요한 것은 그 무엇보다 '싸게 사는 것'이다. 내재가치와 미래 가치 그리고 주변 혹은 유사한 것들을 끊임없이 고려하여 현재 살 수 있는 것 가운데 가장 싸게 좋은 것을 골라서 사야 하는 것이 바로 실패하지 않는 투자의 핵심이기 때문이다.

10억 원대

여기가 리얼 한강뷰! 입지의 끝판왕인 노량진, 한남, 성수, 흑석 뉴타운

서울의 정비사업 가운데 'Top 5'를 꼽으라면 1. 한남 뉴타운, 2. 성수전략정비구역, 3. 방배동 주택재건축, 4. 흑석 뉴타운, 5. 노량진 뉴타운+북아현 뉴타운 정도를 생각해볼 수 있다.

북아현 뉴타운과 노량진 뉴타운의 몇 구역을 제외하고는 모두 실투금액이 10억 원이 훌쩍 넘게 투여되는 곳으로 부담 없이 접근하기는 결코 쉽지 않다. 그럼에도 위 구역들 가운데 눈여겨볼 만한 구역과 가격에 대한 이해는 필요하다. 내가 지금 당장 매수하지 않더라도, 언제고 나에게 필요한 순간이 있는 법이고 이러한 접근 방식은 가격대에 상관없이 고민해야 하는 요소로 작동하기 때문이다.

실투금액 10억 원대 주요 매물과 시세

(단위: 억 원)

지역	구역	종류/감평	매가/전세	피	실투금액	총매가	전용	단계	비고
동작구	노량진1	주택 대지 46평	19.3/5.3	–	14.0	–	84+59	시공사 선정중	연면적 70.5평
동작구	노량진3	감평 4.6	11.7	7.1	11.7	–	84	사업시행인가 조합원 분양신청	촉진계획 변경중
동작구	노량진4	권리가 13.66	20/이주비 8.2	6.34	11.8	18.64	84+59	관처후 이주중	환급
동작구	노량진8	권리가 7.0	15/이주비 2.6	8.0	12.4	15.53	84	관처후 철거예정	일부착공
동작구	흑석9	권리가 6.15	16	9.84	16	17.2	84	이주중	비례율 68.87%
동작구	흑석11	권리가 8.3	16.0/이주비 4.8	7.7	11.2	17.3	84	이주완료	–
성동구	성수1	빌라 대지 6.4평	18	–	18	-	-	건축 재심의	토허제
성동구	성수2	빌라 대지 11평	18.5/1.85 (월 55만)	–	16.65	-	-	건축 재심의	토허제
성동구	성수3	빌라 대지 7평	15.0	–	15.0	-	-	건축 재심의	토허제
성동구	성수4	빌라 대지 7.13평	15.0	–	15.0	-	-	건축 재심의	토허제
용산구	한남2	주택 대지 8.5평	14.5	–	14.5	–	–	시공사 선정 완료	–
용산구	한남3	감평 8.95억	20.5/4.47	11.55	16.03	26.1	84	관처후 이주중	지위양도 가능 매물
용산구	한남4	시유지 무허가 대지 14평	17.2/0.6	–	16.6	–	–	건축심의중	–
용산구	한남5	다세대 대지 8.5평	18.0	–	18.0	–	–	건축심의중	–
서초구	방배5	권리가 14.0	29.0/2.28	15.0	26.7	30.5	101	일반분양 예정	감평 5.71 (비례율 45%기준) 비례율에 유의
서초구	방배13	권리가 4.0	15.5	11.5	15.5	21.5	84	이주중	조합원 분양 재신청 (재당첨제한 유의)
서초구	방배14	권리가 4.5	17.0	12.5	17.0	22.0	84	이주중	재분양신청

출처: 아실

동작구 노량진 뉴타운

먼저 노량진 뉴타운을 들여다보자. 동작구에서도 노량진은 기존 고시촌 및 입시학원의 이미지가 강하고 수산시장이라는 아이콘이 지역 이미지를 압도하는 곳이다. 그러나 노량진의 장점은 여의도와 가장 인접한 지역이라는 점이다. 마포는 한강을 건너야 하지만, 노량진은 샛강을 사이에 두고 더 가까이 여의도와 붙어 있으며 인도교까지 계획 중이다. 물론, 확장성은 마포 쪽이 훨씬 높다는 것에 이견은 없다.

그러나 현재의 평가가 미래의 평가와 동일하지 않을 것이라는 점을 강조하기 위함이다. 신길 뉴타운만큼의 파급력을 가지고 있으면서, 또한 뉴타운구역들이 모두 인접하여 지역 전체가 탈바꿈하여 변모하기에 완전히 다른 지역으로 거듭날 것이다. 동작구 흑석 뉴타운의 뒤를 바짝 뒤쫓을 것이며 신길 뉴타운의 큰 형 노릇을 톡톡히 할 곳이다. 1구역과 3구역이 가장 선호되고, 역에서 멀어지거나 규모가 작아질수록 감점요인이라 생각하면서 구역을 살펴보기 바란다.

용산구 한남 뉴타운

다음으로는 앞서도 언급했던 한남 뉴타운이다. 한남3구역은 2023년 6월 관리처분인가를 받으면서 매물이 잠겼다. 투기과열지구로서 관리처분인가 후 입주권 지위양도가 금지된 것이다(물론 10년 보유, 5년 거주 요건을 충족하면 양도 가능하며, 실제로 매물이 없지는 않다). 덕분에 한남4구역과 5구역으로 관심도가 옮겨가면서 거래가 활발해졌다.

5구역이 단연코 한남 뉴타운의 대장의 입지라면 4구역은 일반분양 비율이 높아 사업성이 높다는 평가가 있다.

2구역은 3구역 바로 다음의 속도로 빠르다. 한강을 남으로 내려다보는 배산임수 지형의 훌륭한 입지를 자랑하는 한남 뉴타운이 완성되는 시기에는 서울 주거 중심지의 축이 새로운 벨트를 형성하게 될 것이다.

용산구 한남 뉴타운(2~5구역) 지도

출처: 아실

성동구 성수전략정비구역

성수전략정비구역은 주거지의 새로운 패러다임을 제시할 가능성이 크다. 계획대로 한강을 내려다보는 고층 고급 주거타운으로 완성된다면 강남의 아성이 부럽지 않는 곳으로 재탄생할 것이다. 토지거래허가구역이라 투자자들의 진입이 쉽지 않아서 거래량이 적은 편이지만, 사업이 진행될수록 가격이 점차 오르고 있다. 그래도 작은 근린생활시설이나 빌라를 잘 찾아보면 10억 원 초·중반대 매물이 보인다.

압구정과 얼굴을 마주하고 있는 성수전략정비구역은 서울의 핫플레이스로 자리한 성수의 힙한 느낌에 럭셔리 고층 아파트의 이미지가 어

제5장 실투금액대별로 접근하는 핫한 재개발 투자처와 입지 분석　　　333

성동구 성수전략정비구역(1~4지구)

출처: 아실

우러질 수 있도록 조합에서도 건축심의에 공을 들이고 있다는 후문이다. 개인적으로 성수전략정비구역의 성패는 얼마나 고급화·차별화를 하느냐에 달려 있다고 생각한다. 한남 뉴타운과는 다른 자기만의 색깔을 지닌 곳으로 탄생한다면 남부럽지 않은 서울 최고의 선호지가 될 가능성이 매우 크다.

동작구 흑석 뉴타운

마지막으로 흑석 뉴타운은 서울 남부의 중심에 위치하며 서울 업무지구(여의도, 강남, 광화문 그리고 용산 국제업무지구까지)와의 접근성이 매우 좋다. 서울에서 한강을 끼고 올림픽대로와 강변북로를 빠르게 올라타서 동과 서로 이동하며 북과 남으로 진입할 수 있다는 것은 주거지로서 매우 훌륭한 장점이며 핵심지라는 반증이기도 하다.

흑석1구역부터 11구역까지, 해제구역인 10구역을 제외하고 모두 완성이 된다면 1만 세대를 훌쩍 넘기는 택지지구급 규모를 자랑하는 아파트촌이 형성된다. 과거 뉴타운 초기에 4구역(흑석한강푸르지오, 2012년 입주), 5구역(흑석한강센트레빌, 2011년 입주), 6구역(흑석한강센트레빌 2차, 2012년 입주)은 먼저 완성되었고, 이후 8구역(롯데캐슬에듀포레, 2018년 입주), 7구역(아크로리버하임, 2018년 입주)이 뒤를 이어 완성되었

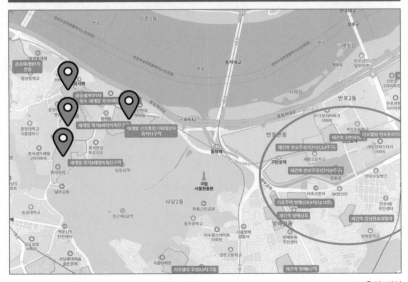

흑석 뉴타운(1·3·9·11구역)과 반포주공 재건축 단지

출처: 아실

다. 현재 1구역은 추진위원회 승인단계이고, 2구역은 공공재개발 1차 후보지로 선정되어 사업이 진행 중이다. 9구역과 11구역은 모두 관리처분인가 후 이주를 마치거나 이주 중에 있다.

여기서 중요한 것은 흑석 뉴타운의 가치가 단순히 동작구의 한 지역에 지나지 않는다는 점이다. 흑석에서 조금만 동남쪽으로 이동하면 대한민국 최고의 아파트촌이라 할 수 있는 반포주공 1단지가 나온다. 현재 재건축 단지로서 착공에 있는 이곳은 반포와 인접 지역들의 새로운 가격 상방을 열어줄 곳이 분명하다.

속칭 '서반포'라는 이름으로 불리는 흑석 뉴타운은 이러한 반포주공 1단지의 재건축 후 시세상승의 낙수효과를 톡톡히 누릴 것이기에 눈여겨볼 가치가 충분하다. 흑석9구역의 경우 사업의 지체로 비례율이 68퍼센트대로 내려왔지만, 아직 이루어지지 않은 일반분양가의 상승이 미반영된 수치로 어느 정도 상승을 기대해볼 수는 있다. 그럼에도 비례율의 손실 리스크를 회피하려면 감정평가액이 낮은 물건을 선택하는 것이 안전할 수 있다.

예컨대 감정평가 1억 원의 비례율 70퍼센트의 권리가는 7,000만 원이고, 감정평가 4억 원의 비례율 70퍼센트의 권리가액은 2억 8,000만 원으로 1억 2,000만 원과 3,000만 원의 상대적 비율로서 손실금액 차를 고려해야 한다는 점이다. 이론 부분에서 설명하였듯이 비례율이 낮아질 때는 감정평가가 낮을수록 유리하고, 비례율이 올라갈수록 감정평가가 높을수록 더 많은 이득을 보기 때문이다.

하나를 사면 하나를 끼워주는 '1+1 입주권'이란?

1+1 입주권의 신청요건

'도정법' 제76조 제6항에 따르면, 재개발사업에 있어 "1세대 또는 1명이 하나 이상의 주택 또는 토지를 소유한 경우 1주택을 공급하고, 같은 세대에 속하지 아니하는 2명 이상이 1주택 또는 1토지를 공유한 경우에는 1주택만 공급한다."라는 대원칙이 있다. 쉽게 말해 앞서 언급했던 다물권자에게도 1개의 입주권만을 공급한다는 것이다.

그런데 이러한 '1주택 공급'의 예외가 있다. 먼저 가격의 범위 또는 종전주택의 주거전용면적의 범위 안에서 2주택을 공급할 수 있고, 이 중 추가되는 1주택의 주거전용면적은 60제곱미터 이하로 한다.

여기서 가격의 범위란 무엇일까? 조합원이 보유하고 있는 종전자산

도시 및 주거환경정비법 (약칭: 도시정비법)

[시행 2024. 1. 19.] [법률 제19560호, 2023. 7. 18., 일부개정]

□ 제76조(관리처분계획의 수립기준) ① 제74조제1항에 따른 관리처분계획의 내용은 다음 각 호의 기준에 따른다. <개정 2017. 10. 24., 2018. 3. 20., 2022. 2. 3., 2023. 6. 9.>

1. 종전의 토지 또는 건축물의 면적·이용 상황·환경, 그 밖의 사항을 종합적으로 고려하여 대지 또는 건축물이 균형 있게 분양신청자에게 배분되고 합리적으로 이용되도록 한다.

2. 지나치게 좁거나 넓은 토지 또는 건축물은 넓히거나 좁혀 대지 또는 건축물이 적정 규모가 되도록 한다.

3. 너무 좁은 토지 또는 건축물이나 정비구역 지정 후 분할된 토지를 취득한 자에게는 현금으로 청산할 수 있다.

4. 재해 또는 위생상의 위해를 방지하기 위하여 토지의 규모를 조정할 특별한 필요가 있는 때에는 너무 좁은 토지를 넓혀 토지를 갈음하여 보상을 하거나 건축물의 일부와 그 건축물이 있는 대지의 공유지분을 교부할 수 있다.

5. 분양설계에 관한 계획은 제72조에 따른 분양신청기간이 만료하는 날을 기준으로 하여 수립한다.

6. 1세대 또는 1명이 하나 이상의 주택 또는 토지를 소유한 경우 1주택을 공급하고, 같은 세대에 속하지 아니하는 2명 이상이 1주택 또는 1토지를 공유한 경우에는 1주택만 공급한다.

7. 제6호에도 불구하고 다음 각 목의 경우에는 각 목의 방법에 따라 주택을 공급할 수 있다.

가. 2명 이상이 1토지를 공유한 경우로서 시·도조례로 주택공급을 따로 정하고 있는 경우에는 시·도조례로 정하는 바에 따라 주택을 공급할 수 있다.

나. 다음 어느 하나에 해당하는 토지등소유자에게는 소유한 주택 수만큼 공급할 수 있다.

　1) 과밀억제권역에 위치하지 아니한 재건축사업의 토지등소유자. 다만, 투기과열지구 또는 「주택법」 제63조의2제1항제1호에 따라 지정된 조정대상지역(이하 이 조에서 "조정 대상지역"이라 한다)에서 사업시행계획인가(최초 사업시행계획인가를 말한다)를 신청하는 재건축사업의 토지등소유자는 제외한다.

　2) 근로자(공무원인 근로자를 포함한다) 숙소, 기숙사 용도로 주택을 소유하고 있는 토지등소유자

　3) 국가, 지방자치단체 및 토지주택공사등

　4) 「지방자치분권 및 지역균형발전에 관한 특별법」 제25조에 따른 공공기관지방이전 및 혁신도시 활성화를 위한 시책 등에 따라 이전하는 공공기관이 소유한 주택을 양수한 자

다. 나목1) 단서에도 불구하고 과밀억제권역 외의 조정대상지역 또는 투기과열지구에서 조정대상지역 또는 투기과열지구로 지정되기 전에 1명의 토지등소유자로부터 토지 또는 건축물을 소유권을 양수하여 여러 명이 소유하게 된 경우에는 양도인과 양수인에게 각각 1주택을 공급할 수 있다.

라. 제74조제1항제5호에 따른 가격의 범위 또는 종전 주택의 주거전용면적의 범위에서 2주택을 공급할 수 있고, 이 중 1주택은 주거전용면적을 60제곱미터 이하로 한다. 다만, 60제곱미터 이하로 공급받은 1주택은 제86조제2항에 따른 이전고시일 다음 날부터 3년이 지나기 전에는 주택을 전매(매매·증여나 그 밖에 권리의 변동을 수반하는 모든 행위를 포함하되 상속의 경우는 제외한다)하거나 전매를 알선할 수 없다.

마. 과밀억제권역에 위치한 재건축사업의 경우에는 토지등소유자가 소유한 주택수의 범위에서 3주택까지 공급할 수 있다. 다만, 투기과열지구 또는 조정대상지역에서 사업시행계획인가(최초 사업시행계획인가를 말한다)를 신청하는 재건축사업의 경우에는 그러하지 아니하다.

② 제1항에 따른 관리처분계획의 수립기준 등에 필요한 사항은 대통령령으로 정한다.

[법률 제14567호(2017. 2. 8.) 제76조제1항제7호나목4의 개정규정은 부칙 제2조의 규정에 의하여 2018년 1월 26일까지 유효함]

의 감정평가액이 1+1 조합원분양가의 이상이면 된다는 것이다. 예를 들면 이렇다.

정무진의 주택 감정평가액 15억 원

$$\geqq$$

○○구역의 1+1 조합원분양가 총합 14억 원

(84제곱미터 조합원분양가 8억 원 + 59제곱미터 조합원분양가 6억 원)

이러한 조건이 가능한 종전자산을 소유한 정무진은 1+1 입주권을 신청할 수 있다.

가격의 범위에 이어 두 번째 종전주택의 주거전용면적의 범위는 무엇일까? 조합원이 보유한 종전주택의 주거전용면적이 1+1 주거전용면적 이상이면 가능하다.

종전주택의 주거전용면적	신청 가능한 1+1 입주권
143㎡ 이상	전용 84㎡ + 전용 59㎡
135㎡ 이상	전용 84㎡ + 전용 51㎡
118㎡ 이상	전용 59㎡ + 전용 59㎡
102㎡ 이상	전용 51㎡ + 전용 51㎡

마찬가지로 실제 예를 살펴보자. 정무진이 소유한 주택의 주거전용면적이 156제곱미터라면, '전용 84제곱미터 + 전용 59제곱미터'에 해당하는 1+1 입주권을 신청할 수 있다는 것이다. 여기서 유의할 것이 있다. 종전주택이 현행주택이라 하더라도 건축물대장상 주거전용면적이 중요하다. 실제로 본인이 보유한 서울의 모 입주권은 지상 2층, 지하 1층의 다가구주택이었다. 건물의 전체 연면적은 145제곱미터로 1+1이 가능한 것처럼 보였으나, 건축물대장상 주거전용면적은 98제곱미터였다. 나머지 연면적에 해당하는 지하층이 근린생활시설로 등록되어 있었기 때문이다. 이런 경우에는 1+1을 신청할 수 없다.

정리하면 종전 감정평가액이 신축 1+1 조합원분양가의 합 이상이거나, 종전주택의 주거전용면적이 1+1 신축 아파트 주거전용면적의 합 이상이어야 한다. 이 둘은 'and' 조건이 아니라 'or' 조건이다. 둘 중 하나만 만족하면 된다는 것이다.

'1+1 입주권'은 필수가 아니라 조합의 결정을 따른다

그런데 도시 및 주거환경 정비법 조항의 문장을 잘 보아야 한다. "~를 공급해야 한다."가 아니라 "~를 공급할 수 있다."라고 명시되어 있다. 이는 강제성을 띄지 않는다는 것이다. 다시 말해 해당 조합에서 총회를 통해 1+1 입주권을 공급하지 않는 것으로 정하면 위의 해당요건을 갖추더라도 신청할 수 없다. 일반적으로 재개발 지역 내의 넓은 주거전용면적의 넓은 주택을 가진 소유주나 높은 감정평가액을 지닌 소유주들의 동의를 얻어 빠른 사업을 진행하기 위한 목적을 가진 것이지, 무조건 해야 한다는 것은 아니라는 뜻이다.

대지지분이 넓은 주택이 많은 사업지라면 무리 없는 사업 진행을 위해 1+1 입주권부여를 정관에 명시해둔 경우가 많다. 또 하나, 1+1에서 60제곱미터 이하로 선택해야 하는 '+1 주택'의 공급을 조합원분양가로 하지 않고 일반분양가로 정하는 조합도 있다. 따라서 이러한 것들을 체크한 뒤에 조합원 분양신청에 임하는 것이 좋겠다.

1+1 입주권의 장점과 단점

1+1 입주권을 소유한다는 것은 어쨌든 신축 2개를 한 번에 가질 수 있다는 것이기 때문에 분명 좋은 점이 많다. 시세차익을 더 크게 가져갈 수 있을 것이며 추가로 얻게 되는 '+1 주택'을 월세를 주어 임대소득을 누리거나 자녀에게 증여(전매금지 기한 이후, 세금 발생)할 수도 있다는 장

점이 있다.

그러나 단점도 명확하다. 1+1 입주권은 이미 다주택자의 세계로 들어서게 한다. 1+1 가운데 60제곱미터 이하로 공급받은 1주택은 이전 고시일 다음날로부터 3년간 주택에 대한 전매가 금지된다. 매매, 증여, 그 밖의 권리변동이 불가능하다(사망으로 인한 상속은 예외다). 게다가 둘 중 하나의 주택을 매도하거나 동시에 매도하더라도 1주택은 비과세를 받을 수가 없고, 장기보유 특별공제도 제외된다는 것에 유의하는 것이 좋다.

그럼 가장 좋은 매도 계획은 무엇일까? 3년 보유 뒤 시세차익이 작은 것을 먼저 매도(비과세 불가)하고, 나머지 시세차익이 큰 것을 매도(비과세)하는 것이 가장 좋은 방법이다. 그리고 종부세 역시 두 개의 주택을 3년 이상 보유하게 되어 납부하게 된다.

2024년 기준 다주택자 종부세 공제금액은 1인당 9억 원이므로 그 이상에 해당하면 무조건 납부하게 될 수밖에 없다는 것도 유의하자. 물론 그럼에도 향후 시세차익이 보장되는 신축의 입주권을 하나 더 가질 수 있다는 것은 무시할 수 없는 매력이다.

정비사업 투자 시
세금은 어떻게 계산해야 하나?

강의를 하거나, 상담을 할 때면 이와 같은 질문을 참 많이 받았다. 독자 분들 가운데에서도 이러한 궁금증을 갖고 있는 분들이 많을 것 같아 정리해 보려고 한다.

재개발·재건축 물건을 매수할 때의 취등록세

① 기본적으로 주택 상태인 물건을 매수할 때에는 일반 주택과 동일한 기준이다.

- 취득당시가액이 6억 원 이하인 주택: 1퍼센트

- 취득당시가액이 6억 원을 초과하고 9억 원 이하인 주택: (주택 취득당시가액

  ×2/3억 원−3) /100 (소수점 이하 다섯째 자리에서 반올림)

- 취득당시가액이 9억 원을 초과하는 주택: 3퍼센트

- 1세대 4주택 이상: 12퍼센트

지방세법 개정에 따라 개정된 세율 (2020년 8월 12일 시행)					
조정대상지역			조정대상지역 외 지역		
1주택/일시적 2주택	2주택	3주택 이상	2주택 이하	3주택	4주택 이상
1~3%	8%	12%	1~3%	8%	12%

추가되는 지방교육세와 농어촌 특별세도 마찬가지다.

② 만일 주택이 아닌 상가, 토지, 무허가 지상권은 고정 취등록세를 납부한다.

- 취득세 4퍼센트 + 지방교육세 0.4퍼센트 + 농어촌 특별세 0.2퍼센트 = 4.6퍼센트

③ 또한 멸실된 입주권(관리처분인가일 기준이 아님)은 '멸실이 된 것'이 포인트로 이때에는 기존에 주택이었더라도 토지와 동일한 상태이므로 토지에 준하는 취등록세를 낸다.

- 취득세 4퍼센트 + 지방교육세 0.4퍼센트 + 농어촌 특별세 0.2퍼센트 = 4.6퍼센트

②, ③번은 다주택자, 법인도 상관없이 모두 고정 취등록세를 납부하게 된다.

재개발·재건축 물건을 매도할 때의 양도세

입주권 상태 이전의 주택은 일반과세 요건과 동일하게 적용받는다. 또한 입주권 상태가 되면 다주택 중과세가 되지 않는다(2024년 기준 다주택 양도세 중과 한시적 배제 중).

그런데 입주권 비과세는 조금 복잡하게 따져보아야 한다.

구분	원 조합원	승계 조합원
조합원지위 취득시점	관리처분인가일 이전 취득	관리처분인가일 이후 취득
조합원 입주권 비과세	적용 가능한 경우 있음	적용 안 됨
비과세 판정 시 주택수	포함	포함
향후 신축 후 양도세 계산 시 주택 취득시기	기존 주택 취득일 기준으로 계산	신축주택 사용승인일
향후 신축 후 양도세 계산 시 주택 보유기간	종전주택보유기간+공사기간 +신축주택보유기간	신축주택 보유기간

신축 아파트의 취등록세

입주권을 보유하다가 신축 아파트로 사용승인을 받게 되면 취등록세를 다시 내야 한다고 알고 있는 이들이 많다. 두 번 내는 것은 맞지만, 반만 맞다고 할 수 있다. 최초 재개발·재건축 권리를 취득할 때 납부하는 '권리취득세'와 주택이 준공될 때 내야 하는 '원시취득세'가 있다.

실제 취등록세 전부를 다시 분양가만큼 모두 내야 하는 것은 아니다.

기존 재개발 조합원의 경우에는 추가분담금에 대한 원시취득세(2.8퍼센트+지방교육세 및 농특세)를 내도록 되어 있었다. 예를 들어, 정무진의 권리가액이 10억 원이었고 조합원분양가가 12억 원의 전용 84제곱미터 아파트로 사용승인 후 원시취득세는 추가분담금 2억 원에 해당하는 것만 납부하는 것이다.

그러나 2023년 3월 14일 지방세법 및 지방세특례제한법이 개정되면서 기준이 다시 바뀌었다. 쉽게 말해, 2023년 1월 1일 이후 관리처분계획인가를 받게 되는 재개발사업지에 대해, '재건축사업과 동일하게 신축 건물 원시취득세 과세표준을 적용'한다는 것이다.

기존에는 재건축 조합원과 재개발 조합원은 신축 건물 원시취득세 과세기준이 달랐다. 앞서 말했듯, 재개발 조합원은 추가분담금에 대한 원시취득세만 납부하면 되었다. 그러나 재건축 조합원은 건물분 원시취득세의 별도 기준에 따라 납부하였다.

- 재건축 조합원 신축 건물분 원시취득세(전용 84제곱미터 이하 취득 시): 제곱미터당 공사비*×조합원이 취득하는 개별 아파트의 면적×2.8퍼센트(지방교육세+농특세 비율)
  *제곱미터당 공사비: 과세관청에 신고한 총공사금액을 신축 건축물의 총연면적으로 안분하여 계산한 공사비를 의미한다.

결론은 재개발 조합원도 위의 계산법으로 신축 건물의 원시취득세를 납부하게 된 셈이다.

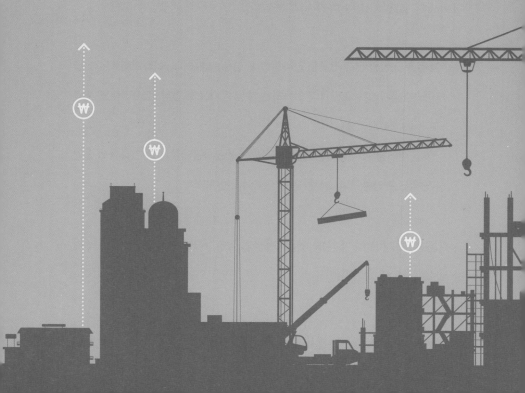

제6장

실전투자 대비
매물 찾기 TIP

투자 고수들의 임장은
한끗이 다르다!

손품만 잘 팔아도 임장의 절반은 성공이다

재개발·재건축 매물을 가장 손쉽게 검색하는 방법은, 당연히 먼저 네이버 부동산에 등록된 매물들을 찾는 것이다. 이는 상단 탭에서 재건축·재개발 항목을 선택한 뒤 지역을 확대해서 구역별로 나와 있는 매물들을 눌러서 확인하는 것이다. 가장 널리, 쉽게 쓰이는 방법이다.

하지만 일반적으로 네이버 부동산 사이트 외에도 많은 매물을 검색할 수 있는 방법이 있다. 바로 블로그의 내용을 검색하는 것이다.

1. 포털 사이트에서 '입주권' 검색

먼저 네이버 검색창에 '입주권'이라고 검색한다. 특정 구역 입주권 매물을 찾고 싶다면 해당 구역을 함께 적어 넣는다. '한남5구역 입주권', '한남5구역 매물' 등 다양하게 검색해본다. 중요한 것은 분류sorting를 어떻게 하느냐이다. 다음 그림을 잘 살펴보면서 따라해보자.

이 순서대로 상단 탭을 눌러 선택한다. 마지막 옵션 부분을 누르면 펼쳐지는 곳에서 다음 순서대로 선택한다. 3번에 해당하는 1주는 가장 최근 1주일 이내의 글만 보여지는 것으로, 기간은 매물이 잘 검색되지 않을 때 점점 늘려가면서 범위를 넓혀보자.

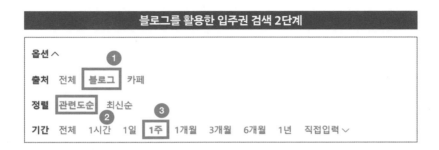

2. 기간 지정하여 매물 가격 확인하기

특정 시기의 입주권 시세가 궁금할 때가 있을 것이다. 예컨대, 2019년 하반기의 어느 구역의 프리미엄 가격이 궁금하다면, 아래와 같이 기간을 직접 입력하여 눌러보면, 당시의 입주권 매물이 검색된다. 이를 통해 당시의 매물 가격을 확인할 수 있다. 이러한 방법으로 입주권 시세의 흐름을 어느 정도 머릿속에 그려두는 것도 매우 좋은 학습방법이다.

이런 식으로 검색을 하게 되면 매물이 나오게 된다. 제목을 보고 해당하는 포스팅을 클릭하여 들어가서 매물의 내용을 살펴보도록 한다. 그리고 여기서 중요한 팁이 있다. 바로 특정 지역의 매물을 꾸준히 올리는 부동산의 블로그라면 이웃을 추가하고 카테고리에 해당 구역의 매물로 이웃 카테고리를 정리해두면 '새글알림'을 통해 매물을 받아볼 수 있다.

재개발·재건축뿐만 아니라 일반 부동산 손품도 항상 마찬가지지만, 해당 구역의 과거와 현재 시세를 두루 살피는 것도 중요하고 구역 인근의 신축이나 기축 레퍼런스 단지와의 가격 비교도 매우 중요하다. 이를 통해 내가 생각하는 '메리트 있는 가격'에 대한 확신을 어느 정도 세워두고 접근하는 것은 매우 중요한 투자의 절대원칙 중 하나다.

블로그를 활용한 입주권 검색 예시

N 한남5구역 입주권						⌨ ▾ Q
‹ 전체	🗏 VIEW	🖾 이미지	Q 지식iN	🙎 인플루언서	▷ 동영상	🏠 ⋮ › ⋯

옵션 ∧

출처 전체 **블로그** 카페

정렬 관련도순 최신순

기간 전체 1시간 1일 **1주** 1개월 3개월 6개월 1년 직접입력 ∨

임장지 부동산 중개사님을 내 편으로 만드는 법

해당 구역이나 재건축 아파트 단지 주변의 부동산에 들어가서 단순히 구역 공부를 하러 온 것이라 해도 그러한 내색을 해서는 곤란하다. 부동산 중개사님들도 바쁜 시간 쪼개어 매물과 구역, 재건축 단지에 대해 브리핑을 해주는데 가능성 있는 고객이 아니면 당연히 대충 설명하기가 십상이다. 따라서 어느 정도 나의 매수 의향을 어필할 필요도 있다. 아니면 애초에 다른 선배 투자자나 지인들 혹은 네이버 블로그 활동을 열심히 하시는 부동산 중개사님을 미리 몇 군데 추천받거나 찾아보고 솔직하게 "이 구역에 대해서 잘 모르는데, 관심이 있어요."라고 진실된 모습을 보이는 것이 통할 때도 많다.

그런데 내가 정말 어느 구역의 매물 가운데 좋은 매물을 좀 빨리 받고 싶거나, 급매물을 꼭 사겠다는 의지가 강력한 경우가 있을 것이다. 그 구역이나 재건축 단지 부동산마다 발품을 팔고 돌아다니면서 중개사님께 내 명함이나 연락처를 남기면서 "급매물 나오면 무조건 연락 꼭 주세요. 저는 ○억 이하 투자금이나 ○억 이하 프리미엄이면 무조건 살 용의가 있습니다."라고 강하게 어필해두는 것이 중요하다. 특히 재개발 구역 내의 매물은 네이버 부동산이나 지역 중개 전산망에 올리지 않고, 가망 있는 고객별로 연락을 해서 거래를 성사시키는 경우도 다반사다.

중요한 것은 얼마나 나의 의지를 어필하느냐의 문제다. 인기가 좋고, 매물이 귀한 구역이라면 나와 같은 어필을 하고 떠나간 투자자들이 이미 많기 때문에 중개사님의 수첩에는 매수대기자 전화번호가 빼곡할 수도 있다. 때로 가장 원초적인 방법이지만 해당 부동산에서 종일 죽치고 앉아 매물을 기다리는 사람도 있다. 정말 매물 회전이 빠르거나 매수세가 뜨거운 현장이나 구역에서 통하는 방법이다. 이때 부동산 선택을 잘 해야 한다. 기왕이면 오래도록 그 지역에서 영업하신 곳이거나 재개발·재건축에 대해 어느 정도 지식이 있으신 중개사님을 선택하는 것도 좋다. 가끔 해당 구역의 조합원이면서 동시에 중개사무소 운영을 하시는 분들도 있다. 그러한 곳을 선택하는 것도 좋은 방법 중 하나다.

부동산에서 매물 정보를 들을 때 꼭 체크해야 할 것

부동산에서 매물에 대한 브리핑을 들을 때에는 꼭 체크해야만 하는 것들이 몇 가지 있다. 먼저, 감정평가액과 프리미엄 그리고 해당 물건에 들어가 있는 임차보증금, 대출가능금액 등이다. 만일 아직 감정평가가 이루어지지 않은 곳이라면, 연립이나 빌라와 같은 곳이라면, 공동주택가격, 일반주택이나 토지와 같은 곳이라면 공시지가를 체크한다.

주택은 개별주택가격도 같이 확인하는 것이 좋다. 그래야 어느 정도 가상 프리미엄을 예측할 수 있다. 또한 가장 중요한 대지지분이 몇 평이냐는 질문을 잊어선 안 된다. 등기부등본을 확인해서 대지지분을 꼭 체크해달라고 요청하도록 하자. 정비사업에 있어 땅의 가치는 그 무엇보다 선행된다. 땅 위의 건물의 가치보다 땅 자체의 가치로 진행되는 것이 바로 정비사업이기 때문이다.

어느 정도 사업이 진행된 곳이라면 조합원분양가, 일반분양가, 예상 추가분담금과 총매수가 등을 모두 브리핑해줄 것을 요청하고 정리된 매물표를 주지 않는다면 내가 직접 그것들을 적거나 녹음해두도록 한다. 큰 노트를 들고 다니면서 여럿이 함께 부동산에 들어가면 십중팔구

'매수보다는 공부'를 위해 부동산에 방문한 것이 티가 난다. 앞서도 말했듯 이는 좋은 매물을 브리핑 받기에는 그리 좋은 방법과 신호가 되지 못한다.

재개발·재건축 구역 임장 시 유의사항

특정 구역을 임장할 때에는 먼저 해당 구역의 진행 단계에 따라 고려해야 할 것들이 조금씩 달라진다. 예를 들어 아직 딱히 사업이 가시권에 올라오지 않은 초기 재개발이나 재건축 현장이라면, 먼저 부동산 플래닛(www.bdsplanet.com)과 같은 사이트를 활용해서 해당 구역의 노후도를 어느 정도 체크해본다. 그리고 구역을 임장하면서 주거지 가운데 주택의 비율, 빌라의 비율, 상가의 비율, 그리고 그 상가들의 영업이 잘 되는가 등을 살펴보도록 한다.

1. 노후도 체크하기

'부동산플래닛'의 특정 지역에서 우측 탐색 탭을 누르고 들어가면, 다음과 같이 건축 연한을 필터링해서 보거나, 연한에 따른 색상으로 구분해주는 서비스가 있다.

예시 화면은 2023년 6월 22일 정비구역지정된 휘경5구역(휘경동 43번지 일대)을 해당 사이트에서 조회해본 것이다. 만약 주택의 비율이 높고 빌라의 비율이 낮다면, 사업성은 좋은 구역이 될 수 있다. 하지만

노후도 체크 예시

출처: 부동산 플래닛

다가구주택의 비율이 너무 많다면 동의율을 채우기가 다소 어려울 수도 있다. 또한 상가들이 많고 상권이 어느 정도 유지가 되며 유동인구가 많은 곳이어서 상가마다 권리금이 꽤 깔려 있는 곳이라면 재개발을 추진하기에 어려움이 있다. 물론 노후도가 심각한 곳이고 지자체의 개발 의지와 주민들의 의지가 서로 시너지를 낸다면 불가능하기만 한 것은 아니지만, 일반적인 측면에서 이야기하는 것이다.

2. 대지지분, 용적률, 고도제한 확인하기

초기 재건축 단지를 보러가기 전에, 해당 아파트의 평균 대지지분과 여유 용적률, 고도제한 등을 미리 인지해두고 가는 것이 좋다. 저층 아파트이고 동 간격이 넓어서 대지지분이 높아 사업성이 좋다고 생각했는데 제1종 주거지이거나 제2종 7층 주거지라면 의미가 없다. 물론 사업이 진행되며 종상향을 기대해볼 수도 있지만, 내가 그것을 미리 인지하고 접근하느냐와 그렇지 않느냐는 천지 차이다.

3. 공실 현황

정비구역도 지정되고 사업이 어느 정도 지정이 된 재개발 구역이나 재건축 단지는 구역 내 임장이 큰 의미는 없다. 이미 사업이 진행되고 있다는 것은 사업을 위한 진행요건에 걸맞기 때문에 정비구역지정이 된 것이고 조합설립이 된 후부터는 조합에서 얼마나 빠르고 정확하게 사업을 진행하느냐의 문제이지 임장지를 눈으로 본다 해서 크게 달라지는 것은 없다.

물론 아직 이주가 한참 남아 있는 곳인데 이미 공실이 많아 거주하는 분들이 적은 구역들도 있다. 예를 들어 서울시 성북구에 위치한 정릉골 구역은 2024년 1월 기준, 관리처분인가 이전인 곳이지만 이미 사람이 거주하지 않는 공실이 많다. 이런 구역이라면 이주가 좀 빨리 마무리될 수도 있겠다는 생각을 할 수는 있다. 하지만 절대적인 거주민의 숫자가 많고 적고의 문제만이 이주 속도에 영향을 미치는 것은 아니다. 어쩌면 더 중요한 것은 악랄하게 끝까지 남아 보상을 요구하는 소수의 집단들일 수도 있다. 결국 우리가 그걸 미리 내다볼 수는 없는 노릇이라는 것이고 임장에서 그걸 눈으로 보고 파악할 정도면 거의 신의 경지가 아닐까.

4. 세대수 대비 상가 대지면적과 '쪼개기' 확인하기

추진위원회나 조합설립이 이루어진 곳이라면, 재건축사업에 걸림돌이 될 만한 요소가 많은가도 체크해본다. 상가가 전체 대지면적이나 세대수 대비 얼마나 많은 비율을 차지하고 있는지 혹시 쪼개기는 있지 않은지 등도 체크해보는 것이 좋다.

또한 조합이 있다면 조합사무실을 방문하여 해당 조합의 직원, 조합장이나 정비사업체 직원과 가벼운 면담을 들어보는 것도 좋은 방법이다. 조합원이 아니라 매수를 적극적으로 고려하고 있다는 말만으로도 성의껏 이야기를 나누어주는 조합사무실이 결코 적지 않다. 용기를 내자. 겨우 옷을 사거나 신발을 사러 가서도 고민하고 또 고민하는데, 하물며 수천에서 많게는 수억이 들어가는 부동산 투자를 하는데 고려하고 살필 것들 앞에서 주저해서는 곤란하다.

5. 경사도는 큰 이슈가 될 수 없다

경사가 심하니까 좋지 않다는 뭇사람들의 말은 접어두어도 좋다. 구성남이나 광명시 뉴타운, 서울 구도심의 재개발 핵심구역들은 대부분 심한 구릉지를 끼고 있다. 해당 구역들이 그렇다고 사업이 진행되지 않았는가. 물론 기축 아파트를 선택할 때에는 평지가 선호되고 좋지만 사업을 진행하느냐 마느냐의 문제와는 전혀 관련이 없다. 오히려 주거환경이 매우 낙후되고 열악한 곳일수록 지자체와 소유주들의 정비사업에 대한 의지가 강할 수밖에 없다.

이는 재건축 아파트도 마찬가지다. 적당히 살 만한 구축 아파트들은 같은 연식이라도 소유주들의 의지가 미약할 수밖에 없다. 살기에 아주 불편하고 절박함이 있어야 마음속에 염원을 품고 사업에 힘을 보태기 마련이다. 바로 옆에 재건축이나 재개발로 신축 아파트가 들어서서 시세가 급격하게 오른 곳이 있다면 절박함과 욕망이 시너지를 이루어내며 사업은 큰 힘을 얻는다.

영끌 MZ 부동산 투자자에게
보내는 편지

저는 MZ세대 여러분보다 대략 10~20여 년 정도를 더 산 사람이니 아주 대단한 선험자는 아닙니다. 하지만 여러분처럼 영민하지는 못한 나이라, 꼰대 소리가 어색하지는 않을 겁니다. 요즘은 노안이 와서 작은 글씨를 보려면 간격을 좀 떼놓고 보아야 하는 슬픔(?)도 있습니다.

'부동산 투자에 뛰어든 영끌족'이라는 MZ세대에 대한 비아냥과 멸시와 성토가 끝없이 이어지고 있는 요즘, 누구보다 힘든 시기를 보내고 있을 길 잃은 당신과 우리에게 필요한 것은 무엇일까요.

호시절을 누린 선험자들은 그저 운이 좋아 보이는데 수십억 자산가가 되어 있는 걸 보고 들었겠지요. 뒤늦게 부족한 자본에 레버리지를 풀full로 일으켜 상승장의 말미에 올라탄 결과, 고금리 침체장에 고통으로 칠갑된 날들을 보내고 있으니 그야말로 억울할 수도 있고 어딘가 잘

못되어도 한참 잘못된 느낌을 받을 수도 있을 겁니다. 어쨌든 이겨내어 보려 발버둥도 쳐보고 부업도 알아보는 동료들을 보며 나 역시 열심히 살아보려 하지만, 간간히 느껴지는 '현타'를 지워내기 어렵다는 분들도 있다더군요.

그런데 과연 여러분이 실패한 것일까요. 당신보다 우량한 것을 들고 있다고 하여 그 사람이 당신보다 이 시장에서 오래도록 남아 있을 거라 생각하지 않습니다. 이렇듯 자산이 줄어들고 있는 와중에 '차라리 아무것도 하지 말았어야 했나'라는 생각이 종일 우리의 마음을 움켜쥐듯 짓누르기도 할 겁니다. 하지만 그것이 지금에선 패착일지라도 무언가라도 먼저 시도한 당신이 머잖아 더 나은 곳에 가닿을 수 있음을 저는 믿습니다.

찰나 같은 삶이지만 알고 보면 매우 기나긴 여정입니다. 그 오랜 구간 동안 나의 경험으로 얻어진 것은 설령 다소의 헛디딤이었을지라도 결국 당신의 칼을 예리하게 다듬어줄 것입니다. 경험의 힘은 그 무엇보다 강력합니다. 투자라는, 어쩌면 비좁은 세계의 성곽을 넘어 우리 인생을 놓고 보아도 좋습니다. 경험이란 그야말로 나무의 나이테와 같이 존재의 흔적이자 살아 있음의 증명이지요. 좌절하고, 인내하고, 버티고, 상처받고, 다시 일어나 걸어온 한 개인의 역사입니다.

여러분은 그 길의 복판에 있는 것입니다. 처음부터 큰 무기와 화포를 들고 시작하는 금수저로 태어나지 못한 것에 억울할 수도 있습니다. 그러나 그건 내 선택이 아니었고 개탄한다고 나의 삶이 달라질 것은 없습니다. 어차피 세상은 공평하지 않습니다. 우리가 살아내는 삶은 생각보다 매우 길고 지리멸렬할 때가 많아 사람들은 생각보다 쉽게 포기하고 생각보다 쉽게 이 장을 떠납니다.

시장이 늘 2020~2021년처럼만 지속된다면 세상의 모든 사람이 부자가 되었을 겁니다. 하지만 그런 일은 일어나지 않거니와 세상의 모두가 부자가 되는 일은 없습니다. 어떻게든 당신은 이 시장에 남아 있어야 합니다. 달리 표현하자면 세상의 1퍼센트만이 들어갈 수 있는 부자로 향하는 길목에서 기를 쓰고 떠나지 않아야 한다는 말과 같습니다. 이 길목에서 멀리 떨어져 있을수록, 훗날 그 문이 열리게 되면 내달려 가고 싶어도 들어갈 수 없지요.

기회는 평등할 것이라는 정치인의 말은 이상일 뿐입니다. 피상적으로는 공평해 보일 수도 있겠지만 그 기회 앞에 가까이 서 있느냐 비껴서 있느냐부터 이미 평등한 것이 아닙니다. 먼저 퀘스트를 경험하거나 준비한 사람이 더 나은 기회와 결과를 맞는 것이 평등하지 않다 하는 것은 잘못된 세계입니다.

저 역시 '나의 시작이 왜 하필 그때였을까', '나의 자산은 왜 이리 볼품없을까', '나의 것들은 왜 이리 작고 사소할까'라는 생각을 하던 시기가 있었습니다. 나보다 먼저 시작하고, 나보다 많이 갖고 있고, 나보다 큰 것을 가진 분들과 이야기를 나누고 집에 돌아오는 길은 자괴감의 어둠이 짙게 깔리기도 합니다. 하지만, 분명 그 어둠 사이사이에는 '저분들을 배워야겠다'라는 마음이 가로등처럼 빛나기도 했습니다.

작고 사소한 것들로 시작한다고 당신이 작고 사소한 사람으로 끝나는 것은 아닙니다. 거대한 성벽도 작은 벽돌로부터 시작하고 커다란 눈

사람도 작은 눈송이로 만듭니다. 항상 웃음으로만 가득 찬 삶이라면 얼마나 좋으련만 삶은 그렇게 뜻대로 간단하게 우리의 바람대로만 그려지지 않는 듯합니다. 어쨌든 그렇게 당신은 살아왔고, 살아갈 것이며, 이 흔적들은 살갗의 주름처럼 새겨질 것임을 잘 압니다. 오늘 당신의 고민과 낙담이 어쩌면 아주 작은 경험의 한 발자욱에 지나지 않았음을 반추하는 시간이 올 것이라 생각합니다.

그럼에도 중요한 것은 당신은 여전히 길목을 향해 걷고 있다는 것입니다. 이파리들을 모두 떨구어낸 뼈만 남은 길가의 플라타너스도 여전히 나이테에 한 획을 그어가며 겨울 하늘을 향해 높이 서서 봄을 기다리듯, 당신과 나 역시 이렇게 경험의 테를 두껍게 껴입고 '다음'을 보다 쉽게 맞이할 것입니다. 그리고 그것은 당신의 장이 될 것을, 저는 믿습니다.

부록

1기 신도시 중 분당·일산
재건축 현황지도

분당 야탑동

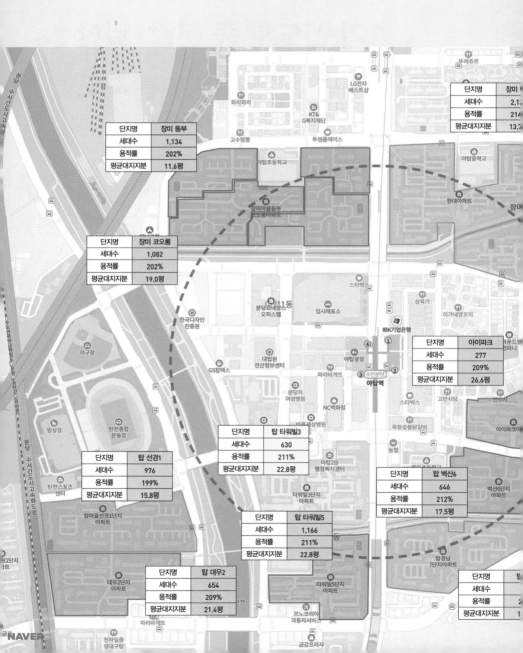

단지명	장미 동부
세대수	1,134
용적률	202%
평균대지지분	11.6평

단지명	장미
세대수	2,1
용적률	214
평균대지지분	13.7

단지명	장미 코오롱
세대수	1,082
용적률	202%
평균대지지분	19.0평

단지명	아이파크
세대수	277
용적률	209%
평균대지지분	26.6평

단지명	탑 선경1
세대수	976
용적률	199%
평균대지지분	15.8평

단지명	탑 타워빌3
세대수	630
용적률	211%
평균대지지분	22.8평

단지명	탑 벽산6
세대수	646
용적률	212%
평균대지지분	17.5평

단지명	탑 타워빌5
세대수	1,166
용적률	211%
평균대지지분	22.8평

단지명	탑 대우2
세대수	654
용적률	209%
평균대지지분	21.4평

단지명	탑
세대수	2
용적률	2
평균대지지분	

역세권 500m

단지명	공무원1
수	562
률	164%
지분	14.2평

단지명	주공3
세대수	851
용적률	101%
평균대지지분	16.2평

단지명	주공4
세대수	643
용적률	133%
평균대지지분	11.5평
토지	2종

단지명	공무원2
수	1,185
률	200%
지분	12.6평

단지명	매화 청구	매화 벽산	매화 화성	매화 대창	매화 건영1	매화 건영2
세대수	136	252	116	112	248	240
용적률	98%	99%	99%	99%	94%	95%
평균대지지분	30.6평	19.9평	28.2평	28.8평	21.9평	21.7평

명	진흥더블파크
수	142
식	2005년
률	149%
지분	22.0평

탑 주공8	
	701
	146%
지분	10.1평

단지명	목련 한일
세대수	278
용적률	166%
평균대지지분	15.0평

단지명	목련 한신
세대수	269
용적률	166%
평균대지지분	15.0평

단지명	목련 영남
세대수	294
용적률	167%
평균대지지분	15.1평

분당 이매동

1기 신도시 재건축 key point

1. **주거지역의 종류, 대지지분, 역세권, 여유 용적률, 특별법 시행령 등을 체크할 것**

2. **특별 정비구역 인센티브**

   용적률 증가분의 40~70% 기부채납에 대한 반감

   하지만, 300% 〉 500%로 증가하면 80~140%를 기부채납 하고 360~420%의 용적률 상향을 기대할 수 있음

   기부채납은 임대뿐 아니라 시설이나 공원으로도 가능하므로 해당 단지에 나쁜 것만은 아님

3. **통합블록 재건축의 장단점**

   장점 : 안전진단 면제(완화), 통합심의 스피드 제고, 선도지구 지정 시 인허가 통합심의로 절차 단축

   단점 : 이해관계가 다른 단지들 간의 동의율, 사업 진행 및 계획에 대한 이견 등

4. **고밀·복합 개발에 해당하는 역세권의 기준은 '철도역 승강장 경계로부터 반경 500미터 이내'라고 명시되어 있으나 조례를 통한 정확한 구역의 확인을 요함**

출처: 네이버 지도

역세권 500m

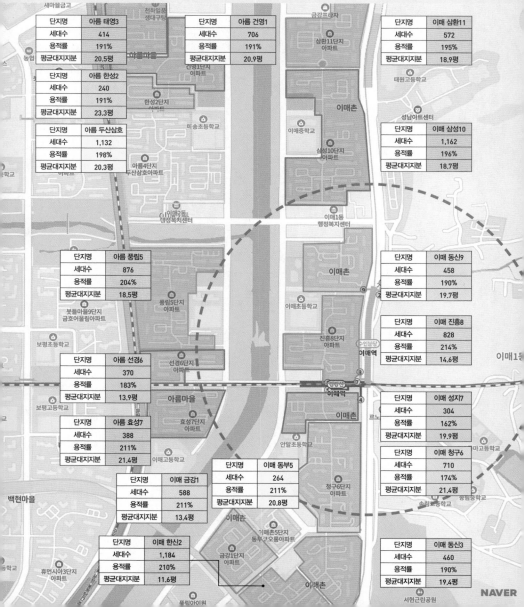

단지명	아름 태영3
세대수	414
용적률	191%
평균대지지분	20.5평

단지명	아름 건영1
세대수	706
용적률	191%
평균대지지분	20.9평

단지명	이매 삼환11
세대수	572
용적률	195%
평균대지지분	18.9평

단지명	아름 한성2
세대수	240
용적률	191%
평균대지지분	23.3평

단지명	이매 삼성10
세대수	1,162
용적률	196%
평균대지지분	18.7평

단지명	아름 두산삼호
세대수	1,132
용적률	198%
평균대지지분	20.3평

단지명	아름 풍림5
세대수	876
용적률	204%
평균대지지분	18.5평

단지명	이매 동신9
세대수	458
용적률	190%
평균대지지분	19.7평

단지명	이매 진흥8
세대수	828
용적률	214%
평균대지지분	14.6평

단지명	아름 선경6
세대수	370
용적률	183%
평균대지지분	13.9평

단지명	이매 성지7
세대수	304
용적률	162%
평균대지지분	19.9평

단지명	아름 효성7
세대수	388
용적률	211%
평균대지지분	21.4평

단지명	이매 청구6
세대수	710
용적률	174%
평균대지지분	21.4평

단지명	이매 동부5
세대수	264
용적률	211%
평균대지지분	20.8평

단지명	이매 금강1
세대수	588
용적률	211%
평균대지지분	13.4평

단지명	이매 한신2
세대수	1,184
용적률	210%
평균대지지분	11.6평

단지명	이매 동신3
세대수	460
용적률	190%
평균대지지분	19.4평

NAVER

분당 서현·분당동

단지명	시범 삼성한신
세대수	1,781
용적률	191%
평균대지지분	19.5평

단지명	시범
세대수	1,9
용적률	19
평균대지지분	17.

단지명	시범 한양
세대수	2,419
용적률	201%
평균대지지분	15.4평

단지명	시범 현대
세대수	1,695
용적률	194%
평균대지지분	20.3평

단지명	효자촌 현대
세대수	710
용적률	185%
평균대지지분	19.8평

단지명	효자촌 삼환
세대수	632
용적률	174%
평균대지지분	20.8평

단지명	효자촌 그
세대수	90
용적률	159
평균대지지분	16.2

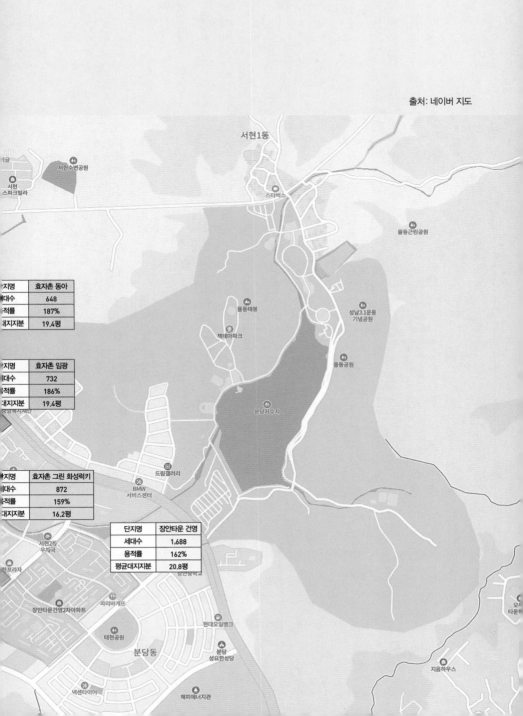

역세권 500m

출처: 네이버 지도

단지명	효자촌 동아
세대수	648
용적률	187%
대지지분	19.4평

단지명	효자촌 임광
세대수	732
용적률	186%
대지지분	19.4평

단지명	효자촌 그린 화성럭키
세대수	872
용적률	159%
대지지분	16.2평

단지명	장안타운 건영
세대수	1,688
용적률	162%
평균대지지분	20.8평

분당 수내·분당동

분당 트래밸리스

수내1동

월러스표준 기술연구소

수인분당

③수내역

양지금호1단지 아파트

단지명	양지 금
세대수	918
용적률	215%
평균대지지분	21.4

양지마을

단지명	양지 한양5
세대수	1,430
용적률	157%
평균대지지분	14.7평

퍼리바케프드

초림초등학교

분당다운타 빌딩

로얄팰리스 우스빌

단지명	양지 청
세대수	768
용적률	214%
평균대지지분	20.9

단지명	양지 금호청구6
세대수	286
용적률	236%
평균대지지분	15.7평

분당고등학교

수내1동 행정복지센터

청구2단지 아파트

단지명	양지 한양6
세대수	176
용적률	225%
평균대지지분	15.1평

한양5단지 아파트

티스테이션

오토오아시스

양지마을

금호한양3,5단지아파트

새마을금고

단지명	파크타운
세대수	749
용적률	211%
평균대지지분	19.1

단지명	양지 금호한양3, 5
세대수	814
용적률	215%
평균대지지분	19.9평

백현초등학교

앗숨도미네

백현중학교

찌마기

파크타운 롯데아파트

파크타운

수내동

단지명	파크타운 롯데
세대수	841
용적률	211%
평균대지지분	20.3평

내정중학교

삼익

블루핸즈

한솔마을

단지명	파크타운 삼익
세대수	638
용적률	211%
평균대지지분	20.9평

돈멜 **효원식당**

⑤

신분당
정자역

⑥

공무원3단지 아파트

주공7단지 아파트

주공4단지 아파트

성남신기 초등학교

정자돈티마을

공무원 4단지아파트

한솔고등학교

한솔초등학교

정자2동

한일3단지 아

NAVER

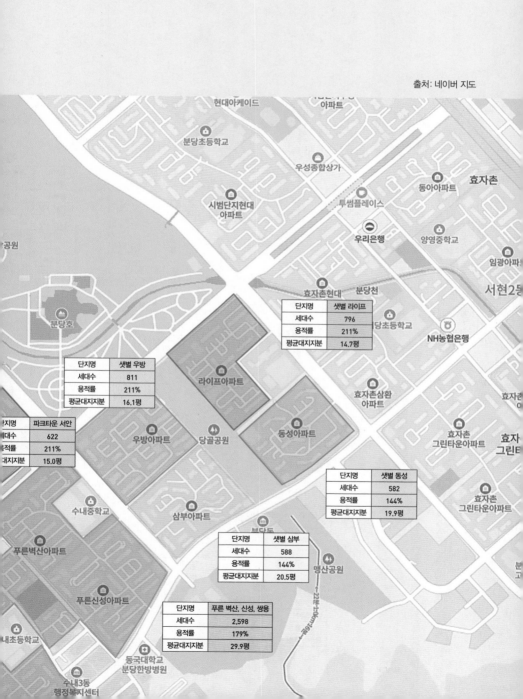

역세권 500m

출처: 네이버 지도

단지명	샛별 라이프
세대수	796
용적률	211%
평균대지지분	14.7평

단지명	샛별 우방
세대수	811
용적률	211%
평균대지지분	16.1평

단지명	파크타운 서안
세대수	622
용적률	211%
대지지분	15.0평

단지명	샛별 동성
세대수	582
용적률	144%
평균대지지분	19.9평

단지명	샛별 삼부
세대수	588
용적률	144%
평균대지지분	20.5평

단지명	푸른 벽산, 신성, 쌍용
세대수	2,598
용적률	179%
평균대지지분	29.9평

분당 정자동

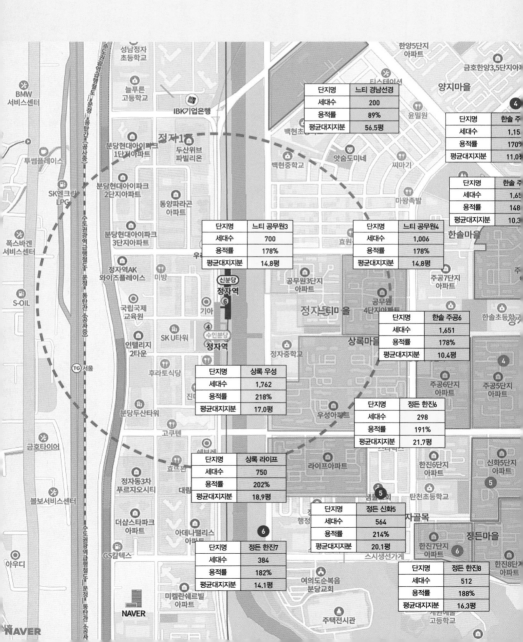

단지명	느티 경남선경
세대수	200
용적률	89%
평균대지지분	56.5평

단지명	한솔 주
세대수	1,15
용적률	170%
평균대지지분	11.0

단지명	한솔 주
세대수	1,65
용적률	148
평균대지지분	10.3

단지명	느티 공무원3
세대수	700
용적률	178%
평균대지지분	14.8평

단지명	느티 공무원4
세대수	1,006
용적률	178%
평균대지지분	14.8평

단지명	한솔 주공6
세대수	1,651
용적률	178%
평균대지지분	10.4평

단지명	상록 우성
세대수	1,762
용적률	218%
평균대지지분	17.0평

단지명	정든 한진6
세대수	298
용적률	191%
평균대지지분	21.7평

단지명	상록 라이프
세대수	750
용적률	202%
평균대지지분	18.9평

단지명	정든 신화5
세대수	564
용적률	214%
평균대지지분	20.1평

단지명	정든 한진7
세대수	384
용적률	182%
평균대지지분	14.1평

단지명	정든 한진8
세대수	512
용적률	188%
평균대지지분	16.3평

역세권 500m

출처 : 네이버 지도

단지명	한솔 한일3
세대수	416
용적률	154%
평균대지지분	21.3평

단지명	한솔 LG2
세대수	598
용적률	211%
평균대지지분	20.5평

단지명	한솔 청구1
세대수	858
용적률	155%
평균대지지분	18.6평

단지명	정든 우성6
세대수	706
용적률	174%
평균대지지분	14.7평

단지명	정든 우성4
세대수	270
용적률	212%
평균대지지분	21.0평

단지명	정든 동아1
세대수	300
용적률	201%
평균대지지분	21.8평

단지명	정든 동아2
세대수	706
용적률	174%
평균대지지분	12.4평

분당 청솔마을

단지명	상록 임광보성
세대수	568
용적률	182%
평균대지지분	14.3평

단지명	청솔 한라3
세대수	768
용적률	207%
평균대지지분	12.0평

단지명	청솔 화인유천2
세대수	624
용적률	184%
평균대지지분	14.3평

단지명	청솔 성원7
세대수	454
용적률	210%
평균대지지분	19.9평

단지명	청솔 계룡1
세대수	492
용적률	206%
평균대지지분	11.7평

단지명	청솔 서광영남1
세대수	408
용적률	183%
평균대지지분	14.2평

역세권 500m

출처: 네이버 지도

분당도서관

P 대형

분당주택공원

단지명	청솔 공무원5
세대수	474
용적률	151%
평균대지지분	16.1평

103　102
104　101

더샵분당
파크리버

더샵분당
파크리버201동

GS칼텍스

508
507

505
506

시립도담청솔
지역아동센터

청솔초등학교

금곡로

단지명	청솔 동아10
세대수	204
용적률	146%
평균대지지분	29.4평

앞구미
어린이공원

1004
동아10단지001
아파트

1002
1003

청솔마을

905
904

플러스
프레스

906
903

주공9단지
아파트

901

탄천

까치마을

902

단지명	청솔 대원8
세대수	820
용적률	205%
평균대지지분	18.8평

단지명	청솔 주공9
세대수	1,020
용적률	144%
평균대지지분	10.8평

8단지
아파트

804
803
805
806

12
810

802

103
102
107
108

까치마을
어린이공원

성원빌라

분당
아름다운교회

분당 까치마을

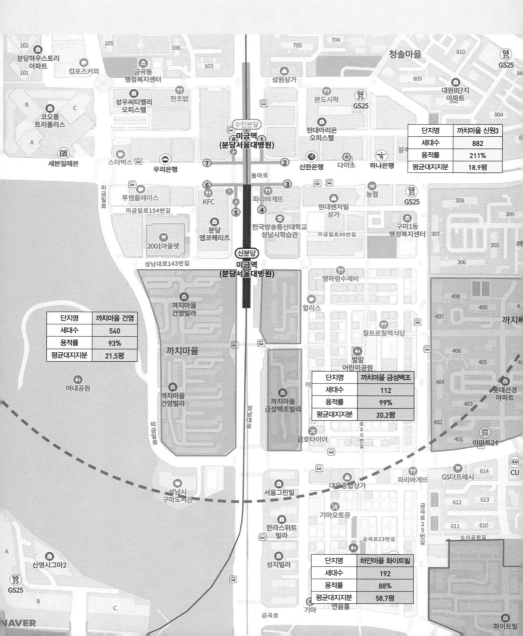

단지명	까치마을 신원3
세대수	882
용적률	211%
평균대지지분	18.9평

단지명	까치마을 건영
세대수	540
용적률	93%
평균대지지분	21.5평

단지명	까치마을 금성백조
세대수	112
용적률	99%
평균대지지분	20.2평

단지명	하얀마을 화이트빌
세대수	192
용적률	88%
평균대지지분	58.7평

역세권 500m

단지명	까치마을 우방, 우성
세대수	108
용적률	88%
평균대지지분	69.9평

단지명	까치마을 대우롯데선경
세대수	976
용적률	182%
평균대지지분	18.7평

단지명	까치마을 주공2
세대수	768
용적률	151%
평균대지지분	15.0평

단지명	하얀마을 주공5
세대수	779
용적률	131%
평균대지지분	11.6평

단지명	하얀마을 그랜드빌
세대수	324
용적률	90%
평균대지지분	51.4평

분당 무지개마을

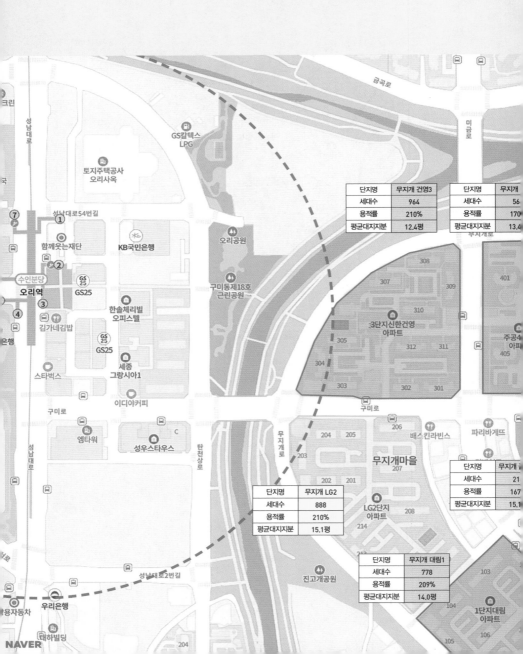

단지명	무지개 건영3
세대수	964
용적률	210%
평균대지지분	12.4평

단지명	무지개
세대수	56
용적률	170
평균대지지분	13.4

단지명	무지개 LG2
세대수	888
용적률	210%
평균대지지분	15.1평

단지명	무지개
세대수	21
용적률	167
평균대지지분	15.1

단지명	무지개 대림1
세대수	778
용적률	209%
평균대지지분	14.0평

역세권 500m

단지명	무지개 라이프7
세대수	222
용적률	142%
평균대지지분	31.2평

단지명	무지개 건영6
세대수	208
용적률	141%
평균대지지분	32.3평

단지명	무지개 청구5
대수	932
적률	206%
대지지분	13.8평

단지명	무지개 제일8
세대수	172
용적률	134%
평균대지지분	30.9평

단지명	무지개 동아9
세대수	132
용적률	137%
평균대지지분	30.5평

단지명	무지개 삼성건영10
세대수	498
연식	1996년
용적률	151%
평균대지지분	27.1평
토지	3종

단지명	무지개 주공12
세대수	905
용적률	153%
평균대지지분	14.1평

일산 성저·장성마을

단지명	성저 건영7
세대수	248
용적률	94%
평균대지지분	27.2평

단지명	성저 건영6	성저 건영5
세대수	168	184
용적률	97%	97%
평균대지지분	25.6평	26.0평

단지명	성저 풍림3	성저 삼익4
세대수	534	460
용적률	158%	164%
평균대지지분	13.5평	13.6평

단지명	성저 동익1
세대수	640
용적률	182%
평균대지지분	13.8평

단지명	장성 대명2	장성 동부1
세대수	591	410
용적률	161%	164%
평균대지지분	15.0평	15.8평

단지명	성저 세경2
세대수	390
용적률	132%
평균대지지분	10.8평

단지명	장성 대명4
세대수	162
용적률	183%
평균대지지분	22.6평

단지명	장성 건영3
세대수	354
용적률	182%
평균대지지분	24.1평

출처: 네이버 지도

단지명	성저 건영9	성저 건영10	성저 건영11
	①	②	③
세대수	248	120	152
용적률	96%	95%	97%
대지지분	26.8평	28.3평	25.6평

단지명	성저 건영12	성저 건영13	성저 건영14
	④	⑤	⑥
세대수	80	144	76
용적률	97%	94%	96%
대지지분	27.1평	27.1평	55.0평

1기 신도시 재건축 이것만은 기억하자

대지지분 평당가가 핵심 포인트

- 입지적 가치, 역세권 고밀도 복합사업, 통합 재건축 등 다양한 측면에서 검토 및 비교를 요함

속도가 관건

- 이주수요, 인프라 구축 등으로 선도단지와 후발주자 간의 격차가 많게는 15년 이상 차이 날 수 있음
- 먼저 시작하는 단지라 하여 완성이 빠른 것은 아님
- 재건축 사업이 가시화되면 사업이 시작되지 않은 단지의 가격도 함께 자극받을 수밖에 없음

일산 후곡·문촌마을

단지명	후곡 대우벽산
세대수	498
용적률	163%
평균대지지분	15.6평

단지명	① 후곡 건영동부6	② 후곡 영풍한진5	③ 후곡 금호한양4
세대수	676	358	752
용적률	164%	182%	181%
평균대지지분	14.9평	23.1평	13.3평

단지명	④ 후곡 동성7	⑤ 후곡 동신8	⑥ 후곡 LG롯데9	⑦ 문촌 우성1	⑧ 문촌 라이프2
세대수	802	434	936	892	348
용적률	162%	182%	182%	162%	182%
평균대지지분	15.4평	23.1평	13.8평	15.5평	23.4평

NAVER

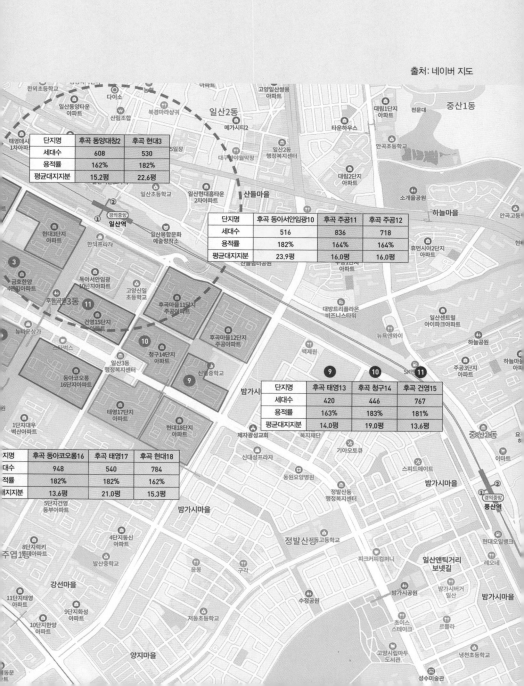

역세권 500m

단지명	후곡 동양대창2	후곡 현대3
세대수	608	530
용적률	162%	182%
평균대지지분	15.2평	22.6평

단지명	후곡 동아서안임광10	후곡 주공11	후곡 주공12
세대수	516	836	718
용적률	182%	164%	164%
평균대지지분	23.9평	16.0평	16.0평

단지명	후곡 태영13	후곡 청구14	후곡 건영15
세대수	420	446	767
용적률	163%	183%	181%
평균대지지분	14.0평	19.0평	13.6평

지명	후곡 동아코오롱16	후곡 태영17	후곡 현대18
대수	948	540	784
적률	182%	182%	162%
지지분	13.6평	21.0평	15.3평

일산 문촌마을

단지명	문촌 대우13	문촌 유승12	문촌 건영11	문촌 동부10
세대수	254	272	261	252
용적률	195%	198%	198%	196%
평균대지지분	12.9평	13.5평	14.1평	16.0평

단지명	문촌 신우19	문촌 대원18	문촌 신안17
세대수	658	378	504
용적률	175%	184%	184%
평균대지지분	20.0평	23.0평	23.1평

NAVER

역세권 500m

출처 : 네이버 지도

단지명	문촌 기산쌍용6	문촌 쌍용한일5	문촌 삼익4
세대수	624	432	540
용적률	163%	181%	196%
평균대지지분	15.3평	23.4평	21.7평

단지명	문촌 우성3
세대수	504
용적률	194%
평균대지지분	22.5평

단지명	문촌 주공9	문촌 동아8	문촌 주공7
세대수	912	738	1,150
용적률	129%	187%	129%
평균대지지분	15.7평	13.8평	11.8평

단지명	문촌 세경14	문촌 부영15	문촌 뉴삼익16
세대수	721	547	956
용적률	133%	132%	182%
평균대지지분	11.1평	12.0평	13.7평

일산 강선마을

단지명	강선 금호한양6	강선 동부건영5	강선 동신4
세대수	556	528	624
용적률	201%	182%	162%
평균대지지분	23.0평	23.1평	15.1평

단지명	강선 두진12	강선 태영11
세대수	309	344
용적률	173%	234%
평균대지지분	5.9평	7.4평

단지명	강선 두산14	강선 우성19
세대수	792	412
용적률	182%	183%
평균대지지분	13.2평	22.6평

NAVER

역세권 500m

출처: 네이버 지도

단지명	강선 대우벽산1	강선 경남2	강선 한신3
세대수	520	620	538
용적률	194%	182%	162%
평균대지지분	22.0평	23.0평	15.2평

현대18단지
아파트

317단지
아파트

제자광성교회
해피월드 복지재단
블루핸즈
신대성프라자
일산국제컨벤션 고등학교
동원요양병원
정발산동 행정복지센터
밤가시마을
단지동신 아파트
정동초등학교 정동고등학교
피크커피컴퍼니
농협
파리바게뜨
구각
일산 밤가시초가

단지명	강선 삼환유원7	강선 럭키롯데8	강선 화성9
세대수	816	966	860
용적률	183%	183%	163%
평균대지지분	13.8평	13.5평	14.7평

수정공원
업스테어키친
저동초등학교

④ ⑤

단지명	강선 한양10	강선 뉴서울13
세대수	312	288
용적률	193%	131%
대지지분	5.7평	7.4평

① ② ③

단지명	강선 보성15	강선 동문16	강선 동선17
세대수	604	390	476
용적률	162%	163%	164%
대지지분	15.6평	14.7평	14.2평

고양

일산 양지·밤가시마을

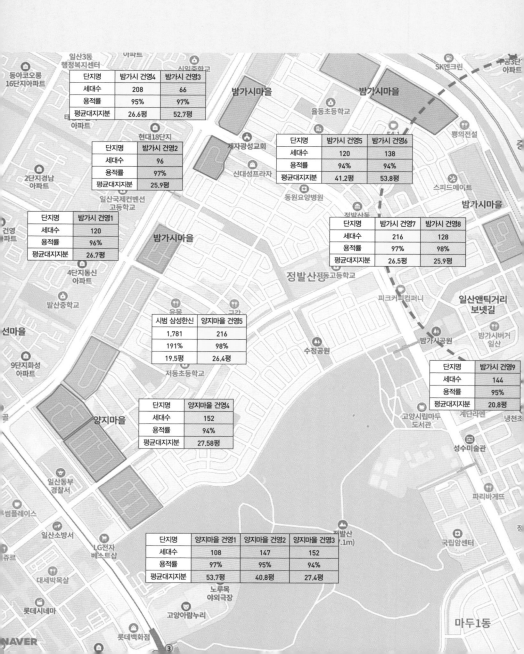

단지명	밤가시 건영4	밤가시 건영3
세대수	208	66
용적률	95%	97%
평균대지지분	26.6평	52.7평

단지명	밤가시 건영2
세대수	96
용적률	97%
평균대지지분	25.9평

단지명	밤가시 건영5	밤가시 건영6
세대수	120	138
용적률	94%	94%
평균대지지분	41.2평	53.8평

단지명	밤가시 건영1
세대수	120
용적률	96%
평균대지지분	26.7평

단지명	밤가시 건영7	밤가시 건영8
세대수	216	128
용적률	97%	98%
평균대지지분	26.5평	25.9평

시범 삼성한신	양지마을 건영5
1,781	216
191%	98%
19.5평	26.4평

단지명	밤가시 건영9
세대수	144
용적률	95%
평균대지지분	20.8평

단지명	양지마을 건영4
세대수	152
용적률	94%
평균대지지분	27.58평

단지명	양지마을 건영1	양지마을 건영2	양지마을 건영3
세대수	108	147	152
용적률	97%	95%	94%
평균대지지분	53.7평	40.8평	27.4평

역세권 500m

일산 정발·백마·강촌마을

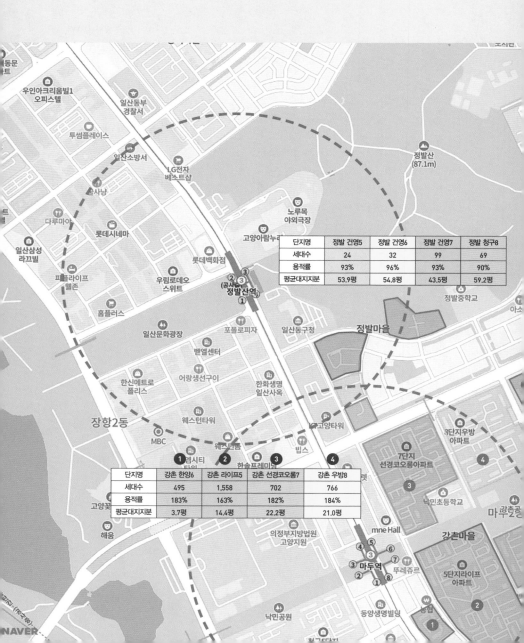

단지명	정발 건영5	정발 건영6	정발 건영7	정발 청구8
세대수	24	32	99	69
용적률	93%	96%	93%	90%
평균대지지분	53.9평	54.8평	43.5평	59.2평

단지명	강촌 한양6	강촌 라이프5	강촌 선경코오롱7	강촌 우방8
세대수	495	1,558	702	766
용적률	183%	163%	182%	184%
평균대지지분	3.7평	14.4평	22.2평	21.0평

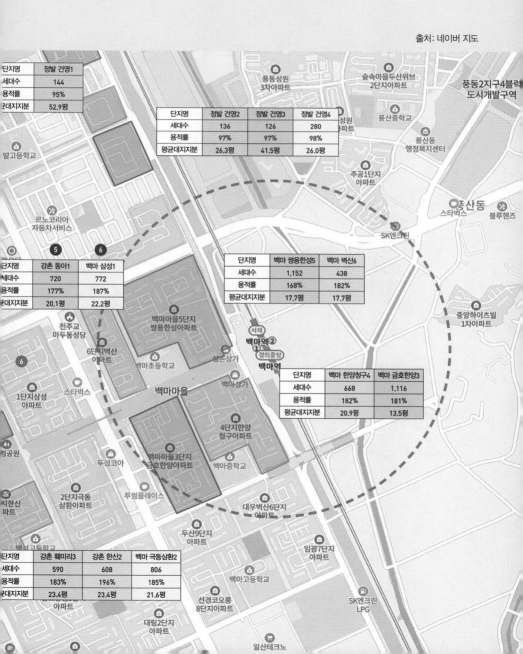

역세권 500m

단지명	정발 건영1
세대수	144
용적률	95%
평균대지지분	52.9평

단지명	정발 건영2	정발 건영3	정발 건영4
세대수	136	126	280
용적률	97%	97%	98%
평균대지지분	26.3평	41.5평	26.0평

단지명	강촌 동아1	백마 삼성1
세대수	720	772
용적률	177%	187%
평균대지지분	20.1평	22.2평

단지명	백마 쌍용한성5	백마 벽산6
세대수	1,152	438
용적률	168%	182%
평균대지지분	17.7평	17.7평

단지명	백마 한양청구4	백마 금호한양3
세대수	668	1,116
용적률	182%	181%
평균대지지분	20.9평	13.5평

단지명	강촌 훼미리3	강촌 한신2	백마 극동삼환2
세대수	590	608	806
용적률	183%	196%	185%
평균대지지분	23.4평	23.4평	21.6평

일산 호수·백송·흰돌마을

단지명	호수 럭키롯데4	호수 청구5	호수 대우1
세대수	476	668	388
용적률	182%	184%	152%
평균대지지분	23.9평	14.2평	16.1평

단지명	흰돌 라이프6	흰돌 건영7
세대수	200	96
용적률	94%	95%
평균대지지분	25.6평	4.5평

단지명	호수 현대2	호수 삼환유원3
세대수	1,144	876
용적률	182%	183%
평균대지지분	23.9평	23.2평

단지명	흰돌 금호1	흰돌 청구2
세대수	299	278
용적률	234%	195%
평균대지지분	15.1평	12.7평

단지명	흰돌 국제한진3
세대수	816
용적률	160%
평균대지지분	14.7평

단지명	흰돌 서안5
세대수	628
용적률	181%
평균대지지분	13.8평

역세권 500m

출처: 네이버 지도

삼환아파트

단지명	백송 삼호풍림5	백송 삼부1
세대수	786	222
용적률	164%	164%
대지지분	15.5평	17.9평

대우벽산6단지
아파트

두산9단지
아파트

임광7단지
아파트

백석초등학교

삼호풍림5단지
아파트

백마고등학교

선경코오롱
8단지아파트

SK엔크린
LPG

대림2단지
아파트

한신
3단지아파트

백석1
행정복지

단지명	백송 대우벽산6	백송 임광7	백송 두산9	백송 선경코오롱8
세대수	456	617	462	604
용적률	162%	184%	162%	163%
평균대지지분	15.9평	13.8평	15.4평	15.0평

정혜사

원스튜디오

단지명	백송 한신3	백송 우성	백송 대림2
세대수	436	426	862
용적률	134%	134%	164%
대지지분	13.5평	11평	12.1평

백석1동

단지명	백송 건영10
세대수	152
용적률	96%
평균대지지분	26.6평

히츠지야

광수네

국민건강보험공단
일산병원

백석공원

원스턴파크
2차

지오지아

고양시종광제봉투
공급센터

백석역

고양종합
터미널

일산요진
와이시티아파트

스타램

벨라시타

백석어린이
교통공원

제스

아우디